KB097622

미국 헌법을 읽다

미국
헌법을
읽다

우리의
헌법을
더 잘
이해하기
위하여

양자오 지음
박다짐 옮김

**우리가 살아가는 현대, 우리가 추구해야 할
민주를 알기 위하여**

1

오늘날 우리의 자기중심적 관점에서 말하자면, 인류의
경험은 크게 '전통'과 '현대'로 분류할 수 있다. 어느 지역
어느 문명의 사람에게도 반드시 이러한 구분, 나아가 단절
이 나타난다.

타이완, 중국, 동아시아의 입장에서 보면 오늘날 우리
가 살아가는 현대적 삶은 서양에서 온 것이다. 이는 서양의
강한 영향력 아래에서 혹은 자발적으로 추구하여 혹은 수동
적으로 받아들여서 얻은 결과다. 그렇기에 우리는 전통과

현대 사이의 분리와 단절을 느끼기가 쉽다. 전통이 끊어지고 버려져야 비로소 현대가 그 자리를 대신할 수 있기 때문이다.

같은 맥락에서 우리는 종종 현대 문명이 곧 서양 문명이라고 오인한다. 동양의 입장에서 보면 현대 문명은 서양에서 왔기 때문이다. 그러나 17-18세기 이후의 서양사를 자세히 살펴보면 그들의 낡은 전통 양식과 시스템이 매우 짧은 시간에 뜯기고 찢기고 와해되고 전복되어 대단히 다른 양식과 시스템으로 바뀌었음을 알게 된다. 그들에게도 전통에서 현대로 가는 지난한 과정이 있었던 것이다.

새로운 세상의 탄생으로 사람들은 기존의 삶과 습관을 버리고, 새롭게 배우고 사고하도록 떠밀렸다. 서양이 전통에서 현대로 탈바꿈하는 과정은 어떤 의미에서 동양보다 평화로웠다. 이들에게는 외세에 억압받고 핍박당하는 굴욕, 멸절의 위기나 코앞에 닥친 긴박함이 없었기 때문이다. 하지만 다른 의미에서 서양의 변화는 동양보다 수고로웠다. 완성된 답안이 주어지지 않았기에 옛것에서 새로운 것으로 나아가는 길목에서 매번 재차 생각하고, 거듭 논의하고, 내적으로 일진일퇴의 분투를 벌여야 비로소 한 걸음을 내디딜 수 있었다.

서양에서 시작된 현대적인 삶의 양식과 시스템은 200-300년 동안 점차 전 세계를 지배했고 변화시켰으며 심지어 통합했다. 어느 정도 예측 가능한 미래, 그러니까 우리가 남은 생을 살아가는 동안에는 이 현대적 양식과 시스템이 계속 우리 곁에 함께할 것이다. 현대의 종결을 예언할 이유는 충분치 않으며, 전통으로의 회귀를 상상할 이유는 더더욱 없다. 좋든 싫든 우리는 현대를 벗어날 수 없다.

우리는 현대 속에서 살아간다. 현대의 관념, 원칙, 규율은 우리가 어떻게 생활하고, 어떻게 느끼고, 어떻게 자신과 외부 세계를 볼 것인지를 결정한다. 벗어날 수 없기에 우리는 더욱 그 존재를 의식하지 못한다. 소크라테스의 교훈을 명심하도록 하자. "성찰 없는 삶은 살 가치가 없다." 현대의 존재를 의식하고, 자신이 도대체 어떤 삶을 살고 있는지 스스로 이해할 수 있는 한 가지 방법이자 내가 생각하기에 가장 효과적인 방법은 바로 근원을 거슬러 올라가 이렇게 묻는 것이다. "현대는 어떻게 왔는가? 어디서, 어떤 방식으로 현대는 전통에서 벗어났으며 나아가 전통을 대체하고 도태시켰는가?"

방향을 달리해 이렇게 물을 수도 있다. "나는 왜 쉬즈모도 아니고, 주원장도 아니고, 사마천도 아니고, 오늘날 이런 사람으로 이런 삶을 살아가는가? 왜 나는 쉬즈모, 주원장, 사마천의 삶을 살 수 없는가? 나와 그들을 이렇게 구분 짓는 요소는 도대체 무엇인가?"

이러한 탐문, 이러한 추적은 우리를 이상하고 특별한 영역으로 데려가리라. 허황되고 추상적이며 범접하기 어려워 보이지만 가장 강대하고 근본적인 작용을 하는 '관념'의 영역으로.

우리는 쉬즈모, 주원장, 사마천과 완전히 다른 관념을 가지고 있다. 먹고 입고 사는 방식에서 우리는 그들과 다르다. 사랑하고 가정을 꾸리고 통치하고 통치받는 방식도 다르다. 생각과 신념을 드러내는 방식에서도 우리는 그들과 다르다.

현대는 서로 복잡하게 얽히고설킨 수많은 관념으로 구성된다. 이러한 관념이 생겨나고 정착하는 과정에서 지대한 역할을 한 책들이 있는데, 나는 그 책들을 '현대 고전'이라고 부른다. 현대를 가능하게 한, 현대 사회와 현대 세계를 일궈 낸, 그래서 오늘날까지도 잊히거나 사라지지 않고 전해지는 책들이기 때문이다.

이런 책들은 전통과 다른 생각을 내놓았고, 전통을 비판했으며, 전통의 개혁과 개조를 주장했다. 그리고 문자의 힘으로 다른 시공간에 있는 뭇 사람을 한데 모아 전통과 다른, 더는 전통 습관을 따르지 않는 사회와 문명, 곧 현대를 창조했다.

물론 몇 권의 책이 현대를 다 담아낼 수는 없으며, 이 책들은 현대의 전부가 아니다. 하지만 현대 고전은 우리가 현대를 살펴보고 이해할 수 있는 가장 쉽고 효과적인 방법이다.

2005년부터 나는 '청핀誠品 강좌'에서 '현대 고전 정독'

을 지속해 왔다. 현대 고전을 천천히 경유해, 오늘날의 사회를 살아가는 사람이 수많은 고정관념과 무감각을 벗어나 다음과 같은 문제를 다시 생각하고 인지할 기회를 갖길 바랐다. '나는 누구인가?', '나는 왜 이렇게 살아가는가?', '내가 익숙하게 여기는 이 삶에는 어떤 배경이 있는가?', '나는 내가 좋아하고 싫어하고 받아들이고 거부하는 것을 도대체 왜 좋아하고 싫어하고 받아들이고 거부하는가?', '나는 이렇게 나를 지배하고 좌우하는 현대의 관념과 가치를 어떻게 대해야 하는가?'

현대 사회에서 사람답게 살기 위해서는 끊임없이 성찰하고 되물어야 한다. 그 한 가지 길이 역사로 돌아가서 현대의 가치관과 관념이 싹트기 시작한 기점을 찾아보는 것이다. 그리고 그것들이 당시에 어떻게 탄생했고, 또 어떻게 힘을 얻고 널리 전파되어 오늘날 우리에게 내면화된 규범이 되었는지를 살펴보는 것이다.

호메로스, 플루타르코스, 공자, 『사기』……. 모두 중요한 고전이며, 심혈을 기울여 읽을 가치가 있다. 그러나 이런 전통 고전을 읽을 때는 현대 고전과 매우 다른 준비와 태도가 필요하다. 전통 고전은 다른 사회, 다른 시대에 탄생한 것이고, 그 사회와 시대는 우리가 처한 환경과 완전히 다르다. 우리는 이 고전이 보여 주는 인류 경험의 너른 폭을 통해 거의 불가사의에 가까운 인류의 다양성을 체험하게 된다. 전통 고전에서는 현대의 경험을 찾을 수 없으며, 찾으려고 해서도 안 된다. 그렇게 했다가는 이질적 경험을 왜곡하여 전통 고전이 지닌 풍부하고 다원적인 모습을 해치기 마련이다.

다원성을 음미하며 전통 고전을 읽고, 절실히 탐구하며 현대 고전을 읽는 것, 이것이 내가 다년간의 연마를 통해 얻은 독서 전략으로, 고전을 읽으려는 사람이 참고하도록 여기 적는다.

2

‘현대 고전 정독’ 과정을 오랫동안 진행하다 보니, 점차 일 년을 단위로 하는 강의가 되었다. 한 가지 주제를 가지고 일 년에 3기期의 과정이 개설된다. 한 기마다 두 권의 책을 고르고, 그렇게 일 년이 되면 고전 여섯 권이 쌓인다. 2013년에 내가 정한 주제는 ‘민주와 자유’였다.

20년, 25년 전까지만 해도 타이완은 민주는커녕 자유롭지도 못한 나라였다. 1987년 7월에야 거의 40년에 달하는 ‘계엄’이 끝나고 정식으로 ‘계엄 해제’가 이루어졌다. 계엄이 해제될 때 타이완의 국회(입법원과 국민대회)에는 새로운 선거 없이 자리를 지켜 온 옛 위원과 옛 대표가 있었다. 총통은 국민대회에서 선출하므로 일반인은 총통을 선출할 권리가 없었으며, 심지어 타이베이 시장과 가오슝 시장을 뽑을 권리조차 없었다. 입법원에서 정부를 실질적으로 감독하기가 불가능했고, 정부 부문의 임용 및 재정부터 정책의 기획 및 집행까지 모두 불투명한 까닭에 특권을 왜

곡해서 사용할 여지가 많았다.

점진적으로 민주 체제가 세워지고, 민주가 운용되는 것이 타이완에서는 다소 새로운 경험이었다. 시작부터 지금까지 셈해도 20년 안팎에 불과하다. 바꿔 말하면, 이것은 오늘날 타이완 사회를 살아가는 대다수 사람이 경험한 일이다. 많은 사람이 이 과정을 경험하고 지켜봤으며, 아직 '민주 이전'의 기억을 가지고 있었다.

하지만 놀랍게도, 그토록 짧은 시간 내에 그토록 빠르게 일어났던 변화가 20년이 지나자 대부분의 타이완인의 기억에서 지워진 듯하다. 타이완인은 이미 민주와 자유에 익숙해졌고, 민주와 자유를 당연하게 여긴다. 어찌하여 타이완인은 민주가 무엇인지 자유가 무엇인지 개의치 않고, 의식 없이 안심하며 그 속에서 살아가게 된 걸까?

페이스북의 가장 격식 없는 글에서도, 신문 사설의 가장 진지한 서술에서도 민주와 자유를 등한시하는 타이완 사회의 태도를 확연하게 느낄 수 있다. 페이스북에서 사설까지 많은 사람이 중국의 상황과 타이완을 비교하기를 좋아하는데, 좋은 점을 비교하든 나쁜 점을 비교하든 모두 한 가지 근본적인 차이를 빼놓고 생각한다. 바로 타이완은 민주정치 체제를 갖추고 있고, 중국은 그렇지 않다는 것이다. 중국과 타이완을 이야기할 때 어떤 사람은 중국이 민주 국가가 아니라는 사실을 잊어버리고, 어떤 사람은 타이완이 민주 국가라는 사실을 잊어버린다.

내게 이는 심각한 문제였다. 왜 타이완은 그렇게 쉽게 민주와 자유에 대한 자각을 잃어버렸는가? 왜 타이완은 민주와 자유에 대해 진지한 사고와 토론을 계속하지 않는가? 이는 단순한 실상이 아니라 분석하고 설명해야 할 현상이다.

나는 한 가지 집요한 공부 습관을 가지고 있다. 해명하기 어려운 문제에 부딪히면 먼저 역사로 되돌아가 역사의 경험을 정리한다. 민주와 자유가 어떻게 왔는지를 분명히 해야만 이를 타이완의 민주와 자유의 발전 과정과 비교하고, 그 속에서 공통점과 차이점을 드러낼 수 있을 것이다.

3

일 년의 과정 동안 골라 읽은 책은 몽테스키외의 『법의 정신』, 루소의 『사회 계약론』, 미국 헌법, 밀의 『자유론』, 하이에크의 『노예의 길』, 롤스의 『정의론』이다.

미국 헌법을 여기에 넣은 데에는 특별한 의도가 있었다. 최초의 민주 국가가 국가의 기초를 다지는 현장으로 돌아가서 글자 하나 문장 한 줄을 자세히 이해하다 보면, 우리는 민주가 그렇게 쉽게 얻을 수 있는 것이 아님을 분명히 알게 될 것이다. 관념과 이론이 현실의 정치 제도로 실현되기까지 얼마나 많은 과정이 서로 얽혀 있는지 모른다. 이 과정은 늘 한곳을 향하지 않았고 서로 충돌하거나 밀어내기도 했다. 집단 지성과 더불어 수많은 운이 따랐기에 미국 헌법이 완성될 수 있었고, 이 헌법 아래 정치 제도가 세워졌다. 민주는 이렇게 천신만고 끝에 서서히 인류 문명의 지평선 위로 떠오른 것이다.

또 한 가지는 미국 헌법을 글자 하나 문장 한 줄 꼼꼼히 읽다 보면, 운용 가능한 민주 제도에 얼마나 많은 권력 요소가 복잡하게 얽혔는지를 깨우치게 될 것이다. 민주 제도가 탄생하기 위해서는 반드시 권력에 대한 민주적인 사고, 특히 민주적인 권력 논리가 필요했다. 인류 역사상 전에 없던 평등한 제도는 민주적인 권력 논리에 따라 상호 영향을 주고받는 경우의 수를 세심하게 헤아리고 탐구한 뒤에야 만들어졌다. 민주의 건립은 지대한 사고력이 있기에 가능했다. 마찬가지로 민주의 수호 역시 생각하는 노력이 꾸준히 계속되어야만 가능하다.

생각하지 않는 민주도 민주다. 하지만 민주에 대해 생각하는 전통이 부족하거나, 정신을 집중해 쉼 없이 민주를 생각하지 못하거나 그러기를 원하지 않는 사회는 언제라도 민주를 잃어버릴 수 있는 크나큰 위험을 감수해야 한다. 민주의 내력과 민주에 얽히고설킨 권력 원칙을 알아야 민주가 위협을 받을 때 이를 알아차리고 분별할 수 있지 않겠는가?

어떠한가를 알고 왜 그러한가를 아는 민주, 나는 이것이 우리가 추구해야 하는 민주이자 그럼으로써 한결 안심할 수 있는 민주라고 확신한다.

연합에서
연방으로

독립선언서는 미국의 독립 선언이 아니다

미국이 강대해지고 미국식 문화가 퍼지면서, 미국의 몇몇 역사 사실은 거의 전 세계의 공통 상식이 되었다. 모두가 미국이 1776년에 건국되었고, 미국의 제1대 대통령이자 국부는 조지 워싱턴이며, 그가 위대한 인물임을 알고 있다. 조지 워싱턴은 두 번에 걸친 임기가 끝난 후에 사람들의 연임 요청을 거절했고, 미국 대통령의 임기는 최대 8년이라는 관례를 만들었다.

워싱턴이 미국 대통령에 재임한 기간은 어느 해부터 어느 해까지일까? 이 질문에 분명하게 답할 수 있는 사람은 그리 많지 않다. 대부분의 사람이 앞의 두 가지 상식을 함께 고려해 워싱턴이 1776년 대통령에 취임해 8년간 연임한 후 1784년에 퇴임했으리라고 추론할 것이다.

이 답안은 맞지 않다. 게다가 한참 어긋났다. 역사 사실을 살펴보면, 워싱턴은 1789년에 취임해 8년 후인 1797년에 퇴임했다. 어떻게 이럴 수 있을까? 나라는 1776년에 세워졌는데, 제1대 대통령이 1789년이 되어서야 취임했다는 말인가? 1776년부터 1789년까지, 13년에 달하는 시간 동안 미국에는 대통령이 없었던 것일까?

그렇다. 당시 미국엔 대통령이 없었다. 그 시기에는 대통령뿐 아니라 우리가 아는 미국이 아예 존재하지 않았다.

미국의 국경일, 그러니까 미국의 건국기념일은 7월 4일이다. 이 날짜는 1776년 7월 4일에 발생한 역사 사건에서 비롯되었다. 바로 '독립선언서 조인'이다.

우리가 보통 '독립선언서'라고 부르는 이 문건의 원문 전체 제목은 'The unanimous Declaration of the thirteen united States of America'이다. 번역하면 '아메리카 13개 주州에서 공동 발표하는 만장일치 선언'이다. 제목의 대소문자를 주의해서 봐야 한다. 당시 알파벳 표기 방식은 지금의 독일어와 같았다. 명사의 첫 글자는 대문자로, 나머지 글자는 소문자로 썼으며, 중요한 글자는 크게 쓰고 중요하지 않은 글자는 상대적으로 작게 썼다. 이를 통해 우리는 독립선언서의 제목 원문에서 한 가지 중요한 사실을 알 수 있다. 'united'라는 단어는 큰 글자로 쓰이지 않았다. 단지 13개 주의 단결을 형용하는 데에 쓰였을 뿐 'States of America'와 결합하지 않은 채로 훗날 우리에게 익숙해진 이름 'United States of America'(미합중국)를 구성한다.

다시 말해 독립선언서는 13개 주가 각각 독립된 단위로 모여 조인하고 공동 발표한 것이다. 이 주들은 만장일치로 더 이상 영국의 식민 통치를 받고 싶지 않다는 의사를 표명하고, 영국으로부터 독립할 권리를 주장했다. 그렇지만 조인 당시 '미합중국'은 없었다. 각각의 주는 그저 영국에 대항하고 독립을 주장하는 일에 연합해서 입장을 밝히고 행동했을 뿐이다.

독립선언서가 조인될 때는 훗날 고유명사가 된 'United States of America'가 아직 없었다. 문헌 중의 'united'라는 단어는 'of the thirteen united'의 일부분이며, 매우 작은 글씨로 쓰였다. 이는 이 단어가 그리 중요하지 않음을 나타내며, 당시엔 새로운 국가가 존재하지 않았고 나타날 기미도 없었음을 말해 준다. 그렇기 때문에 독립선언서는 미국의 독립 선포가 아니라, 북미 13개 주가 영국 식민 법률에서 독립해 더 이상 영국 법률과 정치의 관할을 받지 않 겠다고 선포한 글이다.

13개 주는 명확하고 강경하게 자신의 '독립적이고 자 유로운' 지위를 주장했고, 역시 각각의 '독립적이고 자유로 운' 입장을 지닌 채 이 문서에 조인했다. 그렇기에 문서에 '만장일치', 즉 13개의 정치적 조직이 전원 동의했음을 드러 내고자 했다. 만약 이 13개 주가 이미 하나로 결합해 새로 운 국가를 설립했다면 '만장일치'는 필요하지 않았으리라.

좀 더 자세하게 살펴보면, 오늘날 우리가 '주'州로 번역 하는 'state'는 정치 주권을 가진 곳이라는 의미로, 다른 전 후 맥락에서는 종종 '국가'로 번역되기도 한다. 다시 역사 현장으로 돌아가 보자. 1776년에 일어난 역사 사건의 참모 습은 본래 영국에 종속되어 있던 13개 식민지가 이때 새로 이 자신들을 13개의 'states', 즉 13개의 독립적인 정치 실체 로 평가하고, '독립적이고 자유로운' 선택을 통해 영국에 대 항한 것이다.

북미 13개 식민지는 각각 다른 연원과 성격을 지니고 있었다. 가장 먼저 건립된 북부 뉴잉글랜드 지역의 식민지 는 주로 청교도로 구성되었다. 그들은 자신의 종교를 지키 는 것이 영국에서 용인되지 않자 먼 바다를 건너온 사람이었다. 남부의 식민지는 북부와 달랐다. 남부에서 세력이 가장 큰 식민지는 버지니아Virginia였고, 남부에서 가장 유명한 도시는 찰스턴Charleston(사우스캐롤라이나주의 남동부 도시)이었는데, 전자는 'Virgin Queen'으로 불리던 영국 여왕 엘리자베스 1세의 별명에서, 후자는 영국 국왕 찰스 2세의 이름에서 유래했다. 이 지역은 영국과 상대적으로 가깝고 우호적인 관계를 유지했으며, 영국 왕실에서 내주는 특허장을 정식으로 취득한 곳이었다. 따라서 이곳에 온 사람들은 농산물을 대량으로 생산하는 플랜테이션을 개발할 수 있었다. 종교와 사후의 행방보다는 세속의 부와 권세에 훨씬 많은 관심을 기울였던 것이다.

연원도 다르고 성격도 제각각인 13개 식민지는 그 무렵 영국 정부가 연달아 조세를 인상하고, 영국 의회에서 북미 식민지의 의원 선출을 거부하자 분노를 터뜨렸다. 그들은 힘을 합쳐 영국의 한도 끝도 없는 착취에 대항해야 함을 깨달았다.

우선 연합하여 영국에 대항해 새롭게 독립한 13개 주는 그제야 서로의 관계를 고민하고 정리하기 시작했다. 1777년, 독립선언서에 연서한 13개 주는 연합규약Articles of Confederation을 체결해 13개 주의 공동 행동 강령을 제정했다.

13개 주에서 조직한 것은 '연합'Confederation이지 '미합중국'United States of America이 아니었다. 연합규약의 제정은 어떤 한 주의 제안과 주도로 이루어지지 않았고, 새로운 국가의 미래 비전을 배경으로 두지도 않았다. 그보다는 차라리 당시의 현실 조건에 쫓겼다고 할 수 있었다. 영국 왕 조지 3세는 독립선언서에 대응해 한 발 물러나기는커녕 강경하게 영국군 2만 명을 북미로 파견해 무력으로 반역자를 진압하는 쪽을 택했다. 돌이킬 수 없는 상황을 맞아 13개 주는 더욱 힘을 합쳐 눈앞의 무장 충돌을 준비하는 수밖에 없었다.

영화『킹스 스피치』는 조지 6세가 즉위한 1936년 전후에 발생한 일을 그린다. 그중에는 영국 밖에서는 그리 주의를 끌지 못할 사소한 일화가 있다. 말을 더듬는 탓에 연설도 방송도 하지 못하는 조지 6세가 스승이자 친구인 연설 코치에게 자신의 공황 상태와 좌절감을 털어놓으며 흥분한 상태로 이렇게 말한다. "만약 해내지 못하면, 나는 또 다른 조지 왕이 되고 말 거야!"

'또 다른 조지 왕'이 된다는 말은 자신이 아버지 조지 5세의 찬란한 업적을 따라가지 못해 사람들에게 조지 3세에 비견될 것을 가리킨다. 조지 3세는 영국 역사에서 공인된 실패한 국왕이다. 그의 결정적 실패는 북미 식민지를 잃어버린 것이다. 조지 3세는 정치 수완과 지혜가 부족해 북미 식민지의 신임을 얻지 못했으며, 위기를 악화시키고 충돌을 빚어 13개 주가 더욱 단결해 전쟁에 응하도록 내몰았다.

영국의 조치로 13개 식민지는 단단히 결합했고, 누구도 이 집단을 벗어나 당시 세계에서 손꼽히던 영국의 군사력에 홀로 맞설 엄두를 내지 못했다. 이런 상황이 13개 식민지가 조직화를 향해 나아가도록 떠밀었다. 어떤 조직 유형이 가장 적합하고 좋을지를 분명하게 생각하기도 전에 그들은 위기에 쫓겨 우선 정식으로 조직되어야 했다.

각 주의 내정에 관여하지 않는 연합의 정신

연합규약에는 대통령이 없다. 13개 주에서 각각 파견한 대표로 구성된 'Congress'가 있을 뿐이다. 이러한 역사 맥락에서는 'Congress'를 '의회'라고 번역해서는 안 되며 그렇게 할 수도 없다. 'Congress'의 본래 뜻은 '대표회의'에 지나지 않는다. 연합규약에서는 '연합'의 최고 권력 기구를

13개 주의 '대표회의'로 정하고 있다.

연합대표회의는 회의 장소가 고정돼 있지 않다.● 연합규약에는 각 주의 대표 선출 방식에 대한 어떠한 규정도 없으며, 각 주에서 자체적으로 결정하고 파견하도록 한다. 이러한 연합대표회의 시스템은 오늘날의 유럽의회보다 더 느슨하다. 유럽의회는 최소한 명확한 선거 방식이 있고, 각국 의원의 수, 자격 및 임기를 분명하게 정해 두고 있다. 연합규약에는 각 주에서 몇 명의 대표를 파견해야 하는지, 어떤 대표를 회의에 참가시켜야 하는지에 대한 규정이 없다.

이러한 대표회의는 어떻게 진행될까? 이 주에서는 5명이 오고, 저 주에서는 20명이 오는데 의결은 어떻게 하며, 특히 투표는 어떻게 한단 말인가? 연합대표회의는 각 주의 대표가 여는 회의지만, 모든 대표에게 개별 투표권이 있는 건 아니다. 회의장의 투표용지는 언제나 13장뿐이다. 몇 명의 대표를 파견하든 하나의 주는 1장의 표를 행사한다. 따라서 각 주의 대표끼리 협의해 주의 입장을 찾고, 주의 결정을 도출해야 한다.

연합은 주를 단위로 해서 이루어진 조직이다. 연합규약에는 구성원의 과반수, 즉 7개 주의 대표가 출석하면 연합대표회의를 열 수 있다고 규정되어 있다. 그러나 연합규

● 제1회부터 제3회 전반부까지는 필라델피아주에서, 제3회 후반부부터 제4회까지는 프린스턴에서, 제5회는 아나폴리스에서, 제6회 전반부는 뉴저지주 트렌턴에서, 제6회 후반부부터 제10회까지는 뉴욕주에서.

약이 유효하던 몇 년간, 연합대표회의는 종종 7개 주 대표의 의석을 채우지 못해 성사되지 못했다.

북미 식민지와 영국 사이의 군사 충돌은 1776년부터 1783년까지 계속되었다. 1783년 영국은 마침내 한 발 물러나 정전 평화 조약을 내밀었다. 평화 조약은 연합의 최고 권력 기구인 연합대표회의에 도착해 체결을 기다렸으나 이런 역사적 대사에도 불구하고 한동안 회의를 성사시킬 대표들을 모으지 못했다. 몹시 공을 들여서야 각 주의 대표가 모였고 그제야 평화 조약도 발효될 수 있었다.●● 그러나 이 과정에서 버지니아주는 끝까지 영국과 연합 사이의 평화 조약에 참여하지 않았고, 단독으로 영국과 평화 조약을 체결했다.

이러한 역사에서 우리는 연합 내지 연합대표회의의 중요성과 지위가 어느 정도였는지 쉽게 판단할 수 있다. 역사 기록을 보면 미국이 설립된 지 9년째 되던 1785년에도 13개 주 가운데 9개 주가 여전히 자신의 해군을 보유하고 있었다.

외교 면에서 연합은 버지니아주의 단독 행동을 저지할 수 없었다. 군사 문제에서도 마찬가지로 연합은 각 주의 해군을 통합할 수 없었다. 외교, 군사 영역에서도 이렇듯 역할

●● 평화 조약이 미국에 회부되었을 때는 마침 한겨울이었던지라 13개 주 가운데 7개 주의 대표만이 출석했다. 연합규약에 근거하면 조약이 발효되기 위해서는 9개 주 이상의 비준이 필요했다. 코네티컷주와 사우스캐롤라이나주의 대표들이 메릴랜드에 도착한 뒤에야 평화 조약이 비준되었다.

이 제한되는데, 각 주의 내정에 어떻게 개입을 하고 영향을 미칠 수 있었겠는가!

300여 년간 미국 본토에서 일어난 전쟁 가운데 가장 중요한 전쟁은 1861년에서 1865년 사이에 일어난 남북전쟁이다. 내전은 남북의 너무나 다른 경제 발전 양상에서 비롯되었고, 이는 흑인 노예 문제에 대한 완전히 상반된 입장으로 이어졌다. 북부는 노예 제도에 반대했고, 남부는 플랜테이션 경제의 수혜자 입장에서 도저히 노예 제도 폐지에 동의할 수 없었다.

남부 각 주의 연합 탈퇴 선포는 남북전쟁의 방아쇠를 당겼다. 당시의 미국 대통령 에이브러햄 링컨은 연합을 온전히 지키겠다는 입장으로 결연히 전쟁을 결정했다. 그렇게 집단 감정이 격양된 분위기에서 노예제를 지지하는 남부 15개 주 가운데 7개 주가 먼저 결합해 새로운 깃발을 내걸었고, 그것이 '아메리카 남부맹방'Confederate States of America이다.

이러한 남부의 선택은 돌연한 일이 아니었다. 이는 명백히 연방보다 먼저 역사에 존재했던 조직인 연합을 근거로 한다. 연합과 연방의 가장 큰 차이점은 연합은 각 주의 내정에 간섭할 수 없으며 각 주의 '독립적이고 자유로운' 지위를 침범할 수 없었다는 것이다.

필라델피아 회의는 본래 제헌 회의가 아니었다

1777년 연합규약에 명시된 국가는 분명 우리가 아는 미국이 아니다. 연합이 연방으로 나아가는 과정을 이야기하려면 1785년에서 시작해야 한다. 1785년이 되면, 8년간 시행해 온 연합규약이 해결할 수 없는 몇 가지 근본적인 문제가 드러난다.

첫 번째 문제는 큰 주와 작은 주 사이의 관계였다. 13개 식민지가 그대로 13개 주로 바뀌었는데, 이들 중에는 큰 주가 있는가 하면 작은 주도 있었다. 인구가 가장 적은 델라웨어주에는 3만 7천 명이 살았다. 이에 비해 펜실베이니아주같이 큰 주의 경우, 주 안에 있는 도시 필라델피아의 인구만 4만 명이었다. 더욱 골치 아픈 것은 독립전쟁이 일어났을 때 주와 주의 경계가 명확하지 않았다는 점이다. 지리적으로 13개 주는 대서양의 동쪽 연안에 모여 있었다. 서쪽에는 광활한 미개발 토지가 있었는데, 여러 주에서 모두 서쪽 토지가 자기 소유라고 공언했다. 각 주의 입장이 분분한 가운데 갈등은 숨죽인 채 폭발하기만을 기다리고 있었다. 게다가 노스캐롤라이나주와 버지니아주는 포토맥강의 운항권을 두고 오랜 시간 논쟁을 이어 오고 있었다.

느슨하게 조직된 '연합'과 '연합대표회의' 그리고 그 지침이 되는 '연합규약'은 13개의 주가 함께 영국에 맞서도록 했지만, 13개 주 사이의 분쟁은 조금도 해결하지 못했다. 1785년이 되자 특별 회의를 열어 연합규약을 검토하고, 필요한 부분을 개정하자는 의견이 나오기 시작했다.

1786년, 메릴랜드주에서 제1차 토론 회의가 열렸다. 이 회의에서는 연합규약을 실질적으로 개정하지 않았지만, 1787년 5월 2일에 별도로 회의를 열어 '각 주 사이의 상업 및 무역 관계를 검토'하자는 결론에 다다랐다.

이 결정은 겉보기에 매우 소극적이다. 연합규약을 검토하자는 제시조차 없다. 회의 참석자들은 연합규약 검토를 직접 언급하면 작은 주의 저항에 부딪힐 가능성이 매우 높다고 예상했다. 작은 주는 아무리 작아도 연합규약의 테두리 안에서 큰 주와 동등한 권리를 지녔다. 큰 주는 자연히 이러한 구조에 불만을 품었다. 큰 주의 불만을 모를 리 없는 작은 주에서는 이 동등한 구조를 바꿔 규모에 따라 세력을 확대하려는 큰 주의 시도를 막고자 연합규약 개정에 유난히 민감하게 반응했다.

1787년 5월 필라델피아에서 열린 이 회의는 훗날 역사에 '제헌 회의'로 기록된다. 결과적으로 보면 바로 이 회의에서 미국 헌법이 제정되었지만, 회의가 준비되고 개최되던 역사의 순간에는 누구도 이 회의가 그 중대한 '제헌 회의'가 될 줄 몰랐다. 다수의 회의 참가자는 자신이 '각 주 사이의 상업 및 무역 관계'를 토론하고 협상하러 왔다고 믿었다.

아이러니하게도 만약 당시에 '제헌 회의'를 열자고 했다면 이 회의는 절대 성사되지 못했을 것이고, 훗날 헌법의 초안 역시 결코 탄생하지 못했을 것이다. 만약 이 회의가 '제헌 회의'가 될 줄 알았다면 많은 주에서 아예 대표를 파견하지 않았을 것이고, 회의가 열렸다고 해도 과반수의 대표가 '제헌'에 반대해 회의가 진행되지 못했을 것이기 때문이다.

나중에 제헌 회의가 된 필라델피아 회의는 타이완의 국민대회와도, 타이완에서 떠들썩하게 개최되는 개헌 회의와도 다르다. 타이완에서 개헌 회의를 개최하려면 먼저 국민대회를 열어야 한다. 한번은 먼저 특별 선거를 치러 '임무형 국민대회 대표'任務型國代 ● 를 선출한 적도 있었다. 국민대회 대표가 회의장에 도착하면 우선 의장단을 선출한다. 의장

● 2005년 5월 14일에 치러진 '임무형 국민대회 대표' 선거는 타이완 국민대회의 마지막 선거였다. 이 선거에서 선출된 국민대회 대표들은 전년도에 입법원이 제출한 개헌안을 최종 결의했다. 제출된 개헌안 중에는 의회 의석수 반감(半減)과 국민대회 폐지가 포함되어 있었다. **41**

단은 회의를 통해 정식 회의의 의사일정과 진행 방식을 결정하고 정해진 의사일정에 따라 회의를 개최한다. 매번 회의 전에는 복잡한 개헌 초안을 준비하고, 길고 긴 토론과 논쟁, 심지어 갈등과 싸움을 거쳐 마침내 의결을 한다. 회의가 진행되는 동안, 회의장 안에서는 각 정당이 인원을 적극 동원해 당원이 당의 노선에 반하는 표를 행사하지 못하도록 엄격하게 단속하고, 회의장 밖에서는 언론 매체가 인력을 총동원해 개헌 문제를 외부로 실어 나른다.

우리는 타이완의 개헌 회의에 대한 이미지로 필라델피아 회의를 상상해서는 안 되며, 1946년 타이완의 제헌 회의를 필라델피아 회의와 견주어도 안 된다. 미국 헌법이 필라델피아 회의에서 탄생한 것은 그 회의가 제헌 회의가 아니었기에 가능했다. 그리 대단할 것도 해로울 것도 없어 보이는 '각 주 사이의 상업 및 무역 관계 검토'라는 명목 덕분에 회의가 순조롭게 개최될 수 있었던 것이다.

1787년에 정식으로 회의가 열리기 전까지 대부분의 대표는 필라델피아 회의가 연합규약의 미비한 부분을 토론하기 위해 열리는 것이며, 특히 각 주 사이의 쟁의 해결에 집중하게 되리라 믿고 있었다. 코네티컷주에서 회의에 참석하는 대표에게 내준 임명장을 보면 "연합규약의 가능한 부분에 대한 개정 건의를 토론하고 입안"할 권리를 부여한다고 명료하게 적혀 있다. 연합규약 개정도 아닌, 개정 건의를 입안하는 것에 지나지 않았다.

그럼에도 5월 개회 때는 13개 주가 모두 모이지 못했다. 영토가 가장 작고 인구가 두 번째로 적은 로드아일랜드주●에서 회의에 참석할 대표를 파견하지 않았기 때문이다. 그들은 이런 회의가 작은 주에 이로울 리 없으며, 작은 주에서 대표를 파견해도 큰 주에 맞서거나 영향력을 행사할 수 없으리라고 확신했다. 회의에 참석하지 않음으로써 이후 회의의 결론을 인정하지 않을 여지를 확보하는 편이 낫다고 판단했던 것이다.

체계 없는 회의에서 귀중한 민주의 걸작이 탄생하다

12개 주의 대표가 필라델피아에 모였다. 당시 연합대표회의가 뉴욕주에서 열리고 있었기 때문에 이 특별 회의의 장소는 마침 휴회 중인 펜실베이니아주 의회 건물로 정해졌다. 펜실베이니아주 의회는 폭염이 이어지는 5월에서 8월

● 로드아일랜드주의 면적은 3,144제곱킬로미터이며, 당시 인구는 5만 8천 명이었다.

까지는● 회의를 열지 않았기 때문에 공간을 외부에 빌려줄 수 있었다.

필라델피아 회의는 예정보다 훨씬 길어져 9월이 되어서야 끝이 났다. 모두 합해 대략 127일간 회의가 열렸고, 대략 55명의 대표가 참석했다. '대략 127일간' 열렸고, '대략 55명의 대표'가 참석했다고 말하는 것은 회의 출석 기록이 온전하지 않아서가 아니다. 오히려 사료에 더 없이 정확하고 분명하게 기록되어 있기 때문에 '대략'이라고밖에 할 수 없다.

그 지난해의 결의로는 5월 2일에 회의를 열기로 되어 있었다. 그러나 5월 2일이 될 때까지 펜실베이니아주 의회가 끝나지 않아 5월 14일로 정식 개회를 미루어야 했다. 5월 14일, 친히 자리한 워싱턴 장군의 주재로 회의 시작을 선포했으나 개회 당일까지도 많은 주의 대표가 도착하지 않았다. 5월 25일, 마침내 과반수인 7개 주의 대표가 출석해 회의 성사 조건이 맞춰졌다.

대표들이 느릿느릿 여유를 부린 것도 모자라 출석 상황도 매우 불안정했다. 12개 주에서 선출한 대표는 총 74명인데 실제로 도착 신고를 한 대표는 55명뿐이었고, 이 55명 가운데 가장 나중에 등록한 사람은 8월 6일이 되어서야 나

● 필라델피아주는 아열대 습윤 기후 지역에 위치해 있기 때문에 여름이면 무척 무덥고 습하다.

타났다. 원래 개회하기로 예정된 날에서는 3개월이 지났고, 회의가 성립된 5월 25일에서도 70여 일이 지난 후였다. 어떤 이는 늦게 도착했고, 어떤 이는 회의가 끝나기도 전에 돌아가 버렸으며, 많은 이들이 출석과 결석을 반복했다. 아마 한 번 참석하면 보름을 빠지곤 했으리라. 55명의 대표가 등록했지만 이 숫자에는 큰 의미가 없었다. 매일 회의장에 나타나 토론에 참여하는 이는 대략 30명 안팎이었고, 이 30인마저 매번 바뀌었다.

이런 회의를 어떤 절차에 따라 진행했을까? 쑨원이 외국의 책들을 참고해서 쓴『민권초보』民權初步●●를 생각해 보자.『민권초보』를 읽어 본 적이 없는 사람이라도 최소한 학창 시절의 학급 회의 기본 절차와 규정을 이해하고 있을 것이다. 먼저 토론을 하고 안건을 표결에 부친다, 투표할 때는 가장 나중에 제기된 개정안을 먼저 표결하고, 먼저 제기된 주요 안건은 가장 나중에 표결한다, 토론은 안건이 표결을 거친 후에 끝나며, 재투표를 요구할 수 없다 등등.

필라델피아 회의의 절차는 우리의 상식과 매우 달랐다. 가장 큰 차이는 결의를 번복할 수 있었다는 점이다. 모든 대표가 앞서 표결한 결의의 번복을 제기할 수 있었고, 번복이 제기되면 그 안건을 다시 토론하고 투표했다. 가령 연방에

●●『사회건설』이라고도 하며, 민권주의의 실현을 위한 구체적인 설계가 담겨 있다.「심리건설」(心理建設),「물질건설」(物質建設)과 함께『건국방략』(建國方略)에 수록되어 있다.

대통령이 있어야 한다고 주장하는 안건이 나왔다고 하자. 대표들은 충분한 토론을 거친 후 안건을 표결에 부친다. 그 결과 12개 주 가운데 10개 주가 찬성하고 2개 주가 반대하여 연방 대통령 선출안을 통과시키기로 결의된다. 그러나 반대표를 던졌던 대표가 다음 날 연방 대통령을 세워야 할지 말지 토론하자고 제기하면 다시 토론을 하고 투표를 한다. 그러면 나중에 한 투표 결과가 자동으로 앞서 낸 결의를 뒤집게 된다.

정말 황당하고 무서운 회의 규정이다! 이런 식이라면 결의도 결의가 아니다. 결의를 마뜩잖게 생각하는 이는 언제라도 토의를 원점으로 되돌릴 수 있다. 이런 상황에서 회의가 어떻게 결론을 낼 수 있단 말인가? 실제로 회의가 길어진 결정적인 이유도 여기에 있었다. 결의를 확정짓는 시스템이 없었기 때문에 일부 조문條文은 토론하고 투표한 후에 다시 토론하고 투표하기를 반복했고, 또 일부 조문은 투표를 해도 소용없다는 것이 뻔했기에 표결에 부치지 않고 한없이 토론을 계속했다.

역사의 현장으로 돌아가 보자. 필라델피아 회의는 그야말로 어린애 장난 같았다. 무엇 때문에 회의를 여는지, 누가 참석할지, 얼마나 걸릴지, 무슨 수로 회의 결론을 낼지 모두 불분명했다. 200여 년 후에 당시를 돌아보는 우리는 그저 전화위복이라고, 이렇게 격식 없고 허술하기 그지없는 회의에서 가장 훌륭한 성과를 얻은 미국의 운이 참 좋다고 평가할 뿐이다. 좀 더 과장하면 인류 문명이 다 전화위복에서 비롯되었다고 평가할 수도 있겠다. 그도 그럴 것이 이 어설픈 회의에서 정치사상과 정치 체제를 철저하게 바꾸어 놓은 귀중한 문헌이 나왔으니 말이다.

필라델피아 회의를 주도한 버지니아 플랜

이 기적에 가까운 역전을 만들어 낸 몇 가지 핵심 요소가 있다.

회의 첫날, 대표들은 회의를 비공개로 하자는 데 의견을 모았다. 모든 대표는 반드시 비밀 보장의 원칙을 준수해야 했고, 회의에 관한 어떤 정보도 절대 외부에 유출할 수 없었다. 회의에서 현재 어떤 안건을 토론하고 있는지, 누가 어떤 입장에서 무슨 말을 했는지, 누가 어떤 안건에 찬성 혹은 반대 표를 던졌는지 등등이 모두 비밀 항목에 속했다.

믿을 수 없는, 특히 지금 우리 시대에서는 도저히 상상할 수 없는 일이 발생했다. 5월부터 9월까지 회의가 열리는 동안, 회장에서 일어난 어떤 일도 밖으로 새어 나가지 않은 것이다. 회의 참석자를 제외하고는 이곳에서 도대체 무슨 회의가 열리고 있는지, 또 어떻게 열리고 있는지 아는 사람이 아무도 없었다. 이것이 필라델피아 회의의 놀라운 결과를 가능케 한 첫 번째 요소였다.

두 번째 행운의 요소는 회의가 열리는 동안 처음부터 끝까지 자리를 지켰던 조지 워싱턴●이다. 그가 독립전쟁에서 얻은 지위를 감히 존중하지 않는 사람은 없었다. 그리고 모든 이들이 존경하는 또 한 명의 공신, 벤저민 프랭클린●● 역시 필레델피아 회의에 참석했다.

당시 필라델피아 회의에 참석한 대표 중 가장 어린 사람의 나이는 겨우 23세였고,●●● 평균 연령은 45세였다. 이 평균 연령을 대폭 상승시킨 사람이 그해 81세를 맞이한 프랭클린으로, 회의에 참석한 대표 가운데 가장 나이가 많았다.

워싱턴과 프랭클린은 각각의 개성이 뚜렷했다. 워싱턴은 말수가 적었으나 언제나 회장에 앉아 있었고, 함부로 자

● 조지 워싱턴(George Washington,1732-1799)은 버지니아주에서 파견한 7명의 대표 중 한 사람이었다.
●● 벤저민 프랭클린(Benjamin Franklin, 1706-1790)은 펜실베이니아주에서 파견한 8명의 대표 중 한 사람이었다.
●●● 최연소 대표는 뉴저지주에서 온 조너선 데이턴(Jonathan Dayton, 1760-1824)이었다. 그는 훗날 하원 의원과 상원 의원을 역임했다.

리를 떠나는 법이 없었다. 프랭클린은 늘 참석하지는 않았지만, 왔다 하면 반드시 일생을 외교관으로 살아온 기질을 발휘하며 온 회장을 누볐다. 그가 등장하는 날이면 모든 사람이 그의 존재를 의식했다.

워싱턴은 여러 중대한 조문에서 대표들의 숙고에 영향을 미쳤다. 예컨대 연방 대통령을 두는 문제를 토론할 때, 대표들은 대통령이 필요해서 뽑기로 한다면 제1대 대통령은 워싱턴일 수밖에 없다는 점을 의식하지 않을 수 없었다. 이에 따라 대통령을 세우는 일에 공공연하게 반대한다면, 이는 워싱턴을 공격하거나 부정한다는 의미를 떨치기 어려웠다. 처음에는 대통령이라는 직위에 반대했던 사람들도 이 사실에 영향을 받았다.

아울러 대통령이 이끄는 행정 부문의 직권을 토론할 때 각 대표의 머릿속에 자리한 제1대 대통령이 영향력을 발휘했다. 미래의 제1대 대통령을 앞에 두고 어떻게 대통령이 주 사이의 일을 적절하게 처리할 수 있을지 믿을 수 없다며 대통령의 권력을 축소하자고 강력하게 주장할 수 있겠는가? 만약 워싱턴을 염두에 두지 않았더라면 최종적으로 제정된 행정 부문의 권력은 훨씬 적었으리라.

회의가 성립될 수 있었던 세 번째 요인은 유럽 각국의

시선이었다. 독립전쟁 초기 프랑스가 지지와 도움을 보낸 것을 제외하면 다른 유럽 국가들은 회의적인, 더 나아가 적의적인 시선을 유지한 채 13개 주의 정세를 지켜보았다. 이에 더해 유럽 각국이 모두 해외 식민지 확장에 열성이었던 것도 대표들의 초조를 부채질했다. 만약 13개 주가 제각기 독자적인 방향으로 나아가 더 긴밀한 하나의 국가로 결합하지 못한다면, 유럽 앞에서 안전하리라고 말하기 어려웠다. 게다가 13개 주는 그때까지 해외 개척을 하거나 유럽 각국과 경쟁한 적이 없었다.

다음으로 독특한 네 번째 요인은 앞서 언급한 거의 황당하리만치 느슨한 논의 규정이었다. 언제든 결의된 사안을 번복할 수 있는 기회가 남아 있었기에, 어떤 조항을 두고 결사반대하는 사람이 없었다. 자신이 동의하지 않는 조문이 결의에서 통과되더라도 굳이 더 격한 수단으로 반대를 표명할 필요가 없었다. 잠시 안건이 결의되도록 두어도 나중에 번복을 제기하고 새로 토론하면 되었다. 시간이 지나면서 마음에 평정을 되찾고 보면 처음에는 받아들일 수 없던 조문도 그리 끔찍한 것은 아닌 경우가 많았고, 다른 사람의 의견도 전혀 일리가 없지 않음을 깨닫고 지지하게 되었다.

어떤 주에 명백히 불리한 조문이 있으면, 해당 주의 대표는 당연히 동의할 리도, 동의해서도 안 되었다. 하지만 장장 127일 동안, 각 주의 대표가 자신의 모든 의견을 온전히 그리고 충분하게 표명할 기회를 가졌고, 더 이상 할 말이 없을 때까지 거듭해서 말할 수 있었다. 그랬기에 마음을 가라앉히고 차분히 한 주 한 주의 득과 실을 따져 전면적인 판단을 내릴 수 있었고, 어느 한 부분에 얽매이지 않음으로써 입장도 바뀌었다.

그리고 여기 다섯 번째 요소가 있다. 필라델피아 회의에 비교적 큰 기대를 걸었던 이들은 극소수였는데, 그 몇 안 되는 사람들 가운데 한 명이 제임스 매디슨●이었고 또 다른 한 명은 알렉산더 해밀턴●●이었다. 매디슨은 필라델피아 회의 전에 미리 버지니아주의 모든 대표를 소집해 사전 회의를 열었고, 그 회의에서 미국이라는 국가를 새롭게 조직하자는 건의서의 초고를 작성했다. 이 문서는 훗날의 역사에서 '버지니아 플랜'Virginia Plan이라고 불린다. 필라델피아 회의가 열리기 전까지 다른 주에서는 이 버지니아 플랜

● 제임스 매디슨(James Madison, 1751–1836)은 버지니아주에서 파견한 7명의 대표 중 한 사람이었으며, 『연방주의자 논고』의 저자 3명 중 1명이다. 사람들은 그를 '헌법의 아버지'라고 부른다. 제3대 제퍼슨 대통령 때 국무 장관을 역임했으며, 1809년에 제4대 미국 대통령에 당선되었다.

●● 알렉산더 해밀턴(Alexander Hamilton, 1755–1804)은 뉴욕주에서 파견한 3명의 대표 중 한 사람으로, 미국 헌법 제정을 강력하게 추진했다. 『연방주의자 논고』의 저자 3명 중 1명이기도 하다. 연방 정부의 첫 번째 재정부 장관을 지냈으며, 역사상 투표를 기반으로 한 첫 번째 정당인 '연방당'의 창시자이기도 하다.

의 존재조차 모르고 있었다. 매디슨의 의지가 철저히 반영된 '플랜'은 연합에 작별을 고하고 연합보다 더욱 긴밀하고 힘 있는 국가 조직을 세워야 한다는 것을 분명하게 주장했다. 그러려면 국가에 대표회의만 있어서는 안 되고, 반드시 중앙 정부가 있어야 했다.

회의가 열린 지 6일째 되는 날, 매디슨은 버지니아 플랜을 제출했고, 온 회장을 깜짝 놀라게 했다. 성공적인 기습이었다. 거의 모든 대표가 버지니아 플랜에 격렬한 의견을 표출했다. 물론 그중 대다수가 반대 의견이었다. 하지만 찬성이든 반대든 이러한 의견들은 하나의 효과를 낳았다. 그이후로 회의는 버지니아 플랜을 떼어 놓고 진행할 수 없게되었다. 이 문서의 주장이 필라델피아 회의의 실질적인 주제를 주도한 것이다.

버지니아 플랜은 필라델피아 회의가 훗날 통과시킨 미국 헌법 초안의 전신이다. 이 플랜은 미국 헌법의 기본 골격이 되었으며 연합규약 검토에서 하나의 새로운 조직에 대한탐색으로 회의의 방향을 이끌었다.

127일 동안 열린 회의에서 모든 대표가 할 말이 바닥날때까지 발언했고, 토론 과정에서 각종 합종연횡의 각축을벌였다. 당시의 다양한 발언과 행동이 현장 기록으로 고스란히 남았다는 것은 행운이다.

　필라델피아 회의의 여러 외적 조건은 허술하고 무성의
해 보였다. 하지만 회의에 참여한 대표 가운데 최소한 한 사
람은 진지하고 엄숙하기 그지없는 마음가짐을 지니고 있었
다. 그는 127일 동안 하루도 빠짐없이 회의에 참석했고, 거
의 불가사의에 가까운 속기로 매일매일 회의 경과를 기록했
다. 이 사람은 바로 매디슨이다. 매디슨의 현장 기록은 후세
가 이 회의를 이해하는 핵심 정보의 골간이 되었다. 훗날의
역사 연구자들은 이 기록에 다른 회의 참가자들의 서신, 발
언 원고, 회고, 전기傳記 자료를 보태어, 당시의 신문기자나
일반 대중보다 더욱 깊이 있게 회의에서 일어난 일들을 파
악할 수 있었다.

'우리'를
'미국 인민'으로
정의하다

미국 헌법은 미국 인민이 제정하고 확립하였다

127일간 계속된 긴긴 토론을 거친 결과, 미국 헌법에는 지극히 간결한 조문만 남고 군더더기는 모두 지워졌다. 핵심 규범만이 회의 참여자의 동의를 얻어 미국 헌법에 쓰일 수 있었다. 그 밖의 곁가지, 명확하지 않고 다소 복잡하거나 에두른 구절은 모두 논쟁을 불러일으켜 결국 삭제되는 신세를 면치 못했다.

필라델피아 회의에서 각 주는 현실적인 이익을 염두에 두었다. 이로 인해 토론을 거쳐 통과될 수 있었을 법한 일부 조문까지 사라지는 경우가 생겼는데, 그중 하나가 새로운 주의 연방 가입 방법을 다룬 조항이다. 열띤 토론 과정에서 남부의 큰 주인 버지니아주와 조지아주가 이 조항에 지나치게 큰 관심을 보이자 다른 주에서 이 두 개의 주가 영토 확장의 야심을 품고 있음을 알게 되었다. 일단 새로운 주의 가입 방법이 확정되면 그들은 반드시 그 방법에 따라 새로운 주를 세우고, 자신들이 연방에서 차지했던 의석수를 1석에서 2석, 심지어 그 이상으로 확장할 것이었다. 이러한 야심을 막기 위해 나머지 주 사이에 묵계가 이루어졌고, 이 조항은 회의 과정에서 지워졌다.

몇몇 작은 주는 헌법에 연방을 탈퇴하는 방법이 제정되기를 바랐다. 작은 주에서는 비교적 긴밀한 조직인 연방이 작은 주를 억압하거나 굴복시키는 큰 주의 수단이 될 것을 걱정하며 자신의 퇴로를 마련하려고 애썼다. 이는 큰 주에 얼마간 압력을 가할 수 있는 무기이기도 했다. '나를 너무 만만하게 보면 안 된다. 정도가 지나치면 나는 너랑 안 놀 거다!' 이러한 제의는 연방을 주장하는 대표들의 강한 반대에 부딪혔다. 연방이 성립되기도 전에 탈퇴 방법을 정해두면, 각 주가 탈퇴를 위협 삼아 연방에서 특권과 이점을 얻으려 할 것이었다. 그렇게 되면 연방은 금세 와해되고, 혹 가까스로 존립한다고 해도 이를 통해 작은 주가 차지할 수 있는 이득은 없을 것이다. 비교적 자주적이고, 위협을 받지 않는 연방이야말로 작은 주에 가장 좋은 방패가 되어 줄 터였다.

작은 주는 마지못해 이러한 추론을 받아들이고, 탈퇴 방법을 제정해 달라는 요구를 거두었다. 이리하여 미국 헌법에는 각 주에 탈퇴할 권리가 있는지 그렇지 않은지, 어떻게 탈퇴하는지에 대한 어떠한 규범도 없다. 1861년 남부의 각 주가 일방적으로 연방 탈퇴를 선포했을 때, 당시 미국 대통령이던 링컨은 그들의 탈퇴가 헌법에 위반된다는 이유로 군대를 출병시켜 '온전한 연방을 수호'하고자 했고, 그렇게 장장 5년에 달하는 남북전쟁이 일어났다.

미국 헌법이 제정되기 전, 13개 주에는 이미 각자의 헌법이 있었다. 대다수 주 헌법 맨 앞부분은 '전문'前文으로, 번지르르하고 원칙적인 서술이 한 가득 담겨 있었다. 이와 달리 미국 헌법에는 전문이 없다. 간결하고 짤막한 '서언'序言이 한 구절 있을 뿐이다. 영어 원문에서는 이를 'Preamble'이라고 부른다.

We the People of the United States, in Order to form a more perfect Union, establish Justice, insure domestic Tranquility, provide for the common defence, promote the general Welfare, and secure the Blessings of Liberty to ourselves and our Posterity, do ordain and establish this Constitution for the United States of America.

우리들 합중국 인민은 더욱 완전한 연맹을 형성하고, 정의를 확립하고, 국내의 안녕을 보장하고, 공동의 방위를 도모하고, 국민의 복지를 증진하고, 우리와 우리 후손이 누릴 자유의 축복을 확보할 목적으로, 미합중국을 위하여 이 헌법을 제정하고 확립한다.

이 대목 첫 구절은 비범한 의미를 지니고 있다. 문장의 주어이자 헌법의 주체는 바로 이들이다.

We the People of the United States
우리들 합중국 인민

문장의 핵심을 간추리면 다음과 같다.

We the People of the United States ... do ordain and establish this Constitution for the United States of America.

우리들 합중국 인민은 …… 미합중국을 위하여 이 헌법을 제
정하고 확립한다.

여기서 처음으로 'United States of America'가 고유
명사로 등장한다. 'United'의 앞 글자가 대문자로 쓰이면서
이 이름의 일부분으로 포함되었다. 독립선언서에 쓰인 것
처럼 평범한 형용사가 아니었다. 독립선언서의 주체는 각
주였다. 여기에서 주체는 'United States of America'라고
불리는 국가 조직의 모든 인민을 아우른다.

미합중국 헌법은 '미합중국 인민'이 제정하고 확립하
였다. 이는 새로운 시대를 여는 선고였다. 인류 역사상 그때
껏 인민이 스스로 제정하고 확립한 헌법은 나온 적이 없었
다. 민주 사상의 계보에서 미국 헌법이 몽테스키외, 루소의
정치 이론과 가장 다른 점은 인민 스스로 자신이 속한 국가
의 근본 규칙을 제정했다는 것이다.

몽테스키외와 루소가 말한 '민주'는 역사성을 띤 개념
이다. 이 개념은 고대 그리스와 제국이 되기 전의 로마 공화
제에서 왔다. 몽테스키외가 정리한 역사 사실을 보면 평등
한 권리를 갖고, 스스로 결정하고, 스스로 관할하게 하는 민
주 법규는 현군이 발명하고 제정해서 인민에게 하사하는 것

이다. 아테네에는 솔론●이, 스파르타에는 킬론●●이 있었고, 이 영명한 두 지도자는 아테네와 스파르타의 정치 제도를 결정했다. 로마에도 나라를 세운 로물루스●●●가 있었다. 그는 로마의 건국자이자 로마 공화제의 제정자이다. 루소는 '정부가 인민을 창조한다'고 믿었다. 먼저 총명하고 지혜로운 사람이 민주 법규를 만들고 정부가 민주 법규를 실시한다면, 인민은 이러한 구조 안에서 서서히 민주 시민으로 변해 간다는 것이다. 코르시카의 요청으로 헌장 초안을 만든 루소는●●●● 인민이 주체가 되어 제정한 민주 규율을 상상할 수도, 이에 동의할 수도 없었을 것이다.

1787년에 제정된 미국 헌법 초안은 서언에서 미국 인민이 헌법을 제정하고 확립했음을 분명히 밝혔다. 이 서언은 사실에 대한 진술이자 반드시 지켜야 할 규범이었다. 진술 부분에서는 필라델피아 회의의 참여자가 미국 인민의 대

● 솔론(Solon, 기원전 638?-기원전 558?). 그리스의 정치가이자 시인. 아테네의 아르콘을 맡은 바 있으며, 훗날 '솔론 개혁'이라 불리는 개혁을 추진했다.

●● 킬론(Chilon of Sparta, 기원전 6세기 초)은 스파르타 '5장관' 중 한 명이다. 시키온의 폭군을 타도할 때 원조한 것으로 알려져 있으며, 스파르타를 펠로폰네소스 연맹에 가입시켰다고 한다.

●●● 전설에 의하면 로물루스와 레무스는 사제 레아 실비아와 군신(軍神) 사이의 쌍둥이 아들이다. 자신들의 새로운 도시 로마를 건설하는 과정에서 불화가 생기자, 로물루스는 레무스를 죽였다.

●●●● 제노바공화국의 속령이었던 코르시카는 1755년 독립을 선포하고 헌법을 제정했다. 그러나 1768년, 제노바공화국이 코르시카를 프랑스에 팔아 버렸고 1년 후 코르시카는 프랑스군에게 점령당했다.

표이며, 자기의지와 지혜가 아닌 미국 인민의 신분으로 미국 인민의 의지를 대표해 헌법 초안을 제정함을 밝혔다. 규범 부분에서는 미국 헌법이 특정한 절차를 거쳐 미국 인민이 확립해야만 효력을 발휘할 수 있다고 표명했다.

> We the People of the United States ... do ordain and establish this Constitution for the United States of America.

이 대목은 필라델피아 회의 대표의 어조가 아니다. 그렇기 때문에 시제가 현재형이 아니라 미래형에 가깝다. 미국 인민이 헌법을 '확립'한 후에야 현재형으로 발효될 수 있는 것이다.

이 서언의 기안자 제임스 윌슨●●●●●이 'We the People of the United States'를 적어 내려가던 때에 '우리들 합중국 인민'은 사실 존재하지 않았다. '미합중국'United States of America이 아직 존재하지 않았기 때문이다. 그렇다면 미합중국은 언제 생겨났을까? 헌법이 통과되면 이 헌법에 따라 미합중국이 성립되고, 이 사람들은 비로소 '미국 인민'이 된다. 미국 인민이 미국 헌법을 제정하고 확립하여 미국을 존

●●●●● 제임스 윌슨(James Wilson, 1742-1798)은 펜실베이니아 주에서 파견된 8명의 대표 중 1명이었다.

재케 하며, 동시에 그 자신이 미국 인민이 된다. 이 순환에는 모순이 없으며, 외부의 도움을 빌리지 않는 미국 인민의 온전한 주체성을 분명하게 보여 준다. 그들은 자신의 국가를 창조했고 자신을 창조했다. 어떠한 외부 세력이 개입해서 미국 인민을 정의하거나 미국의 범위를 규정한 것이 아니다. 미국은 온전히 그리고 철저히, 미국 인민의 미국이다.

필라델피아 회의에서 제정한 헌법 초안의 마지막 조문인 제7조는 다음과 같다.

이 헌법은 9개 이상 주의 헌법 인가 회의에서 비준을 얻으면 이를 비준한 각 주 사이에서 발효된다.

이 조문은 서언과 상통하며 '미국 인민', '미합중국', 그리고 '미국 헌법'이 동시에 형성되는 방식을 규정한다. 13개 주가 독립선언서에 서명했고, 그중 12개 주가 필라델피아 회의에 참석해 헌법 초안을 세웠다. 그렇다면 미국 헌법이 정식 발효되기 위해서는 몇 개 주의 비준이 필요할까? 회의에서 이를 두고 수많은 논쟁과 흥정이 오갔다. 그렇게 마지막 날까지 논의를 계속한 결과 '9개 주'로 결정되었다.

미국 헌법은 공평무사와 철저한 계산 사이의 산물이다

필라델피아 회의가 제기한 초안의 제7조 뒷부분에는 이 문건의 근거를 설명하는 대목이 있다.

Done in Convention by the Unanimous Consent of the States present the Seventeenth Day of September in the Year of our Lord one thousand seven hundred and Eighty seven and of the Independence of the United States of America the Twelfth In witness whereof We have hereunto subscribed our Names, (...)

서기 1787년, 미합중국 독립 제12년, 9월 17일 헌법 회의에서, 참석한 각 주의 만장일치와 동의를 얻어 이 헌법을 제정한다. 이를 증명하기 위하여 우리들은 이에 서명한다.

서명을 보면 가장 앞쪽에 의장 워싱턴의 이름이 있다. 그 뒤에 북부에서 남부 순서로 뉴햄프셔, 매사추세츠, 코네티컷, 뉴욕, 뉴저지, 펜실베이니아, 델라웨어, 메릴랜드, 버지니아, 노스캐롤라이나, 사우스캐롤라이나, 조지아 주의 대표 이름이 나열되어 있다.

헌법 초안은 버지니아 플랜이라는 기초 위에 세워졌다. 그런데 버지니아주에서는 의장인 워싱턴을 제외하고 2명의 대표만이 서명을 했다.● 또 다른 북부의 큰 주인 뉴욕주에서는 해밀턴 한 사람만이 서명을 했다. 9월 17일 폐회 당시, 일부 대표는 이미 회의장을 떠난 상태였다. 그중 적지 않은 이들이 초안에 대한 불만을 결석으로 표시하고자 했다. 폐회까지 남아 있던 대표 중에서도 끝까지 문건에 서명하지 않겠다고 고집한 이가 3명이나 있었다.

이 초안은 회의에 "참석한 각 주의 만장일치와 동의"를 얻은 것처럼, 각 주가 모두 서명하고 지지한 것처럼 보이지만, 회의에 참석한 모든 대표가 만장일치로 동의한 것은 결코 아니었다. 반대한 대표도 많았으며, 불만이 있지만 마지못해 통과에 찬성한 대표는 더욱 많았다. 그럼에도 초안이 완성될 수 있었던 핵심 요인 중 한 가지는 이 초안이 헌법이 아니었다는 점이다. 초안은 각 주의 헌법 인가 회의를 통과해야 했고, 초안에 반대하거나 불만을 품은 대표는 자신의 주로 돌아가 헌법 인가 회의에서 입장을 밝히고 통과를 저지하면 되니 초안 회의에서 '너 죽고 나 살자' 식으로 다툴 필요가 없다고 여겼다.

● 이 두 명은 제임스 매디슨과 존 블레어(John Blair, 1732–1800)다.

바꾸어 말하면, 이 회의에 참석한 대표들은 사실 자신이 하는 일과 이 문건이 얼마나 중요한지 잘 몰랐다. 그들은 이 초안이 통과될지, 정식으로 헌법이 될 수 있을지 장담하지 못했으며, 이 헌법이 얼마나 큰 영향력을 발휘할지 역시 제대로 헤아리지 못하고 있었다.

그들은 그저 초안을 완성해 각 주로 전달할 따름이었다. 제7조에서는 9개 주가 초안을 통과시키면 미국 헌법이 성립되며 동시에 미합중국 역시 성립된다고 규정했다. 만약 9개 주가 이를 통과시키고 나머지 4개 주에서는 받아들이지 않는다면, 기존의 13개 주는 2개의 국가로 분열될까? 아니면 하나의 국가에 4개의 독립된 주로 존재하게 될까? 혹은 그 밖에 더 복잡한 상황이 될까? 1787년 9월에는 누구도 알 수 없었고 누구도 분명하게 말할 수 없었다.

실제로 1789년 4월 워싱턴이 미합중국 제1대 대통령에 당선되고 취임했을 때, 그의 직권 아래에 관할 구역으로 들어간 주는 13개가 아니라 11개였으며, 헌법 인가 회의를 마치지 못한 2개의 주가 남아 있었다.••

특히 중요한 점은 미국 헌법의 탄생 과정이 그리 논리적이지 않았다는 것이다. 미국 헌법은 체계적인 절차를 한 발 한 발 착실히 밟고서 출현한 것이 아니었다.

•• 이 두 개의 주는 노스캐롤라이나주와 로드아일랜드주다.

필레델피아 회의가 길어지자 회의에 참석한 대표들에게 예상치 못한 부담이 생겼다. 회의를 마치고 나와 '죄송합니다. 결론을 내지 못했습니다. 알려 드릴 결과가 없습니다'라고 말하기가 몹시 어려워진 것이다. 100여 일 동안 비공개 회의는 기적처럼 보안을 유지했지만, 이로써 불가피하게 외부의 호기심과 상상을 자극했다. 필라델피아주에서 북미 각 주에 이르기까지, 처음에는 냉담했던 여론과 대중의 태도는 점차 열렬해졌다.

사람들은 이들이 매우 중요한 일을 토론한다고 여겼다. 그렇지 않으면 어떻게 회의가 이렇게 길어질 수 있겠는가? 회의가 길어진다는 것은 그만큼 회의가 중요하다는 뜻이었다. 나중에는 누구나 이것이 대단히 중요한 회의라고 굳게 믿게 되었다. 회의에 참가한 대표들에게는 결론 없이 회의를 끝낼 퇴로가 더욱 없어졌다. 헌법 초안을 들고 나오는 것 말고는 회의가 그토록 길어진 까닭을 합리화하고, 급증한 대중의 기대를 만족시킬 길이 없어 보였다.

필라델피아 회의는 하나의 기적이었다. 누구도 이런 회의에서 이런 결과를 얻어 내리라고 예견하지 못했다. 오늘날에 와서 사료를 살펴봐도 이렇게 철저한 문건이 그렇게 느슨한 회의 과정에서 나왔다는 것을 믿기 어렵다. 미국 헌법 조문은 길고 소모적인 회의의 산물이다. 회의에 참가한 대표들은 대부분 피로와 졸음에 잠겨 회의를 끝내면서도 더 큰 비판을 불러올 부담을 피하기 위해 이 문건을 통과시켰다. 그들은 지칠 대로 지쳐서 더 이상 자신의 이익을 고수할 수 없었다. 그 결과 각 주 대표의 이기적인 계산이 최대한 제거된 균형 잡힌 조문이 나온 것이다.

아주 오랫동안 미국의 역사가와 대중은 회의에 참가했던 대표를 이기심 없는 영웅으로 여겼다. 그들의 인격, 지혜, 넓은 안목이 미국의 뿌리를 다지고 줄기를 세웠다고 생각했다. 그러나 이러한 견해는 20세기 초 냉철한 이견에 직면했다. 필라델피아 회의 1차 자료를 검토한 결과, 회의에 참가한 대표들이 사심 없는 성인이 아니었다는 사실이 분명하게 드러나면서 미국 사학계에는 세찬 '수정파'의 물결이 일었다. 발언 및 토론 내용이 전부 공적인 사유에서 나오는 지혜의 언어가 아니었던 것이다.

수정파는 철저히 상반된 관점을 내놓았다. 그들은 미국 헌법이 고귀한 민주 이념의 산물이 아니라 개인 및 집단의 경제 이익이 뒤얽힌 다툼의 결과이며, 조문과 정치 체제 설계의 자락마다 경제 이익에서 비롯된 동기가 깔려 있다고 주장했다.

또다시 시간이 흐르고, 더욱 면밀한 연구를 거치면서 우리는 다음과 같이 믿게 되었다. 이 대표들은 사심 없는 고귀한 영웅이 아니며, 시시콜콜 이해득실을 계산하는 소인도 아니다. 그들의 진정한 면모는 이 사이에 있다. 어떤 동기에서 비롯되었든, 또 무엇을 우선적으로 고려했든, 그들이 제정한 미국 헌법은 틀림없이 인류 문명의 중대한 이정표다.

헌법을 인가하는 과정이 하나의 민주 경험이었다

미국 헌법 초안 제7조가 규정하는 바는 무척 간단하다. 헌법이 발효되기 위해서는 '9개 주'의 동의가 필요하다는 것이 조문의 핵심이다. 하지만 각 주가 어떻게 제헌 회의를 개최하고, 어떤 절차로 헌법을 통과시킬지에 대해서는 전혀 언급하지 않는다. 이 부분은 각 주의 독립적이고 자유로운 입장을 존중하고 따른다.

델라웨어주가 가장 먼저 미국 헌법을 인가했다. 이어서 펜실베이니아주, 뉴저지주, 조지아주, 코네티컷주에서 신속하고 순조롭게 동의안을 통과시켰다. 그다음으로 매사추세츠주에서 헌법 인가 회의를 개최했다. 매사추세츠주는 187표 대 168표로, 찬반 표수가 비등한 가운데 미국 헌법을 통과시켰다. 메릴랜드주와 사우스캐롤라이나주에서는 비교적 안전한 표차로 통과되었다. 이때까지 동의한 주가 이미 8개였다.

어느덧 1788년 6월이 되었다. 그 달에 작은 주인 뉴햄프셔주와 큰 주이자 버지니아 플랜의 발원지인 버지니아주에서 헌법 인가 회의를 개최했다. 그리고 뉴햄프셔주에서 57표 대 47표, 버지니아주에서 89표 대 79표로, 거의 동시에 미국 헌법이 통과됐다.

9개 주의 문턱을 넘어서면서 미합중국이 정식으로 수립되었다. 뒤이어 헌법 통과 반대에 가장 큰 목소리를 낸 뉴욕주가 30표 대 27표로, 사람들이 입을 쩍 벌린 가운데 인가를 동의했다. 남은 2개의 주는 몹시 시간을 끌었다. 노스캐롤라이나주는 1789년 연말에 가서야 헌법 동의안을 통과시켰다. 마지막으로 필라델피아 회의 당시 대표 파견을 거부했던 로드아일랜드주는 한술 더 떠 1790년 중반에 이르러서야 다른 12개 주가 결성한 미합중국에 정식으로 가입했다.

오늘날 필라델피아 회의의 기록을 살펴보면, 로드아일

랜드주의 불참은 큰 역할을 했다. 더욱 조밀하고 강제성을 띤 하나의 국가를 수립해야 하며, 새로운 연방 정부에 좀 더 큰 권력을 부여해야 한다고 주장하는 이는 대부분 로드아일랜드주의 행위를 근거로 삼았다. 연합처럼 느슨한 조직을 유지한다면 로드아일랜드주의 이런 겉도는 태도, 공동체 안위와 화복은 안중에 없는 마음가짐, 이기적이고 제멋대로인 행동을 권장하게 될 것이었다. 그렇게 조그맣고 인구도 적은 주가 잘난 척하며 다른 사람들의 다리를 붙잡으려 들다니. 로드아일랜드주에 대한 미움과 비판은 미국 헌법에서 규정하는 연방의 권력이 큰 폭으로 확대되는 데에 한몫을 했다.

로드아일랜드주는 늦도록 헌법 인가 회의를 열지 않다가 헌법 초안이 발송된 지 거의 3년이 다 된 후에야 결정을 내렸다(표1). 회의 당시 제기되었던 우려가 현실이 된 셈이었다. 이에 연방이 각 주에 더 높은 관할권과 강제할 권력을 가져야 한다는 견해에도 더욱 힘이 실렸다. 로드아일랜드주의 본래 의도는 작은 주의 이익을 보호하고, 작은 주에 대한 큰 주의 억압에 반대하는 것이었다. 그러나 도리어 작은 주의 독립적인 지위와 자유로운 의사 결정이 유지되기 어려워지는 결과를 낳았다.

날짜	주	찬반 표차
1787년 12월 7일	델라웨어	30:0
1787년 12월 12일	펜실베이니아	46:23
1787년 12월 18일	뉴저지	38:0
1788년 1월 2일	조지아	26:0
1788년 1월 9일	코네티컷	128:40
1788년 2월 6일	매사추세츠	187:168
1788년 4월 28일	메릴랜드	63:11
1788년 5월 23일	사우스캐롤라이나	149:73
1788년 6월 21일	뉴햄프셔	57:47
1788년 6월 25일	버지니아	89:79
1788년 7월 26일	뉴욕	30:27
1789년 11월 21일	노스캐롤라이나	194:77
1790년 5월 29일	로드아일랜드	34:32

표1. 13개 주의 헌법 통과 날짜 및 찬반 표차

　　앞서 제시한 몇몇 주의 찬반 표차를 보면, 우리는 곧 제헌 회의를 여는 방식이 주마다 달랐음을 알 수 있다. 회의에 참가할 대표를 어떻게 선출해야 하는지, 몇 명을 뽑아야 하는지를 각 주가 스스로 결정했다. 다른 주와 맞출 필요도 다른 주가 어떻게 하는지 상관할 필요도 없었다. 정해진 제헌 회의 양식이 없었던 덕에 이 2–3년간 모든 주가 미국 헌법을 둘러싼 열성적이고 시끌벅적한 토론에 몰두했다. 헌법의 내용을 구체적으로 토론하기 전에 먼저 주의 제헌 회의를 어떻게 열지 구상해야 했고, 빠른 시간 내에 더 많은 사람이 헌법에 관심을 갖게 되었다.

이러한 과정은 곧 13개 주의 인민이 새로이 사고하고 질문하는 계기가 되었다. 나는 어떤 사람인가? 나와 다른 주의 인민은 어떤 관계여야 하는가? 나는 어떤 국가 조직에 가담하고 그곳의 인민이 되길 바라는가? 나는 어떤 정부, 어떤 정치 조직을 원하는가?

미국 헌법을 풀이해 주는 『연방주의자 논고』

이 2–3년 사이에 인류 정치사상의 대약진이 일어났다. 신문과 잡지에 각양각색의 정치 의견이나 헌법에 대한 주장이 게재되었다. 다수의 사람이 정치에 관심을 갖고, 정치 의견을 발언했다. 이 시기의 집단 정치사상의 대약진을 입증하는 문헌이 하나 남아 있다. 85편의 글로 이루어진 『연방주의자 논고』The Federalist Papers다.

『연방주의자 논고』는 세 명의 저자 매디슨, 해밀턴, 존 제이●의 손에서 탄생했다. 이 3인은 'Publius'라는 하나의 필명으로 글을 썼다. 'Publius'는 '평민'이라는 뜻의 라틴어로, 그들이 '평민'을 대표해서 발언한다는 의미다. 85편의 글에 담긴 공통 의도는 각 주의 사람들이 헌법으로 대표되는 새로운 국가, 새로운 연방을 지지하도록 설득하는 것이었다. 세 저자는 연방 제도의 가장 열성적인 옹호자였고, 나아가 연방 제도를 가장 명석하고 깊이 있게 설명할 수 있는 해석자였다.

『연방주의자 논고』라는 이름에는 당시의 정치적 분위기가 갈무리되어 있다. 당시 미국 헌법에 찬성한 사람은 '연방주의자'Federalists라고 불렸다. 이들이 연합에서 벗어나 새로운 연방을 세우고자 했기 때문이다. 이와 달리 미국 헌법에 반대하는 사람은 '반反 연방주의자'Anti-federalists로 불렸다.

『연방주의자 논고』에 수록된 85편의 글은 사람들에게 '왜 연방을 결성해야 하는가, 연방을 결성하면 무엇이 좋은가'를 알리고자 했다. 무엇보다도 연방이 각 주의 독립성과 자유를 침범하거나 박탈하는 일은 없을 것이며, 각 주 인민

● 존 제이(John Jay, 1745-1829)는 뉴욕주를 대표해서 제1, 2차 대륙회의에 참석했으며, 독립전쟁 기간에 스페인 대사 및 외교부 장관을 역임했다. 건국 후에는 제1대 수석 대법관, 제2대 뉴욕 주지사를 지냈다.

의 기본 권리를 침해할 리는 더더욱 없으니, 그에 대한 두려움과 걱정은 불필요하다는 것을 설명하고자 했다.

『연방주의자 논고』는 헌법이 인가되는 과정에서 떠밀리듯 탄생한 글이다. 세 저자는 헌법 인가 회의에서 각 주의 인민이 헌법을 지지하도록 설득해야 한다는 강한 사명감을 가지고 노력했다. 그들은 헌법이 구상하는 정치 체제를 최대한 자세하게 설명했고, 일반인이 당혹스러워하거나 우려할 만한 부분을 헤아리고 이를 해소할 수 있는 답변을 내놓았다. 또한 미국 헌법과 주 헌법의 관계, 연방 정부와 주 정부의 관계, 각 주의 법률과 연방 법률의 관계, 연방 의회가 일원제가 아닌 양원제인 이유 등등의 문제를 상세하게 밝혔다.

『연방주의자 논고』는 미국 헌법에 대한 해석을 최초로 제시한 글이라고 할 수 있다. 저자 중 두 사람은 필라델피아 회의의 주역이었고, 그중 한 명은 무결석 참여자였다. 자연히 『연방주의자 논고』는 '제헌자'의 생각에 가장 근접한 책으로 여겨졌고, 그 후로 미국인은 헌법 해석에 대한 굵직한 논쟁이 발생할 때마다 이 책을 뒤적여 해결책을 찾게 되었다.

가령 2000년도 미국 대선에서 중대한 쟁의가 발생했

다. 플로리다주의 개표 문제●로 선거 결과를 명료하게 규정짓기 어려워진 것이다. 그러자 당시의 신문 보도와 평론에 'Founding Fathers'라는 단어가 대량으로 등장했다. 일반적으로 우리는 이 단어를 '건국의 아버지'로 번역하지만 이러한 상황에서는 '헌법을 제정한 이들'을 의미했다. 헌법에서 쟁의가 발생했을 때 이를 해결하는 방법 중 한 가지는 헌법을 제정한 이들의 본래의 뜻과 의도를 이해하는 것이고, 그 뜻과 의도를 이해하는 방법 중 한 가지는 『연방주의자 논고』를 꼼꼼히 읽는 것이다.

미국의 역사는 다른 국가에 비해 상대적으로 짧다. 우리 눈에 미국은 생긴 지 얼마 되지 않은, 역사랄 것이 거의 없는 국가로 보일 수 있는데, 그렇기에 미국의 특징 중 하나가 바로 역사에 얽매이지 않는다는 점이다. 그들은 지난 일을 뒤로한 채 앞을 바라보며 부단히 새로운 것을 창조한다. 그러나 한 가지 일에서만큼은 역사가 신성에 가까운 구속력을 가진다. 바로 헌법을 이해하고, 헌법을 해석하는 일이다.

● 2000년도 미국 대통령 선거는 매우 복잡한 상황이었다. 승패는 플로리다주에서 갈릴 것이었다. 공화당의 조지 W. 부시는 플로리다주의 보통 선거에서 근소한 차이로 민주당의 앨 고어를 이겼다. 하지만 출구 조사와의 오차로 인해 민주당에서 재개표 소송을 제출했다. 플로리다주의 최고 법원이 고어에게 유리한 판결을 내리자, 공화당은 연방 최고 법원에 상소했다. 연방 최고 법원은 5 대 4로 플로리다주 최고 법원의 판결을 번복했다. 이렇게 해서 부시는 플로리다주 선거인단 25명을 차지했고, 최종적으로 271 대 266으로 고어를 이기고 미국 제43대 대통령에 당선되었다.

『연방주의자 논고』는 또 다른 의의를 가진다. 최초로 민주의 현실 운용을 토론한 저작이라는 점이다. 몽테스키외와 루소의 작품, 프랑스 대혁명과 미국 독립전쟁 시기에 전파된 책에는 민주적인 사고와 제도 구상에 대한 수많은 탐구가 담겨 있다. 하지만 『연방주의자 논고』가 나오기 전까지는 이념이나 상상이 아닌 구체적인 실천을 위한 민주를 다룬 글이 없었다. 『연방주의자 논고』가 쓰인 배경에는 미국인의 결정을 기다리는 미국 헌법이 있었다.

오늘날 우리는 『연방주의자 논고』를 떠나 현실의 민주를 논할 수 없다. 어느 국가나 사회가 민주주의를 수립하거나 민주주의 체제에서의 문제를 처리하고자 한다면, 토론을 이끌 관념, 논리, 어구 등 많은 부분이 『연방주의자 논고』에서 나오게 된다. 이는 타이완도 마찬가지다. 역사의 실제 사례는 대부분의 경우 『연방주의자 논고』에서 제시하는 방향이 민주주의가 구축되고 정상적으로 운용될 수 있는 가장 쉬운 길임을 증명한다.

헌법은 우리들 합중국 인민을 대표한다

13개 주가 헌법 초안을 받아들일지 말지는 국민 투표로 결정되지 않았다. 이는 미국 헌법 제정 절차의 역사적 한계다. 헌법의 예속을 받게 될 한 사람 한 사람이 투표로 의사 표현할 기회를 갖지 못했던 것이다.

큰 주인 뉴욕주의 결의에서는 57명의 사람만이 표를 행사할 수 있었고 99퍼센트의 사람에게는 투표의 기회가 없었다. 그러나 관점을 달리하여, 당시의 역사 상황에 서서 미국 헌법이 민의에 기반하고 있음을 이해해 보자.

1787년 헌법 초안을 제정할 때, 13개 주에는 각각 주 헌법과 주 의회가 이미 있었다. 이는 곧 13개 주가 주 의회의 민의 대표자 선거를 거행한 적이 있고, 주 의회 선거 방식을 제정한 바 있음을 말해 준다. 그 가운데 모든 이에게 보통 선거에 참여할 수 있는 시민 자격을 개방한 주는 없었다. 주마다 신분, 연령, 성별에서 재산 규모에 이르기까지 시민 자격에 각종 제한을 두었다. 노예는 투표권이 없었고, 나이가 너무 어려도 투표권이 없었으며, 여자도 투표권이 없었고, 일정한 수준의 재산을 증명하지 못한 사람 역시 투표권이 없었다.

마침내 13개 주가 모두 헌법 인가 회의를 열어 헌법 초
안을 심사 및 결의하게 되었을 때, 기존의 주 의회 선거 방
식대로 제헌 대표를 선출한 주는 두 곳뿐이었다. 나머지 11
개 주는 신중하게 별도의 단행법을 제정해서 제헌 대표 선
거를 규범화했다. 특별법을 제정한 11개 주 가운데 8개 주
는 투표권 제한을 눈에 띄게 완화했다. 바꾸어 말하면, 제헌
대표 선거에 선거권을 가진 주의 인민이 앞서 주 의원 선출
때 투표 자격을 가졌던 이보다 많았다. 8개 주의 적지 않은
사람이 주 의원 선출 때는 갖지 못했던 투표 자격을 제헌 대
표를 선출할 때 부여받은 것이다.

당시 상황에서 보면 이러한 현상은 작은 일이 아니었
다. 헌법 초안은 서언 첫머리에서 "We the People of the
United States"를 내걸고 헌법이 '인민'에 의해 제정되었음
을 분명하게 강조한다. 이 때문에 많은 사람이 '인민'의 정
의를 질문할 수밖에 없었다. 주 의회 선거로 선출된 이들은
특정한 사람들을 대표해 입법 결정권을 행사했다. 특정한
사람들은 능력과 권력을 가졌고 지혜로운 결정을 내릴 수
있다고 여겨지는 사람들이다. 어린이, 여성, 교육을 받은
적이 없는 사람, 재산이나 사회적 지위가 없는 사람은 공적

인 사고를 하고 공적인 결정을 내릴 능력과 권한이 없다고 여겨졌다. 이들에게는 대표를 선출할 자격이 주어지지 않았으며, 선출된 의원도 이들을 대표하려고 하지 않았다.

그러나 헌법은 달랐다. 제헌에는 대표가 아닌 '우리 인민들'의 의사가 필요했다. 이 문구를 접한 사람들은 시대적 공간적 여건을 의식했다. 당시의 한계 내에서 우리 인민들의 뜻에 가까이 가고 이를 실현할 수 있는 방법은 가능한 한 투표권을 개방하는 것이었다. 이렇게 뿌리내린 변화의 씨앗은 자꾸만 꿈틀거리고 자라나서 미국 정치 제도에서 선거권을 확대했고, 우리 인민들을 주체로 하는 정치 신념은 투표 자격 제한을 완화하고 해제하면서 앞을 향해 나아가기 시작했다.

연합의 '그들'에서 연방의 '우리'로

앞서 인용한 서언은 엄밀히 말하자면 미국 헌법의 진짜 첫머리는 아니다. 서언 앞에는 제목 'THE CONSTITU- TION OF THE UNITED STATES'가 있다. 200여 년 동안 많은 국가에서 헌법을 인가하고 수립했으며, 우리는 이제 헌법의 존재에 익숙해졌다. 한 가지 질문을 잊어버리고 살 정도로 말이다. '헌법'이란 도대체 무엇인가?

미국 헌법의 전신으로서, 훗날 미국 헌법에 대체된 것이 '연합규약'Articles of Confederation이다. 필라델피아 회의에서 기안한 미국 헌법은 7개 조항으로 구성된다. 원문에는 제1조Article I부터 제7조Article VII까지의 조항이 나열되어 있다. 즉 이 문건의 실질적인 내용은 'Articles of United States'나 마찬가지인 것이다. 본래 연합에 적용되던 조항을 연방에 적용되는 조문이 대신하게 되었으니, 이 문건도 전례를 따라 'Articles of ······'라 이름 붙여야 하지 않을까? 왜 제목을 'Constitution'(헌법)으로 고쳐 불렀을까?

루소의 영향이 명백하다. 루소는 폴란드●와 코르시카의 헌법을 제정한 바 있는데, 이때 그가 사용한 명칭이 'Constitution'이었다. 그는 저작에서 헌법이란 '주권을 규범화하는 것'이라고 분명하게 정의했다.

루소의 정치 이론은 주권재민의 실현이 인민의 입법권에 달려 있다고 본다. 과거에는 군주 혹은 소수자의 의견에 따라 어떤 정부를 세울지, 정부와 인민 사이의 관계가 어떠해야 하는지 결정됐다. 새로운 주권재민의 국가에서는 정

● 1791년 5월 3일, 폴란드-리투아니아 연합 국가 의회에서 통과된 이 헌법은 세계에서 두 번째로 성문화된 헌법이었다. 첫 번째는 미국 헌법이다.

부 조직 그리고 정부와 인민의 관계가 군주나 소수자의 주관적인 의사에 좌우되는 것이 아니라 인민의 입장에서 세워진 근본법의 규제를 받는다. 이때 비로소 인민의 주권이 보장될 수 있는 것이다.

한 사람 한 사람은 신분이나 지위에 상관없이 오직 이 규범에 따라 권리를 지니고, 또 행사할 수 있다. 이것이 주권재민을 검증하는 가장 주요한 척도다. 18세기, 루소의 사상과 학설은 북미에 큰 영향을 미쳤다. 그리하여 루소식 헌법은 북미 식민지에서 제정한 자치 조항에 가장 먼저 채택되었고, 이 조항이 면면히 이어져 독립 후 각 주의 주 헌법으로 바뀌었다.

1776년 미국 독립 후, 식민지였던 지역이 주권主權을 가진 주가 되면서 각 주는 저마다 주권재민을 실현할 헌법을 보유했다. 주권은 각각의 주에 있었고, 주는 독립적이고 자주적인 단위였다. 이론적으로 각 주의 느슨한 연대에 불과한 연합은 주권을 지니지 않았기에 헌법을 보유할 까닭이 없었다.

오늘날 우리는 당연한 듯 'state'를 '주'州로 번역하고, '주'를 미국이라는 국가 총체의 일부분으로 보지만, 1776년부터 1789년까지의 역사 상황에서는 그렇지 않았다. '주'라는 정치 단위의 의미는 1789년 이후 철저히 바뀌었다.

1789년 이전에 주의 성격은 주권 국가에 가까운 편이었다. 연합 역시 유럽연합이나 유럽연합의 전신인 유럽경제공동체EEC와 비슷한 조직이었다. 주로 각 지역의 연대로 결성되었으며, 각 지역 사이의 협력과 갈등에 관한 문제 해결이 목적이었다. 그러나 이 조직에는 지역의 정부를 뛰어넘어 지역 내부의 인민을 직접 규제하거나 통합할 어떠한 권리도 없었다. 의문의 여지 없이 주권은 주에 있었으며, 각각의 주는 루소의 이론을 끌어와 저마다의 헌법을 제정했다.

연합규약은 이렇듯 주권이 각 주에 있는 현실 상황에 부합했다. 하지만 1787년 필라델피아 회의에서 통과된 문건은 더 이상 이러한 현실에 국한되지 않았다. 새로 설립한 연방의 이름으로 주권의 의미를 지닌 헌법을 제정한 것이다. 이에 따르면 연방은 주권을 가진 조직이 되고, 연방의 주권은 필연적으로 주의 주권과 긴장 관계에 놓이게 된다. 주에만 있던 헌법이 연방에도 생겼다. 이제 두 가지 헌법은 어떤 관계를 형성하게 될까?

필라델피아 회의의 당초 취지는 아시아태평양경제협력체APEC와 유사한 국제 무역 협정을 체결하는 쪽에 더 가까웠다. 13개의 독립적이고 자유로운 나라가 상업과 무역 협력을 강화하고, 불필요한 장벽과 방해물을 제거하는 것이다. 그런데 필라델피아 회의가 끝나고 나온 것은 외교상의 국제 협정이 아니라, 각 나라와 주권을 다툴 헌법이었다.

이는 결코 예사로운 변화가 아니었다. 각 주가 이에 동의한다는 것은 단순히 나라 간의 새로운 협력 논의를 받아들인다는 의미가 아니었다. 이는 본래 주에 속한 주권을 새로 설립되는 연방에 양도하는 것이자, 주의 경계가 지워진 우리들 합중국 인민We the People of the United States이 태어나는 것이었으며, 새로운 정치 주체의 탄생이었다.

우리 인민들We the People은 본래 주로 구성되던 정치 조직의 원칙을 공공연하게 부정한다. '우리'는 주의 경계를 뛰어넘어 인민을 직접 지목한다. 각 주 헌법의 주권으로 나뉘어 서로를 '그들'They로 바라보던 이들이 미국 헌법을 인가한 후 새로운 연방 주권 아래 '우리'We가 된 것이다.

연합규약이 내세우는 주체는 기껏해야 'We the States'다. 여러 'State'가 피차 동의하여 연합을 조직하는 것이다. 그런데 미국 헌법은 주를 건너뛰고 우리 인민들에게 직접 말을 건넨다. 명칭에서 뚜렷한 변화가 드러나지는 않는다. 그때나 지금이나 주State는 여전히 주이고, 주 헌법은 여전히 주 헌법이다. 그러나 본질에는 변화가 생긴다. 일단 미국 헌법이 통과되면 'state'는 나라에서 주로 격하되고, 주 헌법 역시 상대적으로 지위가 약해진다.

'더욱 완전한 연맹'이란 도대체 무엇일까?

서언 중에는 이런 말이 있다. "우리들 합중국 인민은 더욱 완전한 연맹을 형성하고……" 여기서 '연맹'Union은 새로운 조직을 가리키며, 이어지는 단락의 구절은 이 새로운 조직이 어떻게 '더욱 완전'한지를 형용한다.

필라델피아 회의 대표들은 무엇이 '더욱 완전한 연맹'more perfect Union인지를 토론하는 데에 많은 시간을 들였다. 최종적으로 '더욱 완전한 연맹'이 어떤 것이라고 명확하게 결론짓지는 못했지만, 토론 내용은 회의에 참석한 대표들의 마음속에 분명한 답안을 남겨 두었다.

이 토론에서 당시 영국에서 발생한 일이 여러 차례 언급되었다. 영국을 가리키는 영어 고유명사는 'Great Britain'(그레이트브리튼)과 'England'(잉글랜드)인데, 이 두 가지 명사는 결코 동일한 것이 아니다. 영국 항공의 영문 표기는 'British Airways'다. 'British' 자리에 'England'나 'English'를 쓰면 안 된다. 이유는 매우 간단하다. 그레이트브리튼이 잉글랜드보다 더 크기 때문이다. 잉글랜드는 그레이트브리튼의 핵심 지역이지만 전부는 아니다. 그레이트브리튼에는 잉글랜드 외에 웨일스Wales와 스코틀랜드Scotland 지역이 포함된다. '그레이트브리튼'은 1707년에 정식 성립된 이름으로, 그해 잉글랜드, 웨일스, 스코틀랜드 세 개의 왕국이 연대하여 그레이트브리튼이라는 하나의 왕국을 이루었다.

'더욱 완전한 연맹'을 토론하던 1787년, 필라델피아에서 회의를 하던 대표들은 자연히 1707년에 영국에서 발생한 일을 떠올렸다. 연방주의자의 대표 인물인 노스캐롤라이나주의 새뮤얼 존스턴●과 펜실베이니아주의 제임스 윌슨은 스코틀랜드에서 태어났다. 그들의 아버지와 할아버지가 그레이트브리튼이 조직되는 것을 몸소 겪은 세대였기 때문에 그들 역시 1707년에 조직된 연합 왕국이 어떠한 효과를 낳았는지 이해하고 있었다. 두 사람이 보기에 영국의 강대함은 바로 이 연맹에서 촉발된 것이었다.

●새뮤얼 존스턴(Samuel Johnston, 1733–1816)은 독립전쟁 기간에 노스캐롤라이나주 대표를 맡아 대륙회의에 참석했다. 1787년부터 1789년까지 제6대 노스캐롤라이나 주지사를 지냈다. 미국 헌법의 통과를 강력하게 추진했지만 1788년 첫 번째 헌법 인용 회의에서 부결에 부딪혔고, 1789년 제2차 회의에 가서야 통과시킬 수 있었다.

스코틀랜드에서 이민 온 존스턴과 윌슨은 '북미가 설립하려는 새로운 연맹은 1707년 영국의 사례를 본받아야 한다'고 강력하게 주장했다. 공동의 지도자가 있어야 하고, 시일이 지나면 효력을 잃는 일시적인 계약이 아니라 영구적인 결합이 필요하다고 여긴 것이다.

미국 헌법의 서언은 윌슨이 썼다. 그는 '더욱 완전한 연맹'이라고 쓰면서 분명 영국의 사례를 생각했으리라. 가치판단을 하면서 연방에 각 주를 능가하는 무게를 실은 것이 확연히 보인다. 우리 인민들을 탄생시킴으로써 주권을 각 주에서 연방으로 옮겨 온 것이다.

윌슨은 더욱 크고 강한 연방을 기대하는 연방주의자에 속했다. 회의장에는 이와 대립되는 또 하나의 세력인 주권州權주의자들이 있었다. 이들은 각 주가 원래 가지고 있던 독립된 지위와 권력 유지에 힘썼다. 미국 헌법은 두 세력이 충돌과 절충과 조정과 타협을 거듭한 소산이다.

연방주의자는 연맹과 결합이 좋은 것이라고 여기며 더욱 완전한 연맹을 추구했다. 반면 주권주의자는 다시 얻기 힘들 독립과 자유를 몹시 아꼈다. 이들은 연맹과 결합에 회의적인 태도를 취한 채 안전과 번영을 염두에 둔 최소한의 연합을 원했다. 상반된 가치관이었다. 어느 한쪽도 상대를 설득하거나 압도하지 못했다. 이런 와중에 탄생한 헌법이 중앙 집권과 지방 분권 사이에서 주저하는 것은 필연적이었다.

이를 잘 보여 주는 예증이 있다. 연방은 자신의 헌법을 보유하게 되었고 우리 인민들로부터 주권主權도 부여받았다. 그러나 그 헌법이 각 주의 주 헌법을 파기할 수는 없었다. 그저 제6조에 주 헌법이 연방 헌법에 저촉될 경우, 해당 부분은 무효가 된다고 규정할 뿐이었다. 루소와 상통하는 정치 이론에서 바라보면, 미국은 위계가 나뉜 두 개의 주권, 즉 이중 주권을 지니고 있는 것이나 마찬가지였다. 주와 연방이 모두 주권을 지니고, 주권의 형식을 규범화하는 헌법을 보유하게 된 것이다.

미국 헌법은 연방주의자와 주권주의자의 타협으로 얻은 결과다

연방주의자와 주권주의자는 필라델피아 회의 내내 대치했다. 의장을 맡았던 워싱턴이 당시 쓴 일기를 보면, 회의가 머지않아 결렬될 것이라며 여러 번 비관하고 낙담한 내용이 나온다. 8월 말이 되고 회의가 열린 지 100일이 될 때까지, 회의에서 결론이 나오기는커녕 결론을 낼 수 있을지조차 장담할 수 없었다.

회의를 마치기 10여 일 전부터 형세가 급변하면서 결론이 한 줄 한 줄 나타났다. 기적 같은 일이었다. 절대 타협하지 않을 것이며 타협할 수도 없다고 입장을 확고히 했던 양편이 타협을 했다. 이에 앞서 7월을 기점으로 회의에 관한 보도가 필라델피아를 넘어 13개 주의 신문에 속속 등장했다. 다만 모든 대표가 비밀 보장의 원칙을 충실히 지키고 있었기에, 회의장의 교착 상태를 알 길이 없던 기자들의 추측 기사는 대부분 실제 상황보다 낙관적이었다.

대표들은 신문에 정보를 제공할 수 없었지만, 틀림없이 신문에서 이번 회의를 어떻게 보도하는지를 보았으리라. 8월이 되면서 회의장에서는 외부의 추측이 가져온 효과를 뚜렷하게 감지할 수 있었다. 대표들은 회의 진도와 외부의 기대 사이의 격차에 점점 초조해졌고, 이쯤 되자 외부의 추측이 도리어 회의장 내부에 영향을 주고 토론 방향과 방식을 이끌게 되었다.

대표들 자신도 아직 회의 결론이 어떤 모습일지 알지

못하는데, 외부에서는 그들이 내놓을 수도 있는 결론을 두고 논쟁을 벌였다. 이러한 분위기는 연방주의자와 주권주의자가 고집을 꺾고 타협하는 계기를 마련했다. 이번에도 믿어지지 않을 만큼 철저하게 지켜졌던 비밀 보장이 힘을 발휘했다. 외부에서는 대표들이 한때 어떤 입장에 섰는지 어떤 말을 했는지 알 수 없었으므로, 대표들도 자신의 입장 및 발언으로 박수나 손가락질을 받을 일이 없었다. 그렇기 때문에 태도를 바꾸거나 고치는 부담이 상대적으로 적었다.

체면을 위해 기존 입장을 유지할 필요가 없었고, 배신자나 철새라는 소리를 듣게 될까 걱정할 필요도 없었다. 이렇게 이들이 통제할 수 없는 외부 요인들이 차단되면서 타협은 한결 쉬워졌다.

미국 헌법 곳곳에는 양측이 팽팽히 대립하다가 타협한 흔적이 남아 있다. 앞서 인용한 제7조 역시 그러한 타협의 결과다. 주권주의자의 입장을 존중해 미국 헌법을 여전히 주들이 모여 확립하도록 했고, 9개 주의 동의를 얻어야 한다는 문턱을 세워 두었다. 연방주의자는 각 주로부터 헌법 인가 여부를 기존 주 의회의 표결에 맡기지 않고 별도의 제헌 회의를 개최하겠다는 약속을 받아냈다. 헌법 동의안은 주 내부의 입법 사항이 아니라 인민의 의사가 반영되어야 하는 문제이기 때문에 주의 주권 범위에 속하지 않으며, 각 주의 기존 정치 시스템을 동원할 사안이 아니었다. 따라서 각 주라는 매개를 거치더라도 최소한 연방을 하나의 특수 사안으로 보고 충분히 토론하고 고민하고자 한 것이다.

주권주의자와 연방주의자의 힘겨루기에는 회의 방식에 따른 계산도 포함되었다. 연방주의자는 주 의원이 자신들 위에 더 큰 권력을 가진 의회가 생기길 원할 리 없고, 주 의원에게 영향력을 지닌 주지사 역시 연방 대통령이 선출되어 자신이 사실상 강등되는 상황을 원치 않을 것이므로, 만약 기존의 주 의회가 투표를 하면 헌법 초안이 통과되기 어렵다고 보았다. 그들은 이렇게 주 의회와 주 정부에서 벗어나 별도의 대표를 선발해 헌법 인가 회의를 연다는 형식을 얻어 낸 대신 다른 부분은 양보해야 했다. 바로 헌법 인가 회의의 개최 방법을 각 주가 스스로 결정하도록 완전히 개방한 것이다. 주권주의자는 주 내부에서 헌법 인가 회의의 구성과 절차를 통제할 수 있으리라 생각하고 비로소 모든 주가 반드시 별도의 헌법 인가 회의를 열어야 한다는 조건을 받아들였다.

가장 좋은 시스템,
삼권분립

삼권분립에서 민주가 최선은 아니다

미국 헌법 제1조는 7개 조 가운데 가장 길며, 10개의 절로 나뉜다. 제1조 제1절은 다음과 같다.

이 헌법에서 부여하는 모든 입법권은 합중국 의회에 속한다. 합중국 의회는 상원과 하원으로 구성한다.

All legislative Powers herein granted shall be vested in a Congress of the United States, which shall consist of a Senate and House of Representatives.

미국 헌법 제1조를 여는 첫마디는 "이 헌법에서 부여

하는 모든 입법권은……"이다. 제2조는 "행정권은 미합중국 대통령에 속한다"로 시작한다. 제3조는 "합중국의 사법권은 하나의 최고 법원과 의회가 수시로 제정 및 설립하는 하급 법원들에 속한다"로 시작한다. 세 개의 조항은 각각 입법, 행정, 사법을 규정하며 '삼권분립'의 구조를 분명하게 드러낸다.

삼권은 입법 다음에 행정, 그다음에 사법의 순서로 배열되어 있다. 오늘날 미국에서 지명도가 가장 높은 사람, 가장 큰 권력을 가진 사람은 미국 대통령이다. 타이완 절대다수의 사람들은 미국 대통령이 버락 오바마●라는 것을 알고 있다. 이에 반해 미국 의회 의장이 누구인지를 아는 사람은 백 명 중에 한 명을 찾기도 어려우리라. 그런데 우리가 가지고 있는 미국 헌법에 대한 인상과 실제 미국 헌법은 일치하지 않는다. 몽테스키외, 루소로부터 계승되는 정치 이론에서는 입법권이야말로 가장 중요하고 높은 권력이며, 인민주권은 주로 이 입법권을 통해 실현된다.

지금 우리는 삼권분립을 민주의 주요 요건으로 여기며, 삼권분립을 보면 곧 민주를 떠올린다. 그러나 몽테스키외와 루소의 시대로 되돌아가 보면, 그들은 민주가 가장 좋은 정치 제도라고 생각하지 않았다. 정치 제도를 논의할 때

● 2018년 현재 미국의 대통령은 도널드 트럼프(Donald Trump)다. (옮긴이)

면 그들은 각기 다른 제도의 유익과 폐단, 득과 실을 분석했고, 나아가 어떤 사회에 어떤 제도가 적합한지 내놓았다. 귀족제가 군주제보다 좋을 것이 없었고, 군주제라고 민주제보다 못하다고 볼 수 없었다. 관건은 귀족제, 군주제, 민주제 가운데서 가장 좋은 한 가지를 골라내는 것이 아니라, 서로 다른 현실 조건을 헤아려 저마다의 국가와 사회에 맞는 제도를 들이는 것이다.

특히 몽테스키외는 결코 민주주의자가 아니었다. 그의 명저 『법의 정신』은 민주의 발전에 지대한 영향을 미쳤지만, 민주를 제창하기 위해 쓰인 책은 아니었다. 『법의 정신』에서 가장 뛰어난 부분은 비교정부론으로, '어디에 놓아도 들어맞는 정부 조직법은 이 세상에 없다'는 것이 몽테스키외의 기본 태도였다. 인구의 많고 적음, 지리적 위치, 국가의 처지, 기존의 전통 등의 요소를 고려하고, 분석과 비교 끝에 가장 적합한 방법을 찾아 정부를 조직하고 권력을 행사해야 한다는 것이다.

몽테스키외는 정부의 좋고 나쁨에 관해 단순한 답안을 내놓지 않았다. 그의 생각은 한결같았다. 주어진 조건과 환경에 따라 방향을 잡고 적합한 정부 형태를 찾아야 한다는 것이다.

루소는 몽테스키외보다 강경했고, 더욱 고집스러운 주견을 가지고 있었다. 그는 인류 역사에 존재했던 정치 경험 사이에서 서로 다른 요소를 골라내고 조합해 하나의 이상적인 정치 제도를 만들었다. 이 제도는 순수한 하나의 제도가 아니라 여러 제도의 장점을 섞어서 만든 결과물이었다. 단순한 귀족제도 단순한 군주제도 아니었고, 단순한 민주제 역시 아니었다.

루소가 생각한 가장 좋은 조합에는 여러 제도의 요소가 포함되었다. 이는 민주제를 입법권의 원칙으로, 군주제를 행정권의 원칙으로, 귀족제를 사법권의 원칙으로 한다. 이러한 생각은 필라델피아 회의에 참석한 대표들이 두루 잘 알고 있는, 심지어는 신봉하는 바였다.

회의에서 행정권에 대해 토론할 때, 대통령의 역할을 '임기가 정해진 군왕'이라고 묘사하는 것이 적합하다고 제시한 대표가 여럿 있었다. 대통령에게 임기가 필요하지 않다고 생각하는 대표도 있었다. 해밀턴도 그중 하나였다. 입법권이 인민의 손안에 있으면 대통령은 인민이 제정한 법률대로 일을 처리할 수밖에 없는데, 왜 대통령의 임기를 정해야 하며, 왜 대통령이 군왕이 될까 걱정한단 말인가? 이러한 사람에게 민주의 실천과 관철은 입법권으로 이미 충분했다.

  '귀족제'라고 번역되는 'aristocracy'의 진정한 의미는 소수 엘리트 통치다. 입법권에서는 민의의 참여가 이루어져야 하고, 사법권에서는 소수의 전문가들이 이미 결정된 법률을 관할해야 한다. 사법의 시비 판단은 반드시 민의와 사회적 정서를 벗어나 냉정하고 한결 같은 엘리트의 지혜에 맡겨야 한다는 것이다.

  2만 명이 페이스북에서 한 범죄자를 사형에 처하라고 요구하는 것이 중요한가? 미국 헌법의 정신에 따르면, 이는 중요하지 않으며 또 중요한 일로 여겨져서도 안 된다. 2만 명이 아니라 20만 명이라고 하더라도 이들은 형법 조문을 착실하게 공부한 적이 없고, 판례를 찾아본 적도 없으며, 사건 경위에 대한 일차적인 이해는 더더욱 없는 사람이다. 그들의 판단은 감정적이며 전해 들은 말에서 비롯된다. 하나의 의견에 몰려드는 사람이 많을수록 그 안에는 순전히 감정적으로 반응하는 사람도 많을 것이다. 그렇다면 사법은 더더욱 이에 영향을 받아선 안 된다. 조문을 공부하고 판례를 살피고 사건의 경위를 직접 이해하려면 전문적인 훈련과 경험의 누적이 필요하다. 이러한 훈련과 경험이 뒷받침되는 사람만이 사법 판단에 종사할 권리를 가진다. 그렇기에 사법은 사법 전문가의 원칙을 따라야 한다.

그렇다면 2만 명, 20만 명의 의견은 모두 열외인가? 만약 그토록 많은 사람이 이 일에 마음을 모으고 있다면, 그들이 해야 할 일은 사법을 지휘하는 것이 아니라 그들에게 주어진 지고한 권리인 인민 주권을 행사해 법률을 제정하는 것이다. 입법권은 인민에게 속한다. 그러나 일단 법률이 성립되면, 법률을 맡아 관리하는 일은 사법 전문가에게 넘어간다. 이것이 삼권의 분업이다.

미국 헌법은 본질적으로 민주적 헌법이다. 그러나 삼권의 근본정신을 구상하는 일에서만큼은 고심을 거듭하여 서로 다른 제도의 장점을 모았다. 그리하여 민주제와 군주제와 귀족제, 이 세 가지 제도의 원칙이 하나로 결합된 가장 좋은 시스템이 창조되었다.

연방이 가져올 충격을 줄이기 위해 'Congress'라고 명명하다

미국 헌법 제1조 제1절 원문을 보면 중요한 명사 세 개가 등장한다. 'Congress', 'Senate', 'House of Representatives'이다.

'Congress'는 번역하면 '의회'로, 입법권이 소재한 아주 근사한 기관으로 보인다. 그러나 1787년 당시 미국과 영국의 밀접한 관계를 헤아려 보면, 의회를 지칭하는 또 다른 이름이 이미 존재했으나 미국 헌법에서 그 이름을 사용하지 않았다는 사실을 알 수 있다. 영국에서는 의회를 'Parliament'라고 부르며, 영국의 '의회'Parliament에도 상원과 하원이 있다. 중요한 점은 미국 독립전쟁이 일어난 핵심 원인이 바로 영국의 의회 진입을 거절당한 데에 있다. 식민지에서는 자신들도 의회 의원을 선출해 영국 의회에 진입할 수 있어야 한다고 주장했으나, 식민모국인 영국의 강경한 거절에 부딪혔다. 그 결과 미국 독립전쟁의 중요한 구호인 "우리의 대표가 없으면 세금도 없다"No Taxation without Representation가 나왔다. 구호에서 말하는 대표란 북미 인민을 대표해 영국 의회에 진입할 의원이었다.

매우 이상한 일이었다. 13개 식민지 연합은 전쟁도 마다하지 않고 의원을 선출해 의회에 진입하기 위해 싸웠다. 그런데 막상 독립전쟁에서 승리하고 13개 주를 하나로 결합해 새로운 국가를 세울 때는 헌법에 새로운 연방 의회를

'Parliament'가 아닌 'Congress'로 명명했다.

왜 'Congress'라는 이름을 택했을까? 이 이름은 연합규약에서 이어져 왔다. 연합규약에서 연합의 최고 권력 기구로 규정한 '각 주 대표회의'의 이름이 'Congress'다. 사람들에게 'Congress'는 비교적 진중한 회의이지만, 여전히 회의에 불과할 뿐 상설 기관은 아니라는 인상을 준다. 'Congress'라는 이름을 그대로 사용한 이유는 연방이 야기할 수 있는 충격을 줄이고, 각 주에 연방과 연합 사이에 그리 큰 차이가 없다는 인상을 주기 위해서였다. 또한 연방이 북미를 새로운 국가로 바꾸거나, 각 주의 독립성을 파기하려는 것이 아님을 알려서 사람들이 반대표를 던지지 않도록 하려는 것이기도 했다. 이렇듯 'Parliament'가 아닌 'Congress'라는 이름을 사용한 데에는 각 주의 불안감을 달래려는 눈가림의 의도가 들어 있었다.

이리하여 미국 의회는 영국 의회처럼 양원으로 나뉘면서도 영국에서 상원과 하원을 가리키는 명칭 대신 다른 단어를 사용한다. 양원 중 하나는 'Senate', 다른 하나는 'House of Representatives'라고 부른다. 이를 번역하면 각각 '상원'과 '하원'이 된다. 번역어가 영어 원문보다 간결하고 적합하다. 영어의 양원 이름에는 아무런 관련성이 없기 때문이다.

영국의 'Parliament'는 프랑스어 'Parlé'에서 파생된 단어다. 'Parlé'는 '말하다, 토론하다'라는 의미를 지닌다. 즉 의회는 사람들이 말을 하는 어떤 특별한 장소로 볼 수 있다. 이 장소의 특별함은 미국 헌법 제1조 제6절에 분명하게 담겨 있다. "양원의 의원은 원내에서 행한 발언이나 토론에 관해 원외에서 문책을 받지 않는다." 의회는 의원들이 자유롭게 발언하고, 이로 인해 추궁을 받거나 화를 입지 않는 공간이다. 이 공간에서 발언할 자격을 가진 사람은 원내에서만 자신의 발언에 책임을 진다. 이곳을 떠나면 누구도 그가 했던 말을 가지고 그를 어찌하지 못한다.

영국, 나아가 모든 인류의 민주주의는 이러한 조건 위에 초보적인 기반을 마련했다. 두 부류의 사람이 이 특별한 발언 공간에서 발언 자격을 가진다. 한 부류는 귀족 신분으로 자격을 얻는다. 이들이 '상원'House of Lords이다. 다른 한 부류는 선거구에서 선출 자격을 얻은 선거구 인민의 대표다. 이들이 '하원'House of Commons이다.

상·하 양원에는 각각의 기능과 성격이 있다

영국 의회는 이름의 유래와 명칭, 기능이 모두 일치한다. 미국 의회는 어떨까? 의회를 통틀어 부르는 이름으로는 구색이 맞지 않는 'Congress'를 택했고, 의회 산하의 양원은 통일된 명명 원칙조차 없다. 한쪽은 기관을 중심으로 '상원'Senate이라고 불리며, 여기에 속한 의원을 '상원 의원'Senators이라고 부른다. 다른 한쪽은 '하원 의원'Representatives이 먼저 있고, 그들이 속한 기관을 '하원'House of Representatives이라고 부른다.

회의 참석자들이 주의 깊지 못하거나 소홀해서 이런 이름을 붙인 것이 아니다. 양원은 함께 의회를 구성하고 있지만 각각 다른 기능과 성격을 지녔다. 이 이름은 그러한 사실을 반영한다.

하원은 모든 인민의 대표이다. 이와 달리 상원은 각 주의 대표이다.

제1조 제2절에는 다음과 같이 명시되어 있다.

하원은 각 주의 인민이 2년마다 한 번 선출하는 의원으로 구성하며, 각 주의 선거인은 주 의회에서 의원수가 가장 많은 원의 선거인에게 요구되는 자격 요건을 구비해야 한다.

제1조 제3절의 첫머리와 대조하여 살펴보자.

상원은 각 주의 의회에서 선출한 2명의 상원 의원으로 구성한다. 상원 의원의 임기는 6년으로 한다. 각 상원 의원은 1표의 투표권을 가진다.

하원과 상원의 구성은 완전히 다르다. 하원은 인구 비례에 따라 일정한 수의 인구마다 1명의 하원 의원을 선출한다. 인구가 많은 주는 선출하는 하원 의원이 많고, 인구가 적은 주는 선출하는 하원 의원이 상대적으로 적다. 그러나 상원 의원은 큰 주든 작은 주든 2명이다. 미국에서 가장 큰 주인 캘리포니아주는 면적이 42만 3천 970제곱킬로미터이며, 인구는 약 3천 900만 명이다. 이곳에서 2명의 상원 의원이 선출된다. 미국에서 가장 작은 로드아일랜드주는 면적이 3천 144제곱킬로미터이며 인구가 약 100만 명이다. 이곳에서도 역시 2명의 상원 의원이 선출된다. 하지만 하원은 다르다. 캘리포니아주에서는 53명의 하원 의원이 선출되지만 로드아일랜드주에서 선출되는 하원 의원은 2명뿐이다.

일정 인구당 1명씩 선출되는 하원의 임기는 겨우 2년이다. 이는 타이완 입법 위원 임기의 절반이다. 하지만 당시 북미 각 주의 기준에서 2년의 임기는 긴 편이었다. 노스캐롤라이나주의 하원 의원 임기가 2년이었던 것을 제외하면, 다른 6개 주의 당시 하원 의원 임기는 1년이었고, 나머지 6개 주에서는 그보다 짧은 반년이었다.

왜 임기를 이렇게 짧게 정했을까? 정해진 임기가 없던 영국의 의원은 1930년대에 이르러서야 정식으로 의원 임기제를 마련했다. 18세기 영국의 하원 의원은 한 번 자리에 앉았다 하면 그만둘 줄을 몰랐다. 영국에는 이러한 역사에서 비롯된 고유명사가 하나 있는데, 바로 '장기 의회'Long Parliament●다. 이는 17세기에 장장 13년에 달하는 기간 동안 새로운 선출 없이 같은 의원이 열었던 회의를 말한다. 이와 같은 장기 의회를 방지하기 위해 18세기에 7년마다 한 번씩 선거를 하는 '7년 관례'가 생겼다. 다만 성문화하지도 않았고, 매번 엄격하게 실행되지도 않았다.

당시 북미 식민지는 이러한 제도에 불만이 가득했다. 그들은 영국 의원이 인민과 단절되고 대표성을 잃어버렸음

● 이 의회는 1640년 찰스 1세의 전쟁 채무를 해결하기 위해 열렸지만, 결국 잉글랜드내전이 발발했고 찰스 1세가 처형당했다. 잉글랜드 연방이 수립되고, 1653년 올리버 크롬웰이 호국경을 맡은 뒤에야 의회는 해산했다.

을 비판했다. 게다가 영국이 식민지에서 의원을 선출해 의회 운영에 참여하는 것을 거부하자 더는 참지 못하는 지경이 되었다. 이러한 기억 때문에 각 주는 의원의 대표성에 유난히 민감했다. 그들은 임기 단축이 의원이 민의와 동떨어지는 상황을 막는 가장 좋은 방법이라고 믿었다.

필라델피아 회의에서 임기에 대한 토론이 오갈 때, 회의 참석자는 미래에 각 주 대표가 회의를 열게 된다는 사실을 염두에 두어야 했다. 북쪽으로는 뉴햄프셔주, 남쪽으로는 조지아주에 이르는 주의 대표가 모이는 데에는 교통이라는 현실적인 문제가 있었다. 이 때문에 2년이라는 '긴' 임기를 제정한 것이다.

제2조는 유권자의 자격을 규정한다. 당시는 주마다 유권자의 자격에 대한 규정이 모두 달랐지만 헌법에서 각 주의 규정을 무시하고 통일된 방법의 제정을 강행할 수는 없었다. 그렇다고 해서 각 주가 제각기 행동하도록 방임한다면 연방의 입장과 의의를 잃어버리는 것이었다. 그리하여 타협과 절충을 거친 후에 각 주가 연방 하원 선거의 유권자 범위를 기존보다 더 축소하는 것은 금하기로 하였다. 즉 주의원 선거에서 투표권을 가졌던 이들은 연방 하원 선거에서도 투표권을 가진다. 주 의회에 양원이 있고 양원 선거의 유

권자 자격이 다를 경우, 둘 중 더 느슨한 기준을 연방 하원 선거의 유권자 자격 기준으로 삼도록 했다.

이렇게 하면 연방 하원은 주에서 최소한 주 의원과 같은 민의 기반, 그것도 주 의회에 양원이 있을 경우 둘 중 더 넓은 민의 기반을 가진 의원과 같은 기반을 얻게 된다. 그래야 사람들이 연방 하원을 있어도 그만 없어도 그만인 것으로 생각하지 않을 테고, 각 주에서도 투표 자격을 조정해 연방이 주에 행사하는 영향력을 약화시키려고 손을 쓰지 못할 것이었다.

이 유권자 자격 규정과 관련해 1868년에는 헌법 제14조 수정 조항이 통과되었다. 수정된 안은 모든 시민에게 연방 하원을 투표로 선출할 수 있는 권리를 부여한다.

투표권을 가진 사람의 직접 선거로 선출되는 하원과 달리 상원은 간접 선거로 선출된다. 상원 두 석은 주를 대표하는 자리이기에 이미 주의 인민을 대표할 권리를 위임받은 주 의회가 선출하는 것이다.

본래 연합규약에서 연합대표회의를 여는 대표로 규정한 이는 주 의회에서 선출한 사람이었다. 새로운 미국 헌법에서도 주권州權을 존중한다는 의미로 이 간접 선거 방법을 따랐다. 하지만 헌법의 상원과 연합규약의 주 대표 사이에는 결정적인 차이가 있었다.

첫 번째 차이점은 주마다 선출하는 대표가 2명으로 정해져 있다는 점이다. 연합 대표처럼 각 주가 원하는 만큼 뽑지 않았다. "각 상원 의원은 1표의 투표권을 가진다." 상원 의원 선출은 주 의회에서 하지만, 이들은 독립적인 개인 신분으로 연방의 입법에 참여한다. 주 의회는 선발자를 결정할 수 있을 뿐, 선출된 상원이 던지는 표를 좌우할 수 없다. 만약 상원이 주의 명령에 따라야 한다면, 상원 두 사람이 표결 때마다 항상 일치된 표를 행사해야 하는 까닭에 각 상원에게 각각의 표결권을 부여할 이유가 없었다. 기존의 연합이 각 주에서 파견할 대표 수를 규정하지 않았던 이유는 투표할 때 주마다 단 한 장의 표를 가지기 때문이었다. 이때는 주를 단위로 정하여 결의를 냈다. 헌법에서는 주를 단위로 하는 입법 체제를 철회하였다. 헌법 정신에서 볼 때 상원은 주가 아닌 주의 인민을 대표하여 정치에 참여하고 표를 행사하는 존재였던 것이다.

1913년, 미국 헌법 제17조 수정 조항에서는 기존의 간접 선거 방법을 취소하고 상원 선거 역시 시민의 직접 투표로 이루어지도록 고쳤다. 이렇게 하면 상원이 주가 아닌 주의 인민을 대표한다는 헌정 입법 정신에 더욱 부합했다.

상원으로 번역하는 'Senate'라는 단어는 로마 역사에서 유래하며, 당시에는 '원로원'이라는 의미를 지녔다. 이 단어는 상원에게 더 높은 지위를 주기 위해 쓰였다. 주에서 선출된 상원은 연방을 이끄는 길잡이 역할을 맡아 엘리트로서 지혜로운 조언을 내놓는다. 이들은 주 의회에서 선출되지만, 이들의 지위와 명예는 주 의회 및 주 의원보다 훨씬 높았다.

상·하 의원의 자격 제한

다음은 미국 헌법 제1조 제2절이다.

연령이 만 25세에 이르지 않은 자, 합중국 시민 자격을 취득한 지 만 7년이 되지 않은 자, 선거 당시에 선출되는 주의 주민이 아닌 자는 하원 의원이 될 수 없다.

다음은 제1조 제3절이다.

연령이 만 30세에 이르지 않은 자, 합중국 시민 자격을 취득한지 만 9년이 되지 않은 자, 선거 당시에 선출되는 주의 주민이 아닌 자는 상원 의원이 될 수 없다.

이는 피선거인의 자격을 규정하는 조문이다. 미국 헌법은 의회 의원의 자격을 상대적으로 느슨하게 제정했다. 만 25세가 되고 시민으로서 7년이 경과되면 하원 의원을, 만 30세가 되고 시민으로서 9년이 경과되면 상원 의원을 맡을 수 있는 자격이 생긴다. 재산 조건도 없다. 이는 다수의 주에서는 투표권을 가지기에도 부족한 조건이었다. 바꿔 말하면, 주 의회에 의해 선출된 연방 상원이 어쩌면 주 의원 선거에 출마할 자격을 갖지 못한 사람일 수도 있었다.

헌법에는 주 의회에서 연방 상원을 선출한다고 규정되어 있지만, 주 의원 가운데 선출해야 한다고는 하지 않았다. 그렇다면 교사나 목사 등처럼 주 의원 선거에 출마할 자격을 가질 만한 재산은 없지만, 명망이 높아 주 의회 다수 의원의 지지를 얻은 이가 연방 상원으로 뽑힐 수 있었다. 주 의원이 될 자격이 없는 사람이 일약 주 의원보다 명백히 높은 정치적 신분과 지위를 갖게 되는 것이다.

이는 진보적인 조항이었다. 주에서 여러 가지 이유로

(주로 재산 기준 미달로) 시민권을 취득할 수 없는 사람이라도 연방에서는 그들이 내어 주는 지혜와 공헌을 마다하지 않겠다는 상징이었다.

하원과 상원에는 최저 연령 제한이 있다. 이는 영국 의회의 폐단을 지켜보고 설정한 규정이었다. 영국 역사상 가장 젊었던 수상은 1783년에 취임한 아들 피트●다. 그해 그의 나이는 24세였고, 그로부터 3년 전 그의 나이 21세에 의회 의원에 당선되었다.

아들 피트는 젊어서부터 뛰어났던 정치 신동이었을까? 21세에 의회 의원이 되고 24세에 수상이 되어 영국 정치사를 새로 쓴 인물일까? 엄밀히 말하자면 아니다. 그가 영국 정계에서 빠르게 부상할 수 있었던 힘은 이름에 있다. 그는 '아들 윌리엄 피트'였다. 이는 곧 '아버지 윌리엄 피트'도 있다는 의미이다. 그의 아버지 '윌리엄 피트' 역시 수상을 지낸 바 있다. '아버지 윌리엄 피트'●●는 영국 정계에 수년간 말뚝을 꽂았던 인물이다. 그는 경험이 풍부하고, 인맥이 넓

● 아들 피트(William Pitt the Younger, 1759-1806)는 영국 왕 조지 3세 시기에 수상을 연임했다. 첫 번째는 1783년부터 1801년까지, 두 번째는 1804년부터 1806년에 세상을 떠날 때까지였다. 그의 주요 정치 업적은 영국을 이끌고 대혁명이 일어난 프랑스 및 나폴레옹에 대항한 것이다.

●● 아버지 피트(William Pitt the Elder, 1708-1778)는 1766년부터 1768년까지 영국 왕 조지 3세의 수상 및 국세관을 지냈다. 피트의 조부는 금강석으로 부자가 되어 의회까지 진출했다. 피트의 부친과 두 숙부 역시 의회 의원이었다. 아버지 피트는 국세관이 되기 위해 채텀 백작 작위를 받았는데, 아들 피트가 둘째 아들이었기 때문에 이 작위가 아들 피트에게 상속되지는 않았다.

었기에 아들을 일찍이 높은 자리로 밀어 올릴 수 있었다.

　이 일은 미국인에게 깊은 인상을 남겼다. 필라델피아 회의의 대표들 역시 이를 생생하게 기억하며, 미국에서는 이런 일이 발생하기를 원치 않는다는 의사를 내비쳤다. 진정한 민주 제도라면, 아버지가 아들에게 정치 세력과 지위를 물려주는 정치 세가가 있어선 안 되었다.

　영국의 선례를 보면, 젊은 나이에 선거에서 부상한 이들은 거의 예외 없이 집안 배경이 뒷받침되었다. 나이가 어리면 어릴수록 집안이 정치 경쟁에 미치는 영향력이 컸다. 최저 연령을 분명하게 못 박은 것은 집안 배경의 덕을 받는 경우를 줄이기 위해서였다. 같은 스무 살이라도 뒷줄 닿는 데가 있는 이들은 정계에 진출할 입구가 거의 없는 이들보다 훨씬 많은 기회를 가진다. 이 조항은 집안 배경이 없는 이에게 출발선상의 격차를 좁힐 수 있는 5년의 시간을 벌어주었다.

　연령 제한은 확실히 의미가 있었다. 연방 의회가 성립한 후 10년 동안, 30-34세에 상원에 당선된 사람 중 친족이나 집안의 윗사람 역시 의회 의원을 맡은 이는 40퍼센트였다. 반면 35세 이상이 되어 상원에 당선된 사람들 가운데 의회 의원을 맡은 친족이나 집안 윗사람이 있는 이는 15퍼센트뿐이었다. 하원의 경우, 32세 이하의 당선자 중에서 특수한 집안 배경을 지닌 이가 33세 이상의 당선자보다 세 배더 많았다. 이렇듯 숫자를 비교해 보면, 젊은 나이에 정계에 나선 인사일수록 가족의 혜택을 받았을 가능성이 높다는 사실이 분명하게 드러난다.

영국에는 '부재중 의원'이 많아 오랫동안 지탄을 받았다. 부재중 의원은 그 지역에서 부동산과 영향력을 지녀 의원에 당선되었지만 선거구에 살지 않았다. 선거구에 익숙하지도, 그 지역을 제대로 이해하지도 못하는 이가 어떻게 선거구의 주민을 대표하여 권력을 행사하고 복리를 증진한단 말인가? 또한 영국에는 '유령 선거구'도 있었다. 시간이 흐르며 몰락한 지역으로, 거주자가 거의 사라졌는데도 여전히 선거구로 남아 선거 때마다 같은 의원을 선출했다.

그래서 미국 헌법 제1조 제2절에는 '인구 총조사'에 관한 분명한 규정이 나와 있다.

인구 총조사는 합중국 의회의 첫 번째 회의를 개최한 후 3년 이내에 실시하며, 그 후로 10년마다 한 번씩 실시한다.

이는 한 사람 한 사람의 하원 의원이 모두 선거구라는

명확한 기반 위에 존재하도록 하고, 각 선거구의 인구 통계가 시간의 변화를 따라 잡지 못해 실제 인구수와 큰 차이가 나지 않도록 보장하는 것이다. 인구 총조사 결과는 선거구를 개편하는 데에 사용되어 각 선거구의 실제 인구수가 대체적으로 같도록 보장한다.

헌법의 규정에 따라 지금까지 미국은 '0'년도가 돌아올 때마다 인구 총조사를 실시한다.● 미국에는 호구제가 없다. 미국인에게 호구제는 사생활과 거주 이전의 자유를 침해하는 제도이므로, 인구 통계를 내려면 인구 총조사 형식을 쓸 수밖에 없다. 대규모의 인원을 동원해 집집마다 조사와 기록을 진행하는 것이다. 인구 총조사가 끝날 때마다 연방 하원의 선거구는 새로 나온 조사 결과에 따라 조정할 사항을 살핀다.

하원은 미국의 구성 요소를 본떠야 한다

미국 헌법 제1조 제2절에는 1787년의 상황에 맞춰 각 주에서 선출하는 하원 수를 규정한 부분도 있다.●● 13개 주

● 미국이 독립 후 처음으로 인구 총조사를 실시한 해는 1790년이었다. 지금까지 23번의 조사가 있었으며, 가장 최근의 조사는 2010년에 이루어졌다.

●● "하원 의원의 수는 인구 3만 명당 1명을 넘을 수 없다. 하지만

중에서 가장 많은 의석수가 배정된 곳은 매사추세츠주와 펜실베이니아주로 각각 8석이었다. 가장 적은 곳은 로드아일랜드주와 델라웨어주로 각각 1석이었다. 모든 주의 하원을 더하면 총 65석이었다.

각 주가 미국 헌법을 심의하는 과정에서 이 숫자는 적지 않은 논쟁을 야기했다. 논점은 이 60여 명의 사람이 13개 주의 인민을 대표하기에 충분한가였다. 이들이 인민을 대표할 수 있는가 없는가를 질문한 이상 반드시 살펴야 할 질문이 줄줄이 이어졌다. 도대체 대표란 무엇인가? 대표의 논리, 대표의 조직이란 무엇인가?

상원은 주를 기초로 조직된다. 이는 이해하기도 실행하기도 쉽다. 하지만 하원은? 존 애덤스가 내놓은 대표의 조건 한 가지가 훗날 연방 하원의 구성과 운영에 결정적인 영향을 미쳤다. 그는 인민이 뽑은 대표로 구성되는 연방 하원은 미국의 축소판이어야 한다고 주장했다. 연방 하원의 구성 요소는 가능한 한 미국을 구성하는 사람을 그대로 본떠야 했다.

그렇기 때문에 연방 하원 선거는 우리가 으레 그래 왔듯 현명하고 유능한 사람을 뽑는다는 개념으로 포괄할 수 없다. 가장 능력 있고 도덕적인 사람을 모아, 가장 그럴듯하고 기능을 발휘하기에 부족함이 없는 연방 하원을 구성하는 것이 아니었다. 이상적인 하원은 지혜가 탁월하다거나 정치 이상을 갖췄다거나 고결한 품성을 가졌다거나 하는 사람으로 구성돼선 안 되었다. 이상적인 하원이라면 그 안의 모든 의원의 평균 지능이 전국 인민의 평균 지능과 비슷하고, 도덕 수준 역시 전국 인민의 평균 도덕 수준과 다를 바 없어야 했다.

하원에서 뽑고자 하는 사람은 현자가 아니라 대표다. 지혜롭거나 유능하거나 도덕적인 누군가는 일반인을 능가하는 지혜, 능력, 도덕성으로 인해 충분한 대표성을 지닐 수 없다. 대표는 사회의 모습을 그대로 담아야 한다. 다원 사회에서는 곧 다원 대표로 하원이 구성되어야 한다.

이는 헌법이 만들어지는 과정에서 형성된 중요한 민주 이념이다. 민주제와 귀족제는 이런 점에서 긴장 관계, 심지어 대립 관계에 놓여 있다. 하원은 인민을 대표하여 가장 핵심적인 주권인 입법권을 행사한다. 따라서 하원을 구성하는 의원은 반드시 인민 총체에 가장 근접한 이여야 한다. 하원은 '엄선'이 아닌 '표본' 개념이어야 한다. 100만 명 가운데 가장 뛰어난 100명을 가려내는 것이 아니라, 1만 명에 1명씩 무작위로 뽑는 것이다. 보통 사람보다 10배 똑똑한

100명의 사람을 모아 두어도 이들은 결코 '대표'House of Representatives가 아니다. 그들에게는 대표성이, 나머지 99만 9천 9백 명을 대표할 합법성이 없다.

이 토론은 200여 년 전에 있었지만 오늘날에도 여전히 생각해 볼 만한 가치가 있다. 어떻게 대표를 구성하고, 어떤 눈으로 대표를 바라볼지는 정치철학마다 기준이 다르다. 존 애덤스의 이러한 원칙은 최소한 한 가지의 부인할 수 없는 장점을 지닌다. 민주의 근본정신에 단단하게 뿌리박은 원칙이라는 점이다. 민주는 뭇 사람의 집단 결정을 신임하고, 집단 결정이 단일한 군왕 혹은 소수 귀족의 결정보다 폐단이 적다고 믿는다. 그러므로 인민을 대표해 주권을 행사하고 결정을 내리는 사람이 소수 엘리트여서는 안 된다.

1789년, 미국 헌법이 정식 발효되고 워싱턴이 제1대 대통령으로 선출됐다. 이때 이미 11개 주가 헌법 동의안을 통과시켰다. 11개 주 가운데 대부분의 주에서 지지파와 반대파 세력이 비슷한 수준이었는데, 신기하게도 이 모든 주에서 지지파가 승리를 거두었다. 뿐만 아니라 11개 주가 모두 최종적으로 조건 없이 헌법을 받아들였다.

동의안 통과에 조건을 붙였던 유일한 주는 노스캐롤라이나주였다. 노스캐롤라이나주는 동의안을 내면서 65석의 하원이 미국을 대표하기에 충분치 않다는 의견을 냈다. 그들은 대표 수가 적으면 회유되기도 쉬우리라 여겼다. 또한 주 전체에서 겨우 하원 5명을 뽑는다는 말은 노스캐롤라이나주가 5개의 선거구로 나뉜다는 것을 의미했다. 이렇게 되면 각각의 선거구도 매우 커질 수밖에 없고, 선거구가 커지면 한 선거구가 도시와 시골을 포괄하기 마련이다. 이럴 경우 시골의 후보는 도시에 있는 후보의 상대가 되지 못할 터였다. 도시에는 인구가 집중되어 있어 경선에서 표를 얻기에 상대적으로 유리했다. 도시에서 하루만 걸어 다니면 마주칠 수 있는 유권자를 시골의 후보는 일주일을 돌아다녀도 만나지 못할 가능성이 높았다.

노스캐롤라이나주가 덧붙인 단서에 이미 성립되고 발효된 헌법을 바꿀 근거는 없었지만, 많은 사람이 하원 의석 수에 대한 지적에 동의했다. 합중국 성립 후, 제1대 의회의 하원은 65석이었으나, 제2대에서는 빠른 속도로 늘어 104석이 되었으며, 제3대에서는 142석으로 늘었다.

하원의 우둔과 악을 방지하기 위한 상원

제1조 제3절에는 다음과 같은 조문이 있다.

상원 의원은 첫 번째 선거 후 회합에서 즉시 의원 총수를 같은 수의 3조로 나눈다. 제1조 의원의 임기는 2년, 제2조 의원의 임기는 4년, 제3조 의원의 임기는 6년으로 하고, 만료하면 그 의석을 비워야 한다. 이렇게 하여 상원 의원 총수의 3분의 1을 2년마다 개선改選한다. 만일 어느 주에서 주 의회의 휴회 중에 사직 또는 그 밖의 원인으로 상원 의원에 결원이 생겼을 경우, 그 주의 행정부는 주 의회가 다음 회기에서 결원을 보충할 때까지 임시 상원 의원을 임명할 수 있다.

연방 상원은 전체 의원을 3개의 조로 나누어 2년마다 3분의 1을 새로 뽑는다. 이러한 분할 개선改選 제도를 세우기 위한 초대 상원은 조금 억울할 수밖에 없다. 제1조의 임기는 겨우 2년, 제2조의 임기는 4년이고, 제3조만이 6년의 임기를 마칠 수 있다.

하원의 2년 임기도 당시에는 긴 편에 속했다. 상원 임기는 하원 임기의 3배로 더욱 길었다. 임기가 긴 만큼 상원은 대표일 수 없었고 대표여서도 안 되었다. 우리가 가진 개념으로는 모든 의회 의원이 '민의의 대표'이지만, 미국 헌법에서 구상된 바는 달랐다. 상원의 역할은 자문이나 고문에 가까웠다. 그들은 각 주에서 파견된 이로, 한편으로는 연방정부가 정무를 잘 처리하도록 힘을 보탰고, 한편으로는 하원이 적절한 법률을 제정하도록 도왔다.

하원은 미국 사회를 대표하는 이들이므로 사회의 순박함과 우둔을 지니기 마련이며, 사회의 선善을 지니듯 사회의 악惡 역시 품기 마련이었다. 상원은 상대적으로 높은 지위에서 하원의 우둔과 악이 국가의 이익을 훼손하거나, 특히 상원 자신이 속한 각 주의 이익을 훼손하는 것을 방지했다.

이러한 역할을 잘 감당하기 위해서는 충분한 지혜와 경험을 갖춘 이들이 필요했다. 따라서 상원의 연령 제한은 하원보다 엄격했고, 임기 역시 장장 6년에 달했다. 하지만 임기 6년은 실로 길었다. 매디슨의 말을 빌리자면 "인민을 대표하는 자는 자신이 바로 인민이라고 착각하기 쉽다." 대표 자리에 너무 오래 앉아 있다 보면, 자신의 입장과 자신이 대변해야 하는 주의 입장을 혼동하기 쉽기 때문에 분할 개선 방법을 마련한 것이다. 이는 상원 전반에 새로운 피, 새로운 의견, 새로운 관점이 수시로 흘러들도록 보장하는 제도이다. 또한 2년마다 한 번씩 있는 하원의 변화와 보조를 맞출 수 있다.

이렇게 해서 미국 의회는 2년마다 한 번씩 선거를 치러 하원 의원 전체와 상원 의원 3분의 1을 새로 선출한다. 따라서 상원 의원의 임기는 6년이지만, 모든 상원이 6년 동안 고정되진 않는다. 상원과 하원 모두 2년마다 새로운 면모로 탈바꿈을 한다. 훗날 정당 정치가 형성된 후, 2년마다 치르는 의회의 선거는 헌법 구상 당시에는 예상치 못했던 또 하나의 정치적 감독 효과를 낳았다. 미국 대통령의 임기는 4년으로, 대통령 개선 때마다 의회 역시 동시에 개선을 하게 된다. 대통령의 임기 중에는 '중간 선거'라고 불리는 또 한 차례의 의회 개선이 돌아온다. 이때는 의회 의원 선거만 실시하지만 대통령은 지대한 부담을 느낀다. 대통령이 속한 정당 의원의 선출 상황이 그가 2년간 정치를 잘해 왔는지 아닌지를 반영할 것이기 때문이다. 민의 역시 '중간 선거' 투표를 통해 대통령과 대통령이 속한 정당에 대한 만족 여부를 표현할 수 있었다. 이로써 대통령은 2년에 한 번 '중간고사'를 치르게 되었다.

미국 헌법은 상원과 하원의 연임 횟수를 제한하지 않는

다. 헌법의 정신은 개선 주기를 짧게 설정한 것으로 이미 잘 보장되고 있다. 의원, 특히 하원은 자주 선거구로 돌아가 유권자의 검증을 받고 새로이 권한을 위임받아야 했다. 만약 의원이 이러한 검증을 통과해 자신과 민의가 단절되지 않았음을 보여 준다면, 의원의 연임 및 당선 횟수를 제한할 이유가 없었다.

2년마다 한 번 선거를 치르고, 10년마다 한 번씩 인구 통계를 내며, 이에 맞춰 선거구와 하원 의석수를 조정하는 것이 미국 헌법이 제정한 정치 흐름의 순환 원리다. 헌법은 기반이 되는 법으로, 한번 제정하면 그대로 고정되어 쉽게 바꿀 수 없다. 헌법은 고정되지만, 미국 헌법의 규정들은 어떻게 변동에 대응할 것인지, 어떻게 변동과 단절되지 않을 것인지를 내포한다. 즉 스스로는 변하지 않으면서 변동을 충분히 인식한다. 정치가 교착에 빠져 사회와 시대에 일어나기 마련인 변화를 따라잡지 못하는 일이 없도록 해 줄 부동의 규정을 찾았다. 이것이 미국 헌법의 놀라운 역설이다.

대표의 수만큼 세금을 낸다

미국 헌법의 의회에 관한 규정 중에서 가장 이해하기 어려운 부분이 다음 대목이다.

하원 의원의 수와 직접세는 연방에 가입하는 각 주의 인구수에 비례하여 배정한다.

각 주가 보유할 수 있는 하원 의석수와 각 주가 연방에 납부해야 하는 직접세는 인구수에 따라 배정된다. 인구가 많을수록 더 많은 세금을 납부해야 하고, 동시에 더 많은 하원 의석수를 배정받을 수 있다.

이것은 권리와 의무의 조율이며, 독립전쟁 구호 "우리의 대표가 없으면 세금도 없다"와도 분명하게 상응한다. 대표의 수만큼 세금을 낸다. 바꿔 말하면, 대표를 두고자 하는만큼 세금을 내야 한다.

미국 헌법은 서언에서 더욱 완전한 연맹을 위한다고 했다. 기존의 연합보다 더 좋은 연맹 조직을 세우겠다는 뜻이다. 더욱 나아진 부분 중 하나는 의회가 제정한 법률에 따라 각 주의 인민에게 세금을 걷어 연방의 재정 기반을 마련한 것이다.

이전의 연합은 각 주에 강제권이 없었다. 각 주의 대표가 회의에서 통과시킨 결의라 할지라도 충실히 이행되리란 보장이 없었다. 1781년, 연합대표회의에서 연합 군대 재건을 위해 주마다 얼마간의 경비를 분담하기로 결의했다. 그러나 예정된 납부 마감일까지 실제로 들어온 금액은 결의된 금액의 약 16분의 1뿐이었다. 16을 달라고 손을 내밀었는데 1을 쥐여 준 격이다. 이런 연합이 어떻게 제 기능을 할 수 있었겠는가?

연합이 각 주에 손을 벌린 난처한 경험은 더욱 완전한 연맹을 세우고자 할 때에 참고가 되었다. 연방은 비교적 안정된 재정 체계를 갖추려고 했다. 그 방법으로 "우리의 대표가 없으면 세금도 없다", 즉 연방에 납부하는 직접세와 각 주의 하원 의석수를 헌법에서 분명하게 한데 묶었다. 인구수에 따라 대표 의석수를 배정받으면, 반드시 그만큼 세금을 납부하도록 했다.

이어지는 조항은 인구를 어떻게 셈할지 규정한다.

각 주의 인구수는 자유인의 총수에 의해 결정되는데 여기에 기간이 정해진 계약 노동자는 포함하고 과세하지 않는 인디언은 제외하며, 기타 인구 총수의 5분의 3을 가산하여 결정한다.

미국 헌법 전문에서 가장 이해하기 어렵고, 애매한 부분이다. 먼저 '자유인'의 정의에 '과세하지 않는 인디언'은 포함되지 않는다고 말하는데, 이는 앞서 설명한 "우리의 대표가 없으면 세금도 없다" 원칙을 그대로 이어 간다. 연방 직접세 납세자에 들어가지 않는 사람은 의회 의석수에 반영되는 인구 통계에도 들 수 없다. 그렇다면 도대체 왜 기간이 정해진 계약 노동자가 자유인에 포함된다고 한 것인가?

'노동자'라는 단어는 자유롭지 않은 사람을 뜻하는 듯하지만, 법률 차원에서는 계약만 맺었다면 '자유 인민'의 자격을 가진다. 따라서 그들이 누락되지 않도록 따로 명시해 상기시켰다. 하지만 전체적인 골자로 보면, 이 규정은 뒤이어 나오는 '5분의 3' 규정과 짝을 이룬다.

'자유인의 총수에, 기타 인구 총수의 5분의 3을 가산'한다는 말은 무슨 의미일까? 이해하기 어려울 것이다. 이 문구에는 좀스러운 한 가지 눈속임이 쓰였다. 자유인이 아닌 '기타 인구'란 누구를 가리키는가? '부자유 인민'이어야 한다는 점은 분명하다. '부자유 인민'이 달리 누구겠는가? 그 시기에는 이런 사람을 부를 때 비교적 간단하게 통용되는 호칭이 있었다. 바로 '노예'다.

눈속임을 간파하고 나면 조문의 의미가 드러난다. 각 주의 인구를 산출할 때, 노예 역시 포함된다는 것이다. 그러나 노예는 온전한 한 사람으로 셈할 수 없었다. 노예 한 명은 인구 통계에서 자유인의 5분의 3으로 취급되었다. 만약 어떤 집에 다섯 식구가 살고, 이 집에서 다섯 명의 노예를 거느리고 있다고 해 보자. 당시 인구 통계로 셈하면, 이 집의 전체 인구수는 다섯도 열도 아닌 여덟이다.

참으로 이상한 규정이었다. 헌법 문장의 통합 정리를 맡았던 제임스 윌슨과 로버트 모리스●는 노예제에 반대하는 입장이었다. 그들은 '노예'라는 단어를 헌법에 그대로 넣지 않으려 했다. 헌법에 '노예'가 등장하면, 연방이 법적으로 노예제를 인정한 것처럼 보일뿐더러 나중에 노예제를 폐지할 때 헌법 개정이라는 난관을 하나 더 보태게 될 터였다. 이러한 이유로 두 사람은 에두른 표현을 쓴 것이다.

그렇다고 그들이 이 규정을 언급하지 않을 수는 없었다. 이 규정은 필라델피아 회의에서 매우 중요한 논쟁거리였으며, 아주 어렵게 협의를 이룬 규정이었기 때문이다. 남

● 로버트 모리스(Robert Morris, 1734-1806)는 연합 회의에서 임명된 미국 재정 관리인이었다. 제헌 회의에서는 펜실베이니아 주 대표였으며, 연방 정부가 수립된 후에는 펜실베이니아주 상원 의원을 지냈다.

부에는 노예가 있었고, 북부에는 없었다. 인구를 산출할 때 노예를 셈에 넣는다면 정치적으로 북부에 매우 불리했다. 하원 의석수는 인구에 따라 결정된다. 가령 북부의 한 주가 5만 명의 인구를 보유하고 있다고 하자. 이 주의 인구가 10만 명으로 증가하려면 정상적인 출생률로는 아마 20년이 걸릴 것이다. 그런데 남부의 주가 5만 인구를 보유한 경우에는 대거 유입되는 노예 덕에 반년 혹은 1년 안에 인구가 10만에 이르고 갑절의 의석수를 쥐게 될 것이다.

시각을 달리해 보자. 세금 부담에서는 노예를 셈에 넣는 편이 북부에 유리했다. 남부는 생산에 기여하는 노예 덕분에 노동력 면에서 우세하다. 만약 노예가 인구 산출에 포함되지 않아 세금도 낼 필요가 없다면, 생산 조건에서 북부의 손해가 너무 크다.

이 두 가지 요소를 두고 고심한 끝에 이러한 타협이 이루어졌다. 노예는 인구수에 포함되기도 하고 포함되지 않기도 한다. 셈하되 온전한 숫자로 산정되지 않는다. 이들에게는 정치 권리도, 세금 납부의 의무도 5분의 3명 몫만 주어진다. 만약 남부에서 노예 유입으로 인구수를 확충해 대표 의석수를 늘리고자 한다면, 그들은 노예를 사들이는 돈 외에도 노예가 경내에서 살아가는 데에 따르는 직접세를 부담해야 한다. 즉 원가를 늘리는 방식으로 남부가 노예를 늘리려는 움직임에 브레이크를 건 것이다.

북부의 주는 노예가 있으면 세금을 납부해야 한다는 점을, 남부의 주는 노예가 있으면 의석수를 얻을 수 있다는 점을 보았다. 양측은 각자 원하는 바를 얻고 타협했다. 이는 당시에 매우 민감한 의제였다. 회의장이 경직되기도 했으나, 각 주는 얼굴을 붉힐 일을 만들지 않았다. 이로써 헌법 초안이 순조롭게 탄생할 수 있었다.

그러나 시민권의 시각에서 보면 이 규정에는 당연히 문제가 있었다. 가장 북쪽에 위치한 뉴햄프셔주에는 당시 14만 명의 자유인이, 남부의 사우스캐롤라이나주에도 거의 14만 명의 자유인이 살았다. 1808년 의회에서 뉴햄프셔주는 하원 4석을, 사우스캐롤라이나주는 6석을 배정받았다. 사우스캐롤라이나주에 2석이 더 배정된 것은 노예를 계산에 넣은 결과였다.

코네티컷주의 자유인 수는 메릴랜드주보다 2만 명이 더 많았다. 그러나 1808년 의회에서 코네티컷주에 배정된 하원 의석수는 놀랍게도 메릴랜드주보다 1석 적었다. 메릴랜드주에는 노예가 있고, 코네티컷주에는 없었기 때문이다. 매사추세츠주의 자유인은 버지니아주보다 조금 더 많았으나, 남부에서 노예가 많은 주로 꼽혔던 버지니아주가 1808년 의회에서 매사추세츠주보다 5석 더 많은 하원을 보유하게 되었다. 버지니아주에는 당시 30만 명의 흑인 노예가 있었다. 헌법 규정대로 계산한 공식 통계에서는 자유인 18만 명에 상당했다.

이는 어떻게 보아도 불공평하고 불합리하다. 하원은 노예를 대표하지 못한다. 노예는 어떠한 시민권도 갖지 못한다. 대표를 통해 어떠한 권리를 보장받거나 쟁취하지도 못한다. 그런데 하원 의석수 계산에는 시민권이 없는 노예가 들어간다. 명백히 대표의 비례 원칙에 위배되었다. 분명 같은 수의 자유인, 시민을 보유하고 있음에도 불구하고 남부의 주는 상대적으로 많은 대표를 선출하고, 의회의 입법에서 비교적 많은 투표지, 곧 비교적 큰 결정권을 가질 수 있었다.

그러나 이 불공평하고 불합리한 제도가 실제로는 남북을 결합해 연방을 구성하고 유지하는 데에 큰 역할을 했다. 1808년의 연방 하원에서는 노예를 부리던 남부의 주가 총 47석을, 북부의 주가 58석을 차지했다. 만일 노예 인구 포함으로 얻을 수 있었던 의석수를 빼고 자유인만 계산했다면, 남부의 의석수는 33석으로 줄어들었으리라.

북부가 남부보다 토지 면적도 넓고 인구도 많다. 경제 형태 역시 북부와 남부의 차이가 매우 컸다. 만약 이런 방식으로 남부가 의석수를 늘리지 않았더라면 남북 격차 구도가 더 벌어졌을 것이고, 남부의 주로서는 연방에 참여할 마음이 크게 줄었을 터였다.

역사에는 단 하나의 미국이 존재한다. 미국이 남북으로 나뉘어 두 개의 국가가 된 적은 없다. 남북의 첨예한 갈등은 한참을 끌다가 1860년대에 와서야 폭발했다. 이때 발화점이 된 것이 불공평하고 불합리한 '5분의 3 조문'이었다.

남북전쟁에서 북부가 승리를 거두고 나서야 마침내 1868년에 통과된 헌법 제14조 수정 조항에서 노예제가 폐지되었고, '5분의 3 조문' 역시 폐지되었다.

권리장전이 있기에
헌법은 지지할 만한 것

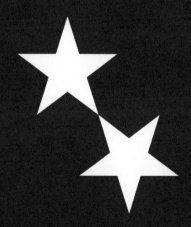

군대의 배치권은 의회에 있고,
지휘권은 대통령에게 있다

미국 헌법에서 가장 긴 조항은 제1조이고, 가장 긴 절은 제1조 제8절이다. 이 제1조 제8절은 의회의 권력을 규정한다. 의회의 권력을 이렇게 길게 나열한 이유는 의회가 주권재민을 실현하는 핵심 기관으로, 주권과 관련된 권력은 의회를 통해 행사되어야 하기 때문이다.

헌법 서언에는 다음과 같은 내용이 있다.

정의를 확립하고, 국내의 안녕을 보장하고, 공동의 방위를 도모하고, 국민의 복지를 증진하고, 우리와 우리 후손이 누릴 자

유의 축복을 확보할 목적으로, 미합중국을 위하여 이 헌법을
제정하고 확립한다.

행정권도 대통령도 아닌, 헌법 제1조 제8절에서 규정
하는 의회의 역할이 이러한 목표를 달성할 통로다.

가령 의회는 '공동의 방위를 도모'하는 주요 수단으로
서 선전권宣戰權을 가진다. 미국 헌법 규정에 따르면, 인민
주권을 대표하는 의회라야 외부에 전쟁을 선포할 수 있으
며, 대통령에게는 이러한 권력이 주어지지 않는다. 미국 헌
법의 규정에 근거하면 20세기에 미국이 치른 '정식' 전쟁은
두 차례뿐이다. 제1차 세계대전과 제2차 세계대전이다. 참
혹했던 베트남전쟁이나 사람들의 뇌리에 생생하게 박힌 걸
프전쟁은 '정식' 전쟁에 들지 않는다. 이들은 의회의 전쟁
선포를 거치지 않았기 때문이다.

미국 헌법 제1조 제8절이 의회에 부여하는 권력에는
다음과 같은 것들이 포함되어 있다.

- 전쟁을 포고하고 (……)
- 육군을 육성하고 이를 지원한다. 다만 이 목적을 위한 경비의
  지출 기간은 2년을 초과하지 못한다.

- 해군을 배치하고 이를 유지한다.
- 육해군의 통수 및 규제에 관한 규칙을 정한다.
- 연방 법률을 집행하고, 반란을 진압하고, 침략을 격퇴하기 위하여 민병대의 소집에 관한 규칙을 정한다.
- 민병대의 편성, 무장 및 훈련에 관한 규칙과 민병 가운데 일부가 합중국을 위해 복무할 때의 관리 방법을 정한다. 다만 각 주는 민병대의 장교를 임명하고 의회가 정한 규율에 따라 민병대를 훈련하는 권한을 보유한다.

의회는 육군과 해군을 배치할 권력을 가진다. 여기서 주목할 만한 점이 두 가지 있다. 한 가지는 의회가 육해군의 규모와 배치를 결정하고도 육해군을 직접 지휘할 수 없다는 점이다. 미국 헌법에서는 군대 지휘권을 대통령에게 부여하는데, 여기에는 여러 가지 요인이 있다. 우선 의회는 집단 결의 체제이기 때문에 임기응변이 요구되는 전쟁의 책략을 처리하기에 적합하지 않다. 이에 비해 개인인 대통령은 의회보다 훨씬 융통성 있게 일을 진행할 수 있다. 또한 분권 개념이 이런 식으로 법을 제정하는 한 가지 요소가 되었다. 만약 대통령이 군사력을 오용하고 남용하려고 할 경우에는 의회에서 병력 배치를 거부해 군대가 움직이는 것을 실질적으로 막고, 반대로 의회가 군사력을 오용 혹은 남용하려고 할 경우에는 대통령이 군대 지휘를 거부한다. 배치권과 지휘권을 한곳에 부여하지 않음으로써 두 권력이 상호 견제의 기능을 발휘할 수 있다. 물론 입헌 당시의 정황 역시 이 규정의 빼놓을 수 없는 요소 중 하나이다. 필라델피아 회의에 참여한 대표들은 모두 워싱턴 장군이 제1대 대통령이 되리라고 예상했다. 새로 설립된 합중국 군대를 관장하고 지휘하기에 그보다 더 적합한 사람이 누가 있었겠는가?

주목할 만한 다른 한 가지는 여기서 육군과 해군이 별도로 기술되었다는 사실이다. 육군에는 해군에 없는 제한 사항이 한 가지 더 있다. "다만 이 목적을 위한 경비의 지출 기간은 2년을 초과하지 못한다." 육군과 해군의 핵심 차이는 바다에서 운용되는 병력이 기본적으로 대외용이며, 육지인 국토 위에서 사용될 일이 없다는 점이다. 육군은 다르다. 외부 세력의 침략에 저항하는 데에도 필요하지만 내부의 적을 상대하는 데에 쓰이기도 쉽다.

각 주를 안심시키기 위해서, 즉 대통령이나 연방 정부가 육군을 이용해 각 주의 독립적이고 자유로운 지위를 위협할 경우를 철저히 막기 위해서 '2년 조항'이 생겼다. 의회가 육군 배치에 쓰는 비용을 조달할 수 있는 기간은 1회당 최대 2년뿐이다. 바꾸어 말하면, 의회가 계속해서 새로운 경비 조달을 승인하지 않을 경우 연방의 육군은 전투는 고사하고 먹고 사는 일도 건사하지 못하게 된다. 이렇게 사실상 장기적인 육군 통제권이 유권자의 손에 주어졌다. 유권자는 의회와 대통령이 연방 군대를 운용하는 방식을 수긍하지 못하면, 늦어도 2년마다 한 번 치르는 하원 의원의 전체 선거와 상원 의원의 부분 선거 때에 해당 의원의 반대파를 선출해 의회에 투입할 수 있다. 그리하여 새로 임명된 의원이 승인을 거절해 육군에 경비를 지원하지 않으면 자연히 육군의 모든 힘은 회수된다.

총기 소지의 자유는 헌법적 권리

연합규약에서는 연합에 독립된 별도의 군대를 창설해 주지 않았다. 연합의 군대는 각 주의 기존 군사력을 동원해서 구성되었다. 연합으로 지낸 10여 년의 경험은 필라델피아 회의의 대표들에게 이 방법으로는 새로운 국가의 내우외환을 처리하기 어렵다는 사실을 가르쳐 주었다. 연합의 전투는 각 주의 협력에 달려 있다. 하지만 각 주마다 지리적 위치나 정치 목적이 다르기 때문에 협력은 쉬운 일이 아니었다. 각 주의 민병을 동원했다 하더라도 민병은 우선 자신의 고향에, 다음으로는 자신이 속한 주에 충성을 다하는 이들이다. 이런 사람들이 어떻게 열의를 가지고 연합을 위한 싸움에 전념하겠는가?

필라델피아 회의에서는 새로운 연방에 군대가 필요하다는 의견이 대두되었다. 이를 실현하고 헌법에 써 넣으려면 먼저 한 가지 문제를 해결해야 했다. 연방 군대가 각 주를 억압하는 데에 쓰이지 않으리라는 점을 어떻게 보증할 것인가?

육군과 해군을 구별해서 해군에는 장기적으로 경비를 조달하고, 육군의 경비 조달 유효기간을 최장 2년으로 제한한 것이 이를 보장하는 조치 중 하나이다. 각 주를 통제하는 데에 사용될 가능성이 있는 연방 육군은 반드시 엄격한 관리를 받아야 했다. 또 한 가지 조치는 각 주의 민병 무력을 유지한 것이다. 의회는 각 주의 민병 편성과 장비 및 훈련을 규정할 권한을 가졌지만, 민병의 지휘 인사에는 간여할 수 없었다. 또한 각 주에서는 민병의 평소 훈련과 운용을 맡았고, 의회에서는 민병이 연방에 소집되어 합중국을 위해 복무할 때만 의회에서 제정한 관리 방법을 적용했다.

당시 조건에서 이러한 안배는 매우 일리가 있었다. 연방에서 설립한 육군은 한 주의 민병이 지니는 무력보다 강대하기 마련이었다. 따라서 한두 개의 주에서 소동이나 반란을 일으켜도 연방은 이를 평정하기에 충분한 역량을 지녔다. 소동이나 반란이 확대되어도 대다수 유권자가 동의하면, 연방은 군사 배치를 확대하고 각 주의 민병을 소집하여 반란을 평정하기 위한 협조를 구할 수 있었다.

방향을 바꾸어 생각해 보면, 만일 연방이 무력을 사용해 각 주의 독립성과 자유를 해치면, 각 주에서도 민병을 소집해 연방에 저항할 수 있었다. 연방 육군의 규모가 모든 주의 민병을 합한 것보다 클 수는 없었다.

연방과 각 주 사이의 무력 균형을 맞추려는 뜻은 오늘날에도 여전히 크나큰 영향력을 지니는 미국 헌법 제2조 수정 조항에 아직 남아 있다. 그 내용은 다음과 같다.

통제가 잘된 민병대는 자유로운 주의 안보에 필요하므로, 무기를 소장하고 소지하는 인민의 권리가 침해되어서는 안 된다.

이 수정 조항이 오늘날 미국을 전 세계에서 총기를 소지한 개인이 가장 많은 나라로 만들었다. 미국인이 아닌 사람, 특히 우리같이 지금껏 총기를 합법화한 적이 없는 사회에 사는 사람에게는 개인이 합법적으로 총기를 소지한다는 사실이 제정신이 아닌 처사로 느껴진다. 미국에서 일어난 중대한 형사 사건은 대부분 총기와 관련이 있다. 미국의 경찰은 길거리에서 언제라도 총기를 지닌 악한과 마주칠 수 있으므로, 생명이 위협되는 상황에 처할 가능성이 어떤 나라보다 클 터이다. 고의적인 총기 남용이 아니라도 매년 단순한 부주의로 인한 총기 오발 사건이 수십 건씩 일어난다. 미국의 전 부통령 딕 체니가 사냥 중에 함께 사냥하던 친구를 실수로 쏜 일도 있다.

총이 이렇게나 위험한데, 미국인은 왜 입법으로 총기를 통제하지 못하는 것일까? 어떻게 총기 소지의 합법적 권리를 지지하는 단체인 미국총기협회NRA(National Rifle Association)가 전국에서 가장 방대하고 힘 있는 정치 로비 단체 중 하나일까? 미국총기협회가 그렇게 힘 있는 단체가 된 요인은 무엇일까? 만약 타이완이라면, 총기를 합법적으로 유포해야 한다는 입장을 공공연하게 고수하는 조직이 얼마나 많은 이의 지지를 얻을 수 있을까?

지난 몇 년간 미국에서는 끔찍한 캠퍼스 유혈 사태가 여러 차례 발생했다. 정신이 온전치 못한 사람이 캠퍼스에 들어가 광기 어린 총격을 가했고, 한순간에 사상자가 대거 속출했다.

이런 심장이 철렁 내려앉는 사건이 발생할 때마다 미국 언론에서는 총기의 통제를 요구하는 여론이 일어나고 토론이 벌어진다. 우리 눈엔 참으로 이상한 일이다. 이렇게 많은 유혈 사건이 발생하고, 이에 대한 요구와 토론의 목소리가 높은데, 의회에서 통과시킬 수 있는 총기 통제에 관한 법안이 거의 없다니 말이다.

미국총기협회가 이를 힘껏 저지하고 있기 때문인데, 그렇다면 이들은 도대체 무슨 자격으로 그런 일을 한단 말인가? 바로 제2조 수정 조항이 이들의 근거가 된다. "무기를 소장하고 소지하는 인민의 권리가 침해되어서는 안 된다." 자세히 살펴보면, 미국총기협회가 그토록 큰 영향력을 갖게 된 것은 이들의 입장을 뒷받침해 주는 헌법 덕분이다. 미국총기협회가 헌법에 대한 미국 사회의 존중을 영향력의 기반으로 삼았다는 말이기도 하다.

이는 농담이 아니다. 미국총기협회의 입장에는 법적 근거가 있다. 헌법은 분명 의회에서 입법으로 인민이 무기를 소지하는 것을 제한하지 못하도록 한다. 설령 총기를 통제하는 법이 통과되더라도 이는 필연적으로 제2조 수정 조항에 저촉되어 명백한 위헌이 되므로 발효될 수 없다. 총기 통제는 입법의 문제가 아니라 헌법 개정 차원의 대사大事인 것이다.

게다가 제2조 수정 조항은 개정하기도 쉽지 않다. 오늘날의 현실 상황에서 사람들이 주목하는 부분은 수정 조항의 뒤쪽 구절, 즉 인민이 무기를 소지할 권리에 대한 기술이다. 그러나 헌법 차원의 토론에 진입하면, 앞 구절의 내용을 살피지 않을 수 없다. 앞 구절은 인민이 무기를 소지하는 것이 합법인 이유를 조리 있게 설명한다. 바로 이들이 민병대를 구성하는 사람이기 때문이다.

이 수정 조항은 미국 헌법 제1조 제8절과 연결되어 있다. 제1조 제8절은 민병을 유지하고 지휘할 권력을 각 주에 부여한다. 그런데 각 주에서 제헌을 통과시킬지 여부를 두고 토론할 때에 커다란 의문이 한 가지 생겼다. 민병이 제 기능을 하려면, 특히 연방에 대항해 각 주의 독립적이고 자유로운 지위를 보장하는 기능을 하려면, 군대를 편성하고 군관을 두는 것만으로는 안 되었다. 그보다 더 필요한 것은 무기였다. 만약 연방에서 민병의 무기 소지 권리를 박탈한다면, 제1조 제8절에서 민병에 관해 규정하는 부분은 곧 아무런 효력이 없다는 뜻이나 마찬가지 아닌가?

따라서 제2조 수정 조항을 개정하려면 반드시 제1조 제8절의 민병에 관한 규정도 함께 개정해야 한다. 비록 역사가 발전하는 동안 연방의 권력은 부단히 상승하고 주권州權은 상대적으로 쇠약해졌지만, 미국의 건국 원칙은 여전히 각각의 주가 모여 구성된 합중국이다. 민병 조항 개정은 건국 원칙을 드러내 놓고 흔드는 일이다. 합중국 형식을 바꾼다니, 당연히 지지를 얻기 어렵다.

**헌법은 정부의 권력을 규제하고,
권리장전은 인민의 권리를 보장한다**

헌법 제2조 수정 조항은 단독으로 존재하지 않고 권리장전의 일부에 속한다.

미국의 모든 재외 단체 웹사이트에는('미국재대在臺협회'를 포함해서) 반드시 '미국 입국 기본 문건'란이 마련되어 있다. 여기에 들어가는 문건 중 미국의 건국 정신과 가장 관련 깊어 보이는 것은 독립선언서, 미국 헌법, 권리장전이다. 권리장전은 미국 헌법 수정 조항 제1조부터 제10조까지를 말한다. 미국 헌법은 지금까지 27개의 수정 조항을 통과시켰다. 나머지 제11조부터 제27조까지의 수정 조항은 앞의 10개 조항과 구별되어 '미국 입국 기본 문건'에 포함되지 않는다.

권리장전에는 특수한 역사 배경과 의의가 있다. 1789년, 미합중국의 제1대 의회가 가동되고 처음 한 일이 권리장전에 대해 토론하고, 3분의 2라는 압도적인 표수로 이를 통과시킨 것이었다.

10개의 수정 조항이 하나로 묶여 권리장전이라고 불리게 된 까닭은 여기에 인민의 권리 보장에 관한 내용이 담겨 있기 때문이다. 반대로 생각해 보면 이 수정 조항은 의회의 권력을 제한하고 축소한다. 이제 막 설립된 의회가 다른 일을 제쳐 두고 바삐 착수한 일이 자기 권력의 축소였다. 이는 스스로 손발을 묶은 것이나 마찬가지다. 참으로 이상하지 않은가?

미국 헌법 제1조 제8절은 의회의 관할 사항을 나열한 후에 다음의 말로 끝을 맺는다.

위에 기술한 권한과 이 헌법이 합중국 정부 혹은 각 부문 혹은 그 관료에게 부여하는 각종 권한을 행사하는 데 필요하고 적절한 모든 법률을 제정한다.

이와 대조적으로 권리장전의 맺음말, 즉 수정 조항 제1조의 맺음말은 다음과 같다.

(……) 관련된 법률을 제정할 수 없다.

이미 통과된 헌법에는 의회에서 "필요하고 적절한 모든 법률을 제정한다"라고 되어 있는데, 제1대 의회가 부랴부랴 수정안을 제출해 그 "모든 법률을 제정"할 권력을 취소하고, "제정할 수 없다"는 제한 사항을 덧붙였다. 이렇게 제 이빨을 뽑는 호랑이가 어디 있단 말인가?

한 가지 이유는 헌법에 대한 불만이었다. 비록 헌법이 통과되긴 했으나 여러 주에서 지지표와 반대표의 표차가 매우 근소했다. 이는 높은 비율의 사람이 헌법을 그리 탐탁지 않게 생각하고 있음을 보여 주었다. 헌법 인가를 두고 토론할 당시 재차 등장했던 질의가 헌법에 정부 권력을 안배하는 규정만 있고 인민의 권리를 명확하게 보장하는 내용이 없다는 것이었다.

앞서 말했듯 필라델피아 회의에서 탄생한 헌법은 실제로 정부가 무엇을 할 수 있고 무엇을 할 수 없는지 규범화하는 데에 집중하고 있다. 이는 진보 정신의 발현이다. 서언에서 헌법이 인민 주권에서 출발했으며, 인민의 입장을 대표한다고 못 박고 있는 이상 인민이 무슨 권리를 지니는지는 굳이 규정할 필요가 없었다. 헌법에서 입법, 행정, 사법 부문에 양도 및 위임한다고 명시되지 않은 모든 것이 인민이 지닌 자연적인 권리였다.

이러한 관점과 화법은 당시 대다수 주의 헌법과 달랐다. 주 헌법은 '권리장전'으로 첫머리를 시작했다. 인민이 어떤 절대적 불가침의 권리를 지니는지를 또렷하게 적어 내려가고, 뒤이어 정부 조직에 관한 나머지 규정이 나온다.

반면 미국 헌법에는 짧막한 서언이 한 단락 있을 뿐 '권리장전'이 없었다. 이는 무척이나 허전하게 보였고, 사람들은 도무지 안심을 할 수 없었다.

제1대 의회 의원들은 이러한 불만을 해결해야 했다. 그들이 모여 회의를 열 때까지도 노스캐롤라이나주와 로드아일랜드주가 아직 연방에 가입을 하지 않은 상태였기에 이에 대한 부담도 있었다. 두 개 주의 우려와 반대를 해소할 방법을 찾아서 연방이 가급적 빨리 온전해지고, 분열로 인한 불협화음과 불이익을 피할 수 있도록 해야 했다.

이 의회 의원들은 제1대였기에 각 주 사람의 특별한 관심을 받았다. 사람들은 의원들의 공동체 의식과 충성심을 주시했다. 또한 그들은 차기 선거에 대한 무거운 부담을 지게 됐다. 상원 의원 3분의 1과 하원 의원은 2년 뒤에 차기 선거를 맞이해야 했고, 상원 의원의 다른 3분의 1 역시 4년 후면 선거를 치러야 했다. 상원 의원의 나머지 3분의 1만이 만 6년 임기를 채울 수 있었다. 바꿔 말하면, 유권자의 기억 속에서 잊히기 전에 다음 선거가 다가올 터였다. 유권자는 당연히 어떤 의원이 어떠한 안건에서 어떤 입장을 취했고 어디에 표를 던졌는가를 물을 테고, 이는 당연히 파다하게 퍼질 것이었다.

그때가 되어 권리장전에 반대표를 던진, 인민의 기본 권리를 중요시하지 않는 의원으로 유권자의 기억 속에 남고 싶은 사람은 아무도 없었다. 그리고 제1대 의회는 이후의 의회에는 없을 특수한 부담을 또 한 가지 떠안고 있었다. 이들은 의회가 인민의 신뢰와 위탁을 받을 가치가 있음을 증명해야 했다. 의회는 제도상 정부의 일부였지만, 정신적으로는 일반인과 가장 가까운, 일반인의 공공 대표였다.

각 주에서 헌법 초안을 심의할 당시, 곳곳에서 의혹과 반대의 목소리가 쏟아졌다. 당초 중시되지도 않았고, 게다가 비공개로 이루어졌던 필라델피아 회의가 제헌 회의가 될 자격이 있느냐는 것이었다. 제헌 회의를 다시 한 차례 열어 새로운 토론으로 이전의 필라델피아 회의의 결론을 보충하고 심지어 대체해야 한다는 의견도 끊임없이 제기되었다.

다시 제헌 회의를 열자고 주장하는 이들은 먼저 만들어진 헌법 초안에 권리장전이 빠져 있다는 점을 가장 큰 원인으로 들었다. 모두에게 새로운 재헌 회의를 열 필요가 없음을 납득시키는 직접적이고 효과적인 방법은 제1대 의회에서 가능한 한 빨리 권리장전을 통과시키는 것이었다.

권리장전의 순조롭고 신속한 통과는 실로 입헌에 관한 논쟁을 잠재우는 데에 큰 몫을 했으며, 새로운 의회의 위상을 세우는 데에도 큰 도움이 되었다. 그리하여 새로운 의회가 완수한 첫 번째 사안은 스스로의 권력을 제한하고 인민의 권리를 수호하겠다는 의지를 규정으로 보여 준 일이었다. 입법권과 인민 주권 사이에 충돌이 생겼을 때 의원들이 이기심을 버리고 인민 주권 입장에 서는 편을 택한 것이다. 이러한 의회라면 안심해도 좋았다. 이러한 헌법이라면 지지할 만했다.

인신보호령의 예외와 논쟁

사실 미국 헌법 제1조 제9절에 의회의 입법을 제한하는 내용이 이미 있다.

- 인신보호령에서 보장하는 특권은 반란이 일어나거나 침략을 당한 상황에서 공공의 안전을 위해 필요한 경우를 제외하고는 정지시킬 수 없다.
- 사권 박탈법 또는 소급 적용법을 통과시킬 수 없다.

이는 권리장전의 축소판이다. 필라델피아 회의의 대표들은 이것이 대의 입법권 앞에서 가장 명확한 보호가 필요한 인민의 기본 권리라고 생각했던 것 같다. 제9절에서 말하는 '인신보호령'은 한자로는 그 의미와 중요성을 이해하기가 쉽지 않다. '인신보호령'의 영문 표기는 'Habeas Corpus'로, 구속된 사람은 누구라도 법정에서 법관의 심문과 심판을 받을 권리가 있음을 뜻한다. 이것이 어떻게 '권리'가 될 수 있는가? 이 법령은 법정 혹은 법관이 법률 규정에 따라 집행하는 것이 아니라면 다른 기관 혹은 사람은 어떤 이유로도 사람을 체포하거나 구류할 수 없음을 뜻한다.

이러한 관념은 영국의 법률 체계에서 기인한다. 17세기에 이미 영국인은 이를 근본 권리로 인식하고 있었다. 따라서 미국 헌법에서도 많은 설명을 달지 않고 인신보호령의 논조를 그대로 본떠 사용했다. 다만 당시 미국의 상황에 근거해 예외 조건을 명문화했다. "반란이 일어나거나 침략을 당한 상황에서 공공의 안전을 위해 필요한 경우를 제외하고는."

이 예외 조건으로 오랫동안 매우 큰 논쟁이 야기됐는데, 이러한 논쟁은 미국에서만 일어난 것이 아니었다. 누군가 다른 기관이나 힘에 강제 구류를 당하지 않을 권리는 어느 정도로 존중되어야 하는가? 인신보호령을 깨뜨려도 되는 경우, 즉 누군가 법정과 법관의 심판을 거치지 않고 구류 및 수감될 수 있는 경우는 어떤 상황을 말하는가?

미국 헌법에서 말하는 "반란이 일어나거나 침략을 당한 상황에서 공공의 안전을 위해 필요한 경우"란 명백히 전쟁 상황을 가리킨다. 이 예외 조건은 특히 당시 미국의 가장 큰 위협 요소가 본래 식민모국인 영국이라는 점을 염두에 두고 있다. 그렇기 때문에 영국을 지지하거나 영국에 협조하는 자 그리고 전범에 대응할 조건을 남겨 둔 것이다. 이러한 자는 인신보호령의 보장을 받지 않는다. 그러나 이 예외 조건은 다의적이며 해석의 여지가 많아서, 인신보호령이 수호하는 권리에 큰 위협이 되었다.

특히 미국 외에 영미법의 기반에 대한 이해가 부족한 일부 국가에서는 미국 헌법을 따라 인신보호령을 헌법에 넣고도 종종 이 예외 조항을 빌미로 인신보호령의 효력을 사실상 동결시키곤 했다. 가령 타이완 헌법 제2장 '인민의 권리와 의무'에서는 법 앞에서 사람이 평등하다고 규정한 후, 이어지는 제8조에서 다음과 같이 규정한다.

> 인민의 신체의 자유는 마땅히 보장되어야 한다. 현행범의 체포는 법률에서 별도로 규정하는 것을 제외하고, 사법 혹은 경찰 기관을 거쳐 법정 절차에 따라 진행하는 경우가 아니면 체포 및 구금할 수 없다. 법원에 의해 법정 절차에 따라 진행하는 경우가 아니면 심문 및 처벌할 수 없다. 법정 절차에 따라 진행되는 것이 아닌 체포, 구금, 심문, 처벌은 거부할 수 있다.

이 대목은 사실상 인신보호령에 대한 설명이지만, 타이완 헌정 역사에서 진정한 인권 보장의 효력을 지니지 못했다. '동원감란시기 임시조관'•과 '계엄령'••이 이 조문을

• 동원감란시기 임시조관(動員戡亂時期臨時條款). '임시조관'은 반란 평정 동원 시기에 국가 혹은 인민이 긴급한 위기에 빠지거나 재정 경제적으로 중대한 변고를 치르는 경우를 피하기 위해, 총통이 헌법 제39조 및 제43조에서 규정하는 절차의 제약을 받

동결시키기 때문이다. 이 두 가지가 끌어들인 것은 "반란이 일어나거나 침략을 당한 상황에서 공공의 안전을 위해 필요한 경우"라는 예외 상황이다. 그 결과 인신보호령은 허울뿐인 조문이 되었고, 국가 폭력에서 비롯된 각종 불법 체포와 구금이 횡행하면서 사회에는 숨 막히는 그림자가 드리워졌다.

미국 역시 예외 조건으로 빚어진 부작용을 완전히 면할 수 없었다. 2001년 9·11테러가 발생한 후, 당시 미국 대통령 부시는 '반反테러리즘'anti-terrorism을 '대對테러전'The fight against terrorism으로 끌어올려, 헌법에 들어 있는 인신보호령의 권리 보장을 피해 갔다. 미국 정부는 전쟁과 공공의 안전을 명목 삼아 전범 혹은 테러 조직에 연루 및 협조했을지도 모르는 사람을 심판 없이 즉시 체포 및 구금했으며, 구금 기간 동안에 조사 및 심문을 진행했다. 인신보호령의 보장을 받지 못한 수감자를 수용하는 특별 감옥●●●도 세웠다.

지 않는다고 규정한다. 헌법 제39조와 제43조에서는 대통령이 계엄을 선포하거나 긴급 명령을 발포하려면 반드시 입법원의 동의 혹은 추인을 받아야 한다고 규정한다.

●● 1949년 5월 19일 타이완성 주석이자 타이완성 경비총사령이었던 진성(陳誠)은 '타이완성 경비총사령부 포고 계자 제1호'를 공고했다. 이것이 우리가 흔히 말하는 '타이완성 계엄령'이다.

●●● 미국에서 세운 특별 감옥 중 가장 유명한 곳은 2002년 쿠바 관타나모만에 설립된 미국 해군기지 안의 수용소다. 당시 국방부 장관이었던 도널드 럼즈펠드는 관타나모 수용소가 '특별 위험 인물'을 구금하기 위한 시설이지만, 수년간 수감자 자살과 무고자 구금 사건이 여러 차례 발생했다고 밝혔다. 오바마는 대통령에 부임한 후 이 수용소를 폐쇄하고자 했으나, 의회의 반대에

미국 정부의 이러한 조치는 자유파 인사의 강렬한 반대와 반박을 불러일으켰지만 부시는 집정 기간 동안 한 치도 물러나지 않았다. 새로 정권을 잡은 오바마 역시 지금껏 특별 감옥을 닫고 인신보호령의 권리 보장을 관철하겠다는 선거 공약을 실현하지 않고 있다. ●●●● 결국 미국 헌법에서 해석의 여지가 많은 한 조항이 이렇게 행정권이 재량껏 헌법을 해석하고 처리하도록 만든 셈이다.

의회 입법에 대한 또 하나의 명확한 제한은 소급 적용법과 사권 박탈법 통과 금지 조항으로, 이 역시 영국에서 이미 형성된 기본 법률 관념을 글로 나타낸 것이다. 누구든 반드시 법률을 이해할 권리를 가져야 법을 지킬 수 있다. 그리하여 영국의 법률에는 두 가지 기본 규범이 있다. 첫 번째는 비밀 입법을 해서는 안 된다는 것이다. 모든 법률은 사람들이 언제든 찾아볼 수 있도록 공개된 형식을 갖추어야 한다. 두 번째는 지나간 일에 소급하는 법률을 제정할 수 없다는 것이다. 즉 오늘 통과된 법률은 오늘 이후부터 발효될 뿐, 과거로 거슬러 올라가 오늘 이전에 있었던 행위를 규제할 수 없다는 뜻이다.

이 두 가지 규제의 의도는 입법으로 일부러 누군가에게 죄를 씌우는 일을 방지한다. 법률 규제가 존재해도 내가 알

부딪혀 그만 두었다.
●●●● 2018년 현재 미국 대통령은 도널드 트럼프다.

길이 없다면 어떻게 법에 어긋나는 일을 피한단 말인가? 오늘 지금의 법률에 합법인 일을 했는데, 다음날 법률이 바뀌어서는 지난 일을 소급해 전날 내가 한 일이 위법이라 말한다고 생각해 보자. 이런 연유로 나를 잡아가고 내게 징벌을 내리는 것이 합리적인가? 이런 법률을 누가 신임할 수 있겠는가? 또 누가 이런 변덕스러운 법률을 준수하는 시민이 되겠는가?

미국 헌법 제1조 제5절은 이미 다음과 같이 규정한다. "각 원은 의사록을 작성하고 (……) 이것을 수시로 공표해야 한다." 의사록조차 공표해야 한다고 하니, 비밀 입법 문제는 이것으로 해소된다. 따라서 제9절에서는 지난 일에 소급하여 적용할 수 없다는 점만 언급한다.

한편, 의회가 법적으로 성립되는 근거가 인민 주권에 있기 때문에 의회의 주인은 이치상 인민이다. 따라서 의회는 인민 주권을 제한하는 법안을 통과시킬 수 없다. 인민의 정치 권리를 박탈하는 사권 박탈법은 의회가 인민 주권에 대한 책임을 회피하는 수단으로 쓰일 수 있으므로, 이 수단을 의회에 넘겨주지 않기 위해 특별히 제거한 것이다.

그때의 상황에서 바라보면, 미국 헌법 제1조 제9절에서 '제정할 수 없는 법률'을 제약으로 두고 있음에도 수많은 사람이 불충분하다며 더욱 명확한 권리장전이 있어야 한다고 고집했던 이유가 한 가지 더 있다. 이 인민 권리 보장에 관한 내용은 독립된 조는커녕 독립된 절조차 이루지 못한 채 그저 제9절의 일개 항에 속해 있었다. 게다가 제9절에는 주와 주 사이의 상호 관계를 제한 및 규제하는 내용도 있었다. 인권 보호에 관한 대목은 그 속에 묻혀서 눈에 띄지 않았고, 받아 마땅한 숭고한 지위를 잃어버렸던 것이다.

연방은 하나의 이로운 경제 무역 체계다

미국 헌법 제1조 제9절의 다른 부분이다.

- 각 주에서 수출하는 물품에 조세 또는 관세를 부과할 수 없다.
- 통상 또는 세무에 관한 어떠한 규정도 특정한 주의 항구에 특혜를 베풀 수 없다. 또한 어느 주에 도착 예정이거나 어느 주를 출항한 선박을 다른 주에서 강제로 입·출항 수속을 하게 하거나 관세를 지불하도록 강제할 수 없다.

뒤에 나오는 제10절의 조문과 함께 보면 다음과 같다.

- 각 주는 조약, 동맹 혹은 연합을 체결할 수 없고, 나포 면허장을 수여할 수 없으며, 화폐를 주조하거나 신용 증권을 발행하거나 금화 및 은화 이외의 것을 채무 상환의 법정화폐로 지정할 수 없고, 사권 박탈법, 소급 적용법 또는 계약 의무에 해를 주는 법률을 제정할 수 없으며, 귀족 작위를 수여할 수 없다.
- 각 주는 의회의 동의 없이 수입품 또는 수출품에 공과금 또는 관세를 징수할 수 없다. 단 검사법을 집행하기 위해 절대적으로 필요한 경우는 제외한다. 수입품 또는 수출품에 징수한 모든 공과금이나 관세의 순수입은 합중국 국고에 제공해야 한다. 의회는 이런 종류의 모든 법률을 개정하고 규제할 권한을 가진다.

조문이 무척 길지만, 기본 정신과 의도는 매우 단순하고 분명하다. 연방이 성립되면 이전에 주와 주 사이에 존재하던 무역 장벽은 연방의 감독 아래 허물어질 것이다. 13개 주가 통합되기 쉽지 않았던 데에는 각 주의 경제 생산 형태의 차이가 컸던 점도 한몫했다. 가령 필라델피아, 뉴욕 등 주요 항구가 있는 펜실베이니아주와 뉴욕주는 종종 자기 주를 드나드는 화물에 무거운 세금을 매기곤 했다. 이는 농산물 수출에 의지하는 남부의 주에 큰 부담을 지웠다. 이런 농업 기반의 주가 상업 기반의 주에 반격하는 방법은 자체 제조 화폐로 비용을 지불하는 것이었다. 어떤 경우에는 이로 인해 주의 화폐가 평가절하되어도 신경 쓰지 않았다.

미국 헌법에는 연방이 성립되면 주와 주 사이의 무역 및 재무 관련 충돌이 크게 줄어들 것이라는 기약이 담겨 있다. 주와 주 사이의 수출입 세금은 의회에서 제정하고, 주와 주 사이의 재무 거래에는 연방이 주조한 화폐만 사용할 수 있다. 각 주의 의회도 다른 주에 대한 계약 의무 이행을 더는 일방적으로 거부하지 못한다. 이는 틀림없이 각 주 경제 무역의 번영을 촉진할 것이었다. 동시에 연방의 성립으로 유럽의 다른 국가에서는 비로소 어떻게 미국과 경제 무역 교류를 터 나갈지 알게 될 것이며, 각 주의 불합리한 관세 규정으로 미국에 수출입 제한 보복을 가하는 일도 없게 될 것이었다. 그리고 비교적 견실한 조직인 연방을 믿고, 기꺼이 건국 초기의 미국이 필요로 하는 방대한 자금을 마련해 줄 수 있을 것이었다.

미국 헌법의 이런 기약은 연방의 성립에 동의하고 연방에 합류했을 때 어떤 실질적 이익을 얻을 수 있는지를 각 주에 분명하게 알려 주었고, 훗날 각 주의 헌법 심의 회의에 큰 영향을 발휘했다. 연방에 대한 우려가 아무리 깊어도, 헌법 조항에 대해 아무리 할 말이 많아도 연방 합류를 거절하면 이 새로운 경제 무역 체계에서 소외될지 모른다는 실리적 계산 아래, 수많은 주에서 결국 헌법 초안을 통과시키고, 연방에 적극적으로 합류해야 한다고 결정했다.

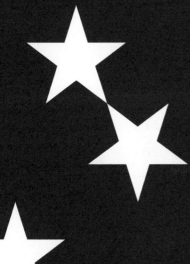

헌법이
공직자의 종교다

대통령의 권력은 의회가 아닌 헌법에서 나온다

미국 헌법 제2조 제1절 첫머리의 번역문은 다음과 같다. "행정권은 미합중국 대통령에 속한다." 언뜻 보기에는 제1조 제1절의 첫머리, "이 헌법에서 부여하는 모든 입법권은 합중국 의회에 속한다"와 별반 다를 것 없이 권력의 귀속을 규제하는 듯하다. 그러나 영어 원문을 보면, 두 첫머리의 용어 선택에 미묘하되 핵심적인 차이가 있다.

제1조에서는 다음과 같이 말한다.

All legislative Powers herein granted shall be vested in a Congress of the United States, (...)

제2조는 다음과 같다.

The executive Power shall be vested in a President of the United States of America. (...)

이 둘을 대조해 보면, 입법권을 규제하는 제1조에는 행정권을 규제하는 제2조에 없는 "All (……) herein granted"라는 말이 더해졌다. 번역하면 "이 헌법에서 부여하는 모든 (……)"이다. 번역문의 액면을 보면 '모든' 입법권은 의회에 속하는데, '모든' 행정권이 대통령에게 속한다고 말하지는 않기에 헌법이 행정권에 대한 권한 부여를 유보한 듯한 느낌이 든다. 하지만 원문의 본뜻은 이와 정반대이다. "All (……) herein granted"는 의회가 가지는 모든 입법권이 헌법 제1조 안에 조목조목 나열되었다는 것을 나타낸다. 헌법이 대표하는 인민 주권이 의회에 준 권력은 이게 전부다. 반면에 헌법 제2조의 행정 권한은 나열하는 방식으로 쓰이지 않았다. 행정권의 범위와 크기는 의회의 입법권에 비해 훨씬 탄력적이었다.

제1조가 미국 헌법에서 가장 긴 조항인 이유가 여기 있

다. 제2조 조문은 그에 비해 다해야 네 개의 절뿐이며, 길이도 제1조의 절반조차 못 미친다. 제1조는 합중국 의회에 속하는 모든 입법권을 빠짐없이 밝혀야 하기 때문에 길 수밖에 없고, 제2조는 대통령에게 부여하는 행정 권력을 굳이 길게 나열할 필요가 없다.

이러한 기술 방식의 차이가 생긴 데에는 그럴만한 배경이 있었다. 당시 북미는 아직 독립전쟁 후의 불안정한 상태였다. 필라델피아 회의의 대표들은 13개 주가 혼란을 면하고 안정을 찾으려면 수시로 작동 가능한 정부가 필요하며, 13개 주 안팎의 정세 변화에 언제든 대응할 방법이 있어야 한다는 사실을 분명히 알고 있었다. 기존의 연합은 제대로 된 해결 방안이 되지 못했다. 연합에는 지속적이고 고정된 행정 역량이 없었다. 북미의 정세는 정해진 시간에만 회의를 여는 정치 시스템으로 처리할 수 있는 것이 아니었다.

미국 헌법은 대통령에게 큰 권력을 부여한다. 대통령이 군사, 행정, 검찰에 대한 권한을 가지며, 의회가 휴회하는 동안 현존 법률을 위배하지 않는다는 조건 아래 필요한 조치를 취할 수 있다고 규정한다. 의회에는 회기가 있지만 대통령은 언제나 재위 중이라는 사실을 고려해, 헌법이 대통령에게 '임시 입법권'을 부여한 것이다. 의회가 즉시 기능을 발휘할 수 없을 때 대통령이 임시로 새로운 법을 제정하거나 조약을 체결할 수 있다. 이 임시법은 나중에 의회가 열리면 의회로 회부되어 심의를 받아야 한다.

13개 주의 식민모국이었던 영국은 국왕이 취임할 때 반드시 "의회가 동의한 법령에 의거해" 정치를 시행할 것을 선서하고 다짐한다. 이에 반해 미국 헌법에서 정한 대통령 선서문은 대통령에게 '의회에 복종'할 것을 요구하지 않는다. 미국 대통령 선서문에는 "최선을 다하여 합중국 헌법을 보전하고 보호하고 수호할 것을 엄숙히 선서(또는 확약)한다"라고 되어 있다. 대통령 권력의 궁극적 원천은 하느님도 아니고 의회도 아니며 인민 주권을 대표하는 헌법이다. 물론 대통령은 의회에서 제정한 법률을 위배할 수 없다. 대통령의 권력은 어디까지나 의회가 제정한 법률을 집행하는 것이다. 그러나 첫째, 대통령은 의회가 휴회할 때 '임시 입법권'을 가진다. 둘째, 의회가 내미는 법률을 대통령이 무조건 받아들이고 절대 복종해야 하는 것은 아니다. 대통령은 부결권을 가지고 있으며, 독립적으로 헌법에 의거해 판단했을 때 위법인 법률은 집행을 거부할 수 있다.

미국 대통령을 뭐라고 불러야 할까?

사실 미국 헌법이 대통령에게 부여한 엄청난 권한에 대통령이라는 직함은 걸맞지 않다. 번역어인 '대통령'이든 영어의 'President'든 지금은 모두 지고한 지위와 권력을 의미한다. 필라델피아 회의에서 미국 헌법을 제정할 당시에는 전혀 그런 의미가 아니었다는 것을 이해하기 무척 어려울 정도도.

본래의 초안을 보면, 행정 부문 조문의 초안을 작성한 존 애덤스는 연방의 행정 수장을 'President'가 아닌 'Governor'라고 명명하고 있다. 토론 중 누군가가 'President'라는 명칭을 채택하자고 주장했을 때 애덤스는 비웃듯이 말하기도 했다. "소방대에도 'President'가 있고, 크리켓 동호회에도 'President'가 있는데요!"

그러니까 'President'는 너무 평범했던 것이다. 이 단어로는 합당한 존엄의 높이를 담지 못했다. 1787년 헌법이 제정될 때 13개 주 가운데 10개 주가 주의 최고 수장을 'State Governor'라고 부르고 있었고, 3개 주만이 'State President'라고 부르고 있었다. 게다가 그중 펜실베이니아

주의 'President'는 13개 주의 최고 수장 중에서 권한이 가장 작았다. 그가 하는 일은 주 의회 회의 주재에 불과해 행정 수장이라기보다는 회의 의장에 더 가까웠다. 나머지 2개 주, 델라웨어주와 뉴햄프셔주의 'President' 역시 나을 것이 없어 보였다. 이에 반해 권한이 비교적 크고, 독립적으로 행정권을 행사할 수 있는 자는 모두 'Governor'였다. 그중에서도 권한이 가장 컸던 이는 바로 애덤스가 속해 있던 매사추세츠주의 'Governor'였다.

그러나 필라델피아 회의에서는 더 합리적인 'Governor'를 버리고 'President'를 채택했다. 가장 주요한 이유는 도리어 'President'라는 말이 상대적으로 그리 높게도 그리 대단하게도 들리지 않아 각 주에 자극과 위협이 되지 않으리라 여겨졌기 때문이다.

또한 수장을 'President'로, 의회를 'Congress'로 부르는 두 명칭을 모두 연합에서 따옴으로써 연합에서 연방으로 이어지는 일종의 연속성을 형성할 수 있었다. 이 연속성은 애초에 연합의 개선을 위해 열렸던 필라델피아 회의가 왜 나중에는 연방을 만들었는지를 설명하고, 새로운 정치 체제에 대한 각 주의 경계와 불신을 누그러뜨렸다.

하지만 당시 어감으로 'President'는 너무도 번듯하지 못했다. 1789년 제1대 의회 회의가 열린 후에도 많은 시간을 들여 미국 대통령을 어떻게 불러야 적합할지를 토론했을 정도였다.

고안을 맡은 상원 특별 위원회가 내놓은 제안은 다음과 같았다.

His Highness, the President of the United States of America, and Protector of their Liberties

그럭저럭 번역을 하자면 다음과 같다.

미국의 대통령 폐하, 인민 자유의 보호자

제안이 회의에 회부되었고, 대부분의 상원이 이를 앞으로 미국 대통령을 부르는 정식 칭호로 받아들이는 추세였다. 그러나 정식으로 투표를 하기 전에 일부 의원이 강력한 반대 의견을 냈다. 가장 힘이 실린 것은 새로 성립된 미국 헌법 제1조 제9절의 규정을 끌어온 의견이었다.

합중국은 어떠한 귀족 작위도 수여하지 않는다. 합중국 정부에서 유급직 혹은 위임직에 있는 자는 누구라도 의회의 승인 없이 어떠한 국왕, 왕족 또는 외국으로부터 종류를 막론하고 선물, 봉급, 관직 또는 작위를 받을 수 없다.

대통령을 만나서 '미국 대통령 폐하, 인민 자유의 보호자'라고 부르는 것은 사실상 왕조시대에 국왕을 알현할 때와 비슷하다. 북미의 13개 주는 왕권과 귀족을 견딜 수 없어서 일어나 영국에 저항하고 새로운 합중국을 건립한 것이 아니던가?

이러한 논지는 'President'라는 칭호가 너무 초라하다는 원래의 견해를 눌렀다. 의회는 이에 대한 토론을 그만두었다. 이때부터 미국 대통령의 정식 칭호는 습관이 천성이 되듯 평범하고 평등하기 그지없는 '미스터 프레지던트'Mr. President로 굳어졌다.

대통령과 의원의 임기는 적절한 비례를 이루어야 한다

미국 헌법이 제정될 때, 주지사가 주 의회 입법에 부결권을 가진 주는 13개 주 가운데 둘뿐이었다. 그중 한 곳인 뉴욕주에서는 주지사가 의회의 입법을 부결시키려면 반드시 별도로 심의회를 개최해야 했다. 주의 법관들이 출석해야 했으며, 회의에서 다수결로 통과되어야 부결이 발효되었다. 매사추세츠주의 주지사만이 미국 대통령과 동등한 효력의 부결권을 가져, 스스로의 판단에 의해 의회의 법안을 부결시킬 수 있었다. 물론 의회가 대통령의 부결을 다시 뒤집을 수도 있지만, 이는 절대다수인 의회 의원의 3분의 2가 찬성해야 성립되었다. 1789년 헌정을 실시한 후 1845년이 되어서야 미국 역사상 처음으로 의회가 3분의 2의 표수를 충족해 대통령의 부결을 뒤집은 사례가 나왔다.●

부결권을 놓고 보면 매사추세츠 주지사와 미국 대통령의 권한 크기는 같다. 하지만 권한의 한 가지 요소는 매사추세츠 주지사가 미국 대통령에 한참 못 미친다. 매사추세츠주의 헌법이 규정하는 주지사의 임기는 겨우 1년이다. 이에 비해 미국 헌법은 대통령에게 후하게도 4배 더 긴 임기를 주었다. 오해는 말자. 매사추세츠주의 헌법이 그들의 주지사를 유난히 불신한 것이 아니다. 당시 북미 각 주에서 주지사의 임기는 1년이 일반적이었다. 13개 주 가운데 무려 10

● 의회와 사이가 좋지 않았던 제10대 대통령 존 타일러(John Tyler)는 1841년부터 1845년까지의 임기 중에 10개의 의회 법안을 부결했다. 그중 밀수 감시선에 관한 법안은 큰 표차로 의회에서 뒤집혔다. 이는 역사상 처음으로 대통령의 부결이 뒤집힌 사례가 되었다.

개 주가 매년 주지사를 새로 선발했다.

오늘날의 미국인, 아울러 민주 제도 아래 살아가는 수 많은 사람은 해마다 대통령이나 주지사를 선발하는 경우를 상상하기가 어려우리라. 여러분은 대통령이나 주지사의 4년 임기를 당연하게 여길 것이다. 많은 국가의 의회에서, 가령 타이완 입법원의 경우 입법 위원의 임기 역시 대통령과 같이 4년으로 한다. 아무리 짧아도 미국 하원처럼 임기를 2년으로 정해 두었다.

이제 막 독립전쟁을 끝낸 미국은 그럴 수 없었다. 영국 통치에 저항할 때 북미 식민지에서 유행하던 구호가 있었다. "연례 선거가 끝나는 곳에서 폭정이 시작된다."Where annual elections end, tyranny begins. 1년 주기의 선거는 군주의 폭정에 저항하는 데 없어서는 안 될 수단으로 여겨졌다.

그러므로 당시 상황에서는 주지사의 임기가 짧은 것이 아니라 미국 헌법이 대통령에게 이례적인 임기를 준 것이었다. 왜 대통령의 임기가 그렇게 길어야 했을까? 무엇보다 중요한 이유는 역시 행정권과 입법권 사이의 견제와 균형이었다. 행정 수장의 임기는 의회 의원의 임기와 적절한 비례관계를 이루어야 한다.

행정권과 입법권의 구별과 분배는 새로운 미국 헌법

과 전에 있던 연합규약의 가장 큰 차이점이었다. 연합규약에서는 주의 대표 자격을 가진 사람만이 연합 의장_{President}을 맡을 수 있다고 규정한다. 이 의장이 입법과 행정, 이중 신분을 겸임하는 것이다. 그는 입법 회의 주관이라는 주요 임무와 더불어 관련 법률을 집행한다. 이러한 안배는 영국의 의회와 비슷하다. 그러나 의장은 영국 수상에게 있는 독립된 행정 기관을 갖추지 않았다. 그 결과 당연히 행정적으로는 아무런 권한이 없었다.

미국 헌법은 완전히 다른 노선으로 나아갔다. 제1조 제6절에서는 다음과 같이 겸직을 제한한다.

> 합중국의 공직에 있는 자는 재직 기간 중에 양원의 어느 의원을 맡을 수 없다.

대통령만 의회 의원을 겸임하지 못하는 것이 아니라 정부 공직에 있는 모든 이, 즉 행정 기관에 소속된 이는 누구도 의회 의원을 겸임할 수 없다. 그 논리는 매우 명확하다. 행정권과 입법권이 뒤섞여서는 안 된다는 것이다. 입법권은 행정권을 감독한다. 행정 관료의 행정 책임에 대한 최후의 심판은 의회의 탄핵이다. 만약 한 사람이 행정과 입법,

두 가지의 직위를 겸할 수 있다면, '선수가 심판을 겸하는' 불합리한 상황이 생길 수 있다.

앞서 말한 바 있듯이 각 주 의원이 먼 거리를 오가는 데 걸리는 시간과 외교 경험의 누적이 필요하다는 점을 고려해서 미국 헌법은 하원 임기를 2년으로 정했고, 상원에게는 장장 6년에 달하는 임기를 부여했다. 2년, 6년 임기의 입법 감독에 상응할 행정 수장의 가장 합리적인 임기는 그 중간값인 4년이었다.

1787년, 모두에게 "연례 선거가 끝나는 곳에서 폭정이 시작된다"라는 구호에 대한 기억이 생생할 때였다. 그런 시점에서 대통령의 임기를 4년으로 삼자는 주장을 제기하는 일은 고도의 위험을 안고 있었다. 이는 연방 대통령에게 군주처럼 폭정을 할 권력을 주겠다고 공공연하게 표명하는 것이 아닌가? 각 주가 헌법 초안을 심의할 때, 대통령의 임기를 4년으로 한다는 이 대목이 반대자에게 가장 강하고 설득력 있는 언질을 제공해 주었다.

이런 점에서 우리는 필라델피아 회의 대표들이 연방 행정 수장을 'President'라고 칭한 전략의 효과를 좀 더 깊이 이해할 수 있다. 'Governor'가 아닌 상대적으로 권력이 작고 지위가 낮은 'President'를 선택함으로써 각 주 인민의 경계와 적의를 누그러뜨렸다. 또한 'President'라는 칭호는 사람들에게 당시 미국 전역에서 가장 저명한 'President'였던 사람을 떠올리게 했다. 바로 필라델피아 회의에서 의장을 맡은 조지 워싱턴이다.

필라델피아 회의에서 각 주의 심의 회의에 이르기까지, 대부분의 사람이 장차 헌법이 통과되면 헌법 초안의 성사를 성공적으로 주재한 'President' 워싱턴이 연방의 제1대 'President'에 당선 및 임명되리라 예상했다. 이러한 예상은 장장 4년에 달하는 대통령 임기에 대한 사람들의 우려를 해소하는 데에 큰 도움이 되었다.

또한 "연례 선거가 끝나는 곳에서 폭정이 시작된다"라는 구호를 기억하는 사람은 다른 한 가지 사실도 기억하고 있었다. 독립전쟁의 공적이 찬란한 워싱턴 장군이 전쟁이 끝나자 두말없이 그가 가진 막대한 군사 권력을 새로 수립된 연방에 넘겨주고, 어떤 권력도 남겨 두지 않은 채 홀로 자신의 전원으로 되돌아간 사실 말이다. 이 일은 온 북미에 충격으로 다가왔다. 사람들이 자신의 머릿속에 보존된 역사 자료를 아무리 뒤져도 이토록 큰 군사 권력을 자진하여 내놓은 전례는 찾아낼 수 없었다.

더욱 잊을 수 없는 일이 또 있었다. 만약 워싱턴 장군이 필라델피아 회의의 의장을 맡지 않았더라면, 누가 이 회의에 기대를 걸었겠는가? 워싱턴 장군의 참석과 주재만으로 필라델피아 회의는 중요한 회의로 변했다. 각 주는 우수한 인선으로 대표를 파견해 회의에 참여해야 한다는 압력을 느꼈고, 지명되거나 추천받은 대표 역시 참석하지 않을 구실을 찾지 못했다.

워싱턴이 제1대 대통령 자리에 앉자 모두들 4년 임기에 개의치 않게 되었다. 심지어 그가 더 오래 맡아 주기를 바라기도 했다. 미국 헌법은 대통령 임기를 4년으로 제한하고 있지만 재선과 연임에는 어떤 제한도 두지 않는다. 그렇다면 연임 횟수에 제한을 두어야 할까? 이 문제는 이미 필라델피아 회의에서 토론한 바 있는데, 회의에 참석한 대표들이 최종적으로 제한을 두지 않는 데에 설득된 것 역시 당시 미국의 현실 상황을 헤아린 결과였다.

대통령은 연방의 외교를 책임져야 한다. 미국의 외교에서 가장 주요한 상대는 유럽이었다. 18세기의 유럽은 대부분 군주 국가였다. 미국 대통령이 상대할 이는 평생 선거를 치를 필요가 없는 군왕이었던 것이다. 누구는 한번 자리에 오르면 그 자리를 평생 맡는데, 미국 대통령은 8년 혹은 12년만 맡을 수 있도록 규정한다면, 그리하여 자리에서 물러날 때를 모두가 훤히 알고 있다면, 그들이 미국 대통령을 대수로 여기겠는가? 평등한 외교 지위와 예절로써 그를 대하겠는가?

가장 좋은 안배는 이러했다. 대통령직에 임기를 두고, 임기가 만료되면 반드시 유권자에게 재검증을 받도록 한다. 대통령은 지지를 받기만 한다면 계속 자리를 유지할 수 있다. 그는 군왕과 매한가지의 지위와 재위 기간을 가질 수 있다. 그러나 4년에 한 번 치르는 선거라는 검증 아래에서 그가 독단적인 군왕으로 변질될 일은 없다.

필라델피아 회의에서도 이러한 안배의 또 다른 장점이 언급된 바 있다. '퇴직 대통령' 문제를 줄여 준다는 것이다. 그 시대에 '퇴직 군왕'은 모든 사람에게 상상할 수 없는 것이었음을 짚고 넘어가야겠다. 수백 년 동안 군왕이 자리에서 물러나는 경우는 두 가지 상황뿐이었다. 사망이 아니면 추방이다. 현존하는 군왕이 물러난 다음에도 그 나라에서 자유롭게 살아간 전례는 없었다. 만약 미국 대통령에게 연임 제한이 있다면, 이는 곧 일정 시간이 지나면 필연적으로 여러 명의 '퇴직 대통령'이 이 사회에서 살아가게 된다는 것을 의미했다. 이 얼마나 끔찍한 문제인가!

각 주는 이런 점을 예상하고 미국 헌법을 통과시켰으며

연방 가입에 동의했다. 워싱턴은 장차 제1대 대통령을 맡을 것이며, 그의 명망과 인격이라면 죽는 날까지 계속 그 자리에 재선되어 연임할 수 있을 것이었다. 이러한 예측은 대통령 자리에 대한 각 주의 우려를 크게 감소시켰다.

1797년 두 번의 대통령 임기를 마친 워싱턴이 더 이상의 연임을 포기하고 사퇴하겠다고 선포했을 때, 전미가 또 한 번 깜짝 놀랐다. 워싱턴 같은 사람조차 대통령을 두 번만 맡기를 원하고 또 두 번만 맡을 수 있다면, 그 뒤에 미국 대통령이 되는 이들이 무슨 근거로 그보다 오래 자리에 앉아 있겠는가? 이리하여 미국 대통령은 많아야 한 차례 재선되어 연임하는 것이 관례가 되었다. 1940년 프랭클린 루스벨트가 이 관례를 깨고 세 번째로 당선될 때까지 말이다.● 루스벨트 역시 미국 역사상 전무후무한 독특한 경우다. 1951년, 미국 대통령의 재선 및 재임은 한 번만 가능하다는 제22조 수정 조항을 통과시킨 사람이 바로 루스벨트였기 때문이다.

● 루스벨트는 세 번째 임기를 마치고 1944년에 네 번째 연임에도 성공했는데, 얼마 지나지 않은 1945년 4월 12일 뇌출혈로 임기 중에 세상을 떠났다.

후손이나 가족을 위해 대통령 권력을 남용하지 않는다

내가 어려서 영어를 배울 적에 잘한 일이 한 가지 있는데, 당시 홍차오서점虹橋書店에서 펴낸 작은 책 한 권을 열심히, 꼼꼼하게 읽은 것이다. 책에는 역대 미국 대통령의 취임 연설문이 수록되어 있었다.

당선된 미국 대통령은 아무리 지식과 문장력이 없어도 어떻게든 자신의 취임 연설문을 힘차고 지혜롭게 들리도록 만들어야 했다. 그의 막료와 문장가 들은 그를 대신해 분명히 아주 조심스럽고 신중하게 연설문의 원고를 준비했으리라. 잘 쓴 글이든 그렇지 못한 글이든, 이 원고가 장차 역사 문헌이 되어 오랜 시간 동안 남겨질 것임을 모두가 알고 있었기 때문이다.

이러한 의식을 가지고 쓴 연설문은 반드시 규범적이다. 그러면서도 새로 취임하는 대통령이 실제로 읽을 원고이기에 지나치게 문어체여서도 안 되고, 일정 부분에 필히 구어체를 사용해 친근감을 지녀야 하며, 발음할 때의 억양에도 신경을 써야 한다. 이런 글은 고상하다 못해 난해한 말로 가득해서도 안 되고, 저속한 표현 방식이 등장할 만큼 툽상스

러워서도 안 된다.

18세기 말에서 19세기까지를 통틀어, 타일러 대통령 한 사람을 제외한 모든 미국 대통령은 취임 연설사에서 반드시 헌법을 언급했다. 이는 제1대 대통령 워싱턴 때부터 굳어진 관례다. 워싱턴은 연설문에서 헌법의 중요성을 거듭 강조하고, 헌법이 대통령에게 부여한 권력과 책임에 대한 그의 이해를 술회했다.

워싱턴의 첫 번째 취임 연설문은 중요한 역사 문헌이다. 훗날 역사가가 워싱턴의 기록들 사이에서 그의 초고를 찾아냈다. 초고는 최종 원고보다 훨씬 길었다. 이는 워싱턴이 얼마나 경건하게 대통령직을 대했는지를 보여 준다. 초고에는 결국 세상에 공개하지 않았던 그의 진실한 심경이 담겨 있다.

워싱턴의 취임 연설문 초고에는 이런 부분이 있다.

the Divine Providence hath not seen fit, that my blood should be transmitted or my name perpetuated by the endearing, though sometimes seducing channel of immediate offspring. I have no child for whom I could wish to make a provision—no family to build in greatness upon my country's ruins. (...)

다소 복잡한 문장이라 적절하게 번역하기가 쉽지 않다.

하늘은 제게 핏줄을 잇거나 이름을 물려줄 사랑스러운, 때로는 큰 유혹이 되기도 하는 후손을 허락지 않으셨습니다. 제게는 뭔가를 해 줄 아이가 없습니다. 나라를 망가뜨려서라도 부귀영화를 바칠 가족이 없습니다.

이어지는 문장이다.

No (...) earthly consideration beyond the hope of rendering some little service to our parent Country, that could have persuaded me to accept this appointment.

미력이나마 보태 국가에 봉사하고자 하는 바람 외에, 이 임명을 받아들이도록 절 설득시킨 다른 세속적인 고려는 없었습니다.

이 말에는 비애가 담겨 있다. 워싱턴은 정말로 자녀가

없었다. 양자 삼았던 아들마저도 그가 대통령에 당선됐을 때는 이미 세상을 떠난 뒤였다.● 동정을 얻기 위해 워싱턴이 취임식에서 삶의 여한을 언급한 것은 아니었다. 헌법 정신을 놓고 보자면, 그에게 아이와 가족이 없다는 사실이 특별한 가치와 의의를 지닌다는 점을 그는 잘 알고 있었다.

필라델피아 회의의 대표 절대다수가 워싱턴을 당연히 제1대 대통령의 적임자로 보았다. 이렇게 압도적으로 의견이 일치된 데에는 워싱턴에게 아들이 없다는 사실도 영향을 끼쳤다. 각 주에서 제헌 회의를 진행할 때, 이 사실은 연방주의자 사이에서 유리한 조건으로 간주되어 귓속말 형태로 퍼져 나갔다. '헌법을 시행한 후에 북미의 새 국가에서 유럽과 같은 황제가 나올지 모른다는 걱정은 하지 마세요. 헌법이 통과되면 분명 모두가 존경하는 워싱턴이 대통령이 될 텐데, 그의 정직과 사심 없는 마음을 못 믿겠다는 사람이 있습니까? 심지어 그는 아들도 없는데 무슨 왕조를 세우겠습니까? 워싱턴도 황제가 되지 않는데 후임자 중에 누가 감히, 누가 능히 그러겠어요?'

당시 사람들은 워싱턴이 계속 연임하여 대통령을 맡으리라 예상했다. 그가 죽는 날까지 대통령을 맡는다고 해도

● 워싱턴은 27세에 동갑의 과부 마르타 커티스를 아내로 맞이했다. 두 사람 사이에서 태어난 아이는 없었지만, 워싱턴은 마르타와 전남편 사이에서 태어난 두 자녀를 입양했다. 유일한 양자였던 존 파커 커티스는 1781년 독립전쟁 기간 중에 유행성 발진티푸스에 감염되어 세상을 떠났다. 향년 26세였다.

존재하지 않는 아들에게 권력을 물려줄 수는 없으니 세습 왕조 문제가 생길 리 없었다.

　워싱턴은 이런 이야기가 퍼져 나간다는 것을, 이 요소가 헌법의 성립과 연방의 창립에 끼쳤던 긍정적인 힘을 의식했다. 그 때문에 이것이 바뀌지 않을 약속이며, 인민들은 연방과 헌법이 정하는 연방 행정권에 대해 더 안심해도 된다는 것을 취임 연설에서 분명하게 밝히고자 했다.

　'나에게 주어진 이 권력을 사심 없이 사용할 것이다. 어떤 이유로도 어떤 유혹에도 개인적인 이익을 추구하기 위해 권력을 사용하지 않겠다.' 이것이 워싱턴이 전하고자 했던 말이다. 그는 초고에서 아들이나 가족의 영광을 위해 마음이 흔들릴 일이 없다는 점 외에도 자신이 장군 직위에서 내려온 후 한가하게 지내던 생활을 술회하여 그가 물질적으로 전혀 결핍되지 않은 상황임을 보여 주었다. 이 부분은 나중에 정식 연설 원고에도 언급된다. 그는 연방으로부터 어떤 금전적 사례도 받지 않겠다고 완곡히 거절했다.

　워싱턴은 대통령에 취임할 당시 그에게 아들이 없다는 점을 특별히 강조했다. 후손을 위해 권력을 확장하거나 권력에 애착을 둘 일이 없으며, 미국에 새로운 세습 군왕이 등장하고 왕조가 생길 일 역시 없음을 말하고자 했다. 이때 위싱턴은 결코 예상하지 못했으리라. 그를 시작으로 미국 대통령 7대가 지나는 동안 법적으로 남성 자손이 있던 사람은 놀랍게도 단 한 명뿐이었다.

제2대 대통령 존 애덤스가 유일하게 아들이 있던 한 사람이다.● 토머스 제퍼슨에게도 아들이 있었으나, 그 아들은 노예에게서 난 사생아였기에 합법적 신분이 없었다.●●

여기에는 순전히 역사의 우연이라는 해석과 미국 대통령이라는 직업의 징크스라는 또 다른 해석이 있다. 반드시 남성 자손을 가지지 못한다는 대가를 치러야 그토록 높은 자리, 그토록 큰 권력을 갖게 된다는 것이다. 비교적 현실적인 세 번째 해석도 있다. 18세기에서 19세기 초의 시대 분위기상 미국인은 민주 체제가 군주제로 후퇴할 것을 매우 걱정했다. 그렇기 때문에 아들이 있는, 아들을 위해 왕조를 세울지도 모르는 대통령 선출을 무척 염려했다. 정치권에서는 아들이 없는 것이 연방 권력의 정상에 오르는 데에 도움이 되는, 일종의 유리한 요소가 되었다. 아들이 없으면 대통령 선거에서 유권자가 상대적으로 안심하고 그에게 표를 줄 수 있었던 것이다.

제1대 미국 대통령 선거에서 워싱턴은 당연히 후보로 나왔고, 선거에 뛰어들어 워싱턴과 경쟁했던 또 다른 이가

● 존 애덤스에게는 3명의 아들이 있었다.
●● 소문에 의하면 제퍼슨과 집안의 노예 샐리 헤밍스는 6명의 자녀를 두었는데, 그중 2명이 아들이었다.

존 애덤스였다. 애덤스의 득표율은 워싱턴보다 낮았으나 당시 헌법 규정에 따라 그는 득표 2순위로 부대통령에 당선됐다. 8년 후, 워싱턴이 더 이상 경선 및 연임을 하지 않겠다고 선언하자 애덤스가 자연스럽게 대통령 후보자가 되었다. 애덤스를 반대하는 사람이 즉각 그가 적임이 될 수 없는 중요한 이유를 들고 나왔다. 그는 아들이 있다! 반면 그의 상대는 딸만 있고 아들이 없었다. ●●●

애덤스는 이 불리한 요소를 극복하고 대통령에 당선되었고, 훗날 그의 아들 존 퀸시 애덤스도 대통령이 되었다. ●●●● 그러니 당시 미국인이 아들이 있는 대통령을 염려했던 것을 나무랄 수 있겠는가? 그들이 합중국이 왕조로 변질될까 걱정했던 것을 나무랄 수 있겠는가?

연방이 연합에서 계승하는 것은 채무와 조약

워싱턴은 연방에 대한 미국인의 두려움을 달래고자 했다. 필라델피아 회의가 결론에 도달하기 시작했을 때 의장

●●● 애덤스의 상대가 제퍼슨이었다. 제퍼슨 부부는 6명의 아이를 낳았는데, 두 딸만 자라서 어른이 되었다.
●●●● 1825년에 취임한 존 퀸시 애덤스(John Quincy Adams)는 미국 역사상 첫 번째로 전 대통령(제2대)을 아버지로 둔 현 대통령(제6대)이 되었다. 두 번째는 2001년에 취임한 부시 2세 대통령(제43대)이다. 아버지 부시는 제41대 대통령이었다.

워싱턴을 포함한 회의 참석자는 연방이 연합의 수정판이 아니라는 것을 깨달았다. 연합에서 연방으로의 전환이 사실은 단절에 가까운 비약적 발전이었기 때문에 그들은 헌법에 연방과 연합의 비슷한 점, 연방이 연합으로부터 계승한 부분을 일부러 부각시켜야 했다.

연방의 'Congress'와 연합의 'Congress'는 하늘과 땅 차이다. 그래서 더욱 'Congress'라는 이름을 이어받아야만 했다. 연방의 'President'와 연합의 'President'는 전혀 다른 두 개의 직위다. 바로 그렇기 때문에 더욱 다른 명칭으로 바꿀 수 없었다.

헌법의 내용으로 돌아가 보면, 연방과 연합의 관계를 규정하는 조문은 제6조뿐이다.

이 헌법이 제정되기 전에 계약된 모든 채무와 체결된 모든 조약은 이 헌법에서도 연합에서와 마찬가지로 합중국에 대해 효력을 가진다.

연방이 연합에서 계승하는 것은 권력의 안배도 정부 조직도 아닌 채무와 조약이었다. 그중에서도 채무가 조약보다 중요했다.

이는 각 주에서 나올 법한 또 하나의 반대 의견에 대비한 것이다. 연합은 적지 않은 채무를 지고 있었다. 만약 각 주에서 헌법을 통과시키면, 새로 설립된 연방이 채무를 떠맡아 각 주에 채무를 물리는 일은 없을 터였다. 연방이 자신의 권력을 각 주를 위해 사용하겠다고 약속한 것이다. 연합이 성립된 지 여러 해가 지났지만, 실제로 역할을 발휘했던 것은 독립전쟁에서의 군사 행동 협동뿐이었다. 독립전쟁이 끝난 후 연방이 각 주를 대신해 집단 차원에서 채무를 감당한다면, 각 주에서도 숨을 돌릴 수 있었다. 미국 헌법은 새로 수립되는 연방이 채무 감당 문제에서 공동체로서의 역할을 발휘할 것이라고 명문으로 약속했다.

제6조 제2절 조문의 앞부분은 다음과 같다.

이 헌법에 의해 제정되는 합중국의 법률 그리고 합중국의 권한에 의해 이미 체결되었거나 체결될 모든 조약은 이 국가의 최고 법이다.

여기서 말하고자 하는 것은 각 주의 헌법에 비했을 때 연방 헌법의 상대적 지위이다. 헌법뿐 아니라 연방 의회에서 제정하는 법률과 연방이 체결하는 모든 조약의 지위가 주 헌법보다 위에 있다. 이는 곧 주 헌법과 이러한 문건의 내용에 저촉이 생기면 주 헌법이 무효가 된다는 의미이다.

헌법에서는 드러내어 말하고 있지 않지만, 연방 상원 조직을 다루는 조문에서는 각 주가 연방을 건너뛰고 개별적으로 다른 국가와 조약을 체결할 수 없음을 규정한다. 조약을 체결할 권한은 오직 연방에만 있다.

이어서 제6조 제2절 조문의 나머지 부분이다.

모든 주의 법관은 어느 주의 헌법이나 법률 중에 이에 저촉되는 규정이 있을지라도 헌법의 구속을 받는다.

연방 안에서는 연방에 속한 법관뿐 아니라 어디에 속한 법관이든 모두 주 헌법이 연방 법률보다 우선인 판결을 내릴 수 없다는 이야기다.

공직자의 필수 조건, 헌법 수호

미국 헌법 제6조 마지막 부분의 내용이다.

앞에서 기술한 상원 의원 및 하원 의원, 각 주의 의회 의원, 합중국 및 각 주의 행정관 및 사법관은 선서 또는 확약을 하고 이 헌법을 받들 의무가 있다.

여기서 말하는 선서가 그 유명한 '취임 선서'다. 입법권, 행정권, 사법권 어디에 속하든 연방 및 각 주의 공직자는 취임할 때 반드시 헌법에 충성할 것을 선서해야 한다. 그 뒤에는 다음과 같은 내용이 나온다.

다만 합중국의 어떠한 직위 또는 공직도 종교를 자격 요건으로 요구할 수 없다.

이는 종교의 자유를 보호하기 위한 규정으로, 종교가 13개 주 사이에서 갈등의 변수가 되는 것을 방지하고, 공적 직무에서 종교보다 미국 헌법이 높다는 점을 밝힌다. 심지어 미국의 모든 공직자에게는 헌법이 곧 종교라고 말할 수도 있으리라. 헌법의 지고한 지위를 받아들이려고 하지 않거나 받아들일 수 없는 사람은 공직을 맡기에 알맞지 않은 것이다.

헌법이 제정될 때, 미국 각 주의 헌법과 유사한 효력을 가진 '종교 조항'이 적지 않았다. 특정 종교를 공직자 임용시 자격 검증의 요소로 삼은 것이다. 가령 버지니아주는 반드시 '삼위일체'(성부·성자·성령)를 믿는다고 선서로 표명해야 공직을 맡을 수 있도록 규정했다. 헌법 제6조를 따르면, 일단 연방이 성립되면 버지니아주에 존재하는 이 규정은 헌법에 저촉되므로 폐지돼야 한다.

헌법은 이렇게 공공연하게 주의 권한을 침범한다. 연방의 공직자는 물론이고 각 주의 공직자도 관할 범위에 포함시켜 규제한다. 이는 각 주 사이에서 종교의 차이, 종교적 의견으로 갈등이 생기는 것을 피하기 위해서였다. 미국 각 주의 인민은 저마다 뜨거운 신앙과 열정을 지녔지만, 한 가지 역사의 선례 또한 그들의 마음속에 줄곧 박혀 있었다. 유럽의 종교 갈등이 아니었으면, 길고 격렬한 '종교전쟁'을 야기했던 그 감정이 아니었으면, 청교도가 영국에서 바다 건너 북미로 이주 올 필요가 없었을 테고, 북미는 식민지가 되지 않았으리라.

종교의 자유 혹은 중립적 종교 입장은 최소한 종교 전쟁의 그늘과 위협보다 나았다. 이 점은 생생한 기억에 근거한 역사 교훈이기에 각 주의 인민도 받아들였다.

미국에서 공직에 종사하는 이는 어느 주 사람이든 하느님에 대한 신앙을 공표할 필요가 없으며, 그래서도 안 된다. 하지만 헌법에 대한 신앙은 반드시 공표해야 한다. 이는 루소의 주권재민 개념을 실천한 것이다. 헌법이 곧 인민 주권이며, 우리 인민들에 의해 제정된 것이므로 반드시 헌법을 받들어야한다. 공공 영역에서는 우리 인민들이 모든 것 위에 군림한다. 우리 인민들을 믿지 않는, 우리 인민들에 복종하지 않는 이는 공적 업무를 맡을 자격이 없다.

취임 선서의 실질적인 의의는 선서하는 사람이 헌법에 어긋나거나 위배되는 일을 받아들이지 않을 의무와 권리를 가진다는 데에 있다. 연방의 공직자는 언제나 헌법을 마음속에 간직하고, 헌법을 업무상 옳고 그름을 가리는 궁극의 척도로 삼아야 한다. 언제나 경각심을 가지고 위헌 심사를 행해야 한다는 것이다.

이것은 헌법을 견고하게 보장하는 방법이자, 헌법이 등한시되거나 오용 및 남용되는 일을 막아 주는 일상 속의 방어선이다. 사법권의 최고 법원에서 행하는 위헌 심사는 이러한 겹겹의 방비 시스템 중 마지막 단계일 뿐이다. 서로 다른 사람, 서로 다른 기관이 한 가지 일의 위헌 여부를 두고 조정이 불가능할 만큼 현격한 의견 차이를 보일 때는 어쩔 수 없이 전문 법학 지식과 권위를 가진 대법관에게 마지막 판정을 맡긴다. 위헌 여부가 비교적 쉽게 분별되는 사안은 최고 법원까지 올릴 수도 올릴 필요도 없으며, 흔히 삼권 집행 중에 해결된다.

입법권이 헌법에 위배되는 법률을 제정하면 행정권이 서명 및 집행을 하지 않고 입법 기관으로 돌려보낸다. 행정권이 위헌을 행하면 입법 기관에서 질의 및 수정을 하거나, 심지어 탄핵을 발의할 수 있다. 법관은 헌법에 위배되는 법률에 의해 판결을 해서는 안 되며, 사법권에 속하는 대배심과 배심원단 역시 헌법에 위배되는 법률에 의해 어떤 이를 기소하거나 어떤 이에게 유죄 판결을 내릴 것을 거부해야 한다. 입법 및 행정권이 작동하는 중에 생긴 어떤 위헌 상황도 모두 사법권의 조사를 받을 수 있다. 이렇게 복잡하게 뒤얽힌 시스템이 헌법의 존엄을 보호한다.

미국 헌법이 규제하는 대상은 인민이 아닌 정부

헌법은 누구를 관할하고 규제하는 데에 쓰일까?

우리는 종종 헌법이 인민의 권리와 의무를 규제하는 문건이라고 오인하는데, 그렇지 않다. 적어도 미국 헌법의 정신과 절차에 한해서는 단적으로 말할 수 있다. 헌법은 인민의 허가와 인정을 거쳐 인민이 양도하고자 하는 권리를 규범화하고, 이를 바탕으로 정부를 조직하는 데에 쓰인다.

이는 연합과 연방 사이의 핵심 차이이자 비약적인 변화다. 연합에서 연방으로 넘어가는 길에서 헌법이 반드시 처리해야 하는 문제가 하나 있었으니 '어떻게 인민에게서 충분한 권한을 부여 받아, 진정 인민을 보호하고 인민을 행복하게 해 줄 능력을 가진 정부를 설립할 것인가'였다. 연합은 인민의 권리를 침해하지는 않았지만 무능하다는 결점이 있었다. 반대로 보자면 연합의 장점은 각 주의 인민이 가진 권리가 이전, 침범, 박탈 등의 위험을 당할 일이 없다는 것이었다. 미국 헌법은 각 주의 인민이 기꺼이 새 연방 정부에 연합보다 더 크고 더 많은 권한을 부여하도록 설득하고자 했다. 이 목적을 달성하기 위해 미국 헌법은 일말의 모호함이나 애매한 부분 없이 '정부가 인민에게서 어떤 권리를 가져오고자 하는지, 어떤 방식으로 인민이 교부한 권력을 운용할 것인지'를 분명하게 말해야 했다.

따라서 미국 헌법은 당연히 인민이 아닌 공권력을 규제

한다. 공권력을 행사하는 이는 누구나 헌법의 제약을 받으며, 헌법을 따를 것을 선서해야 한다. 공권력의 운용에서만큼은 헌법 위에 다른 기준이 존재할 수 없다. 그래야만 그가 헌법을 통해 우리 인민들의 신임을 얻고 권한을 부여받을 수 있다.

미국 헌법 제1조에서는 입법권이 어떻게 운용되는지를, 제2조에서는 행정권이 어떻게 운용되는지를, 제3조에서는 사법권이 어떻게 운용되는지를 규범화한다. 그런 후 제4조에서는 공권력에서의 연방과 각 주의 관계를 규범화하고, 제5조에서는 어떻게 헌법을 수정할지를 규범화한다. 헌법이 언제나 인민 주권에 부합하고, 인민 주권의 뜻을 구현하도록 하는 것이다. 제6조에서는 헌법이 공권력 부문에서 지니는 지고한 지위를 설명하고 못 박는다. 제7조에서는 헌법이 어떻게 발효될지를 규정한다. 깨끗하고 단출하고 일관되며 난잡하게 붙은 군더더기 하나 없다. 미국 헌법에서는 말하지 않은 것이 말한 것만큼 중요하다. 타이완 헌법과 미국 헌법을 대조해 차이를 살펴보자. 타이완 헌법 중 일부 조문은 특별히 다음과 같은 내용을 규범화한다. '인민은 법률에 따라 납세할 의무를 지닌다'(제19조), '인민은 법률에 따라 병역에 복무할 의무를 지닌다'(제20조), '인민은 국민 교육을 받을 권리와 의무를 지닌다'(제21조). 그러나 미국 헌법에서는 이와 유사한 조문을 찾아볼 수 없다. 미국 헌법에는 국민의 의무에 대한 규범이 없다.

타이완 헌법의 논리는 인민에게 권리가 있는 만큼 의무도 있다는 것이다. 따라서 제2장 전체를 아우르는 제목이 '인민의 권리와 의무'다. 미국 헌법의 논리는 이렇지 않다. 미국 헌법은 인민이 제정한 것이다. 루소의 이론에 따르면, 모든 사람은 저마다 본디부터 침범하거나 박탈할 수 없는 '주권'을 지닌다. 그러나 개인이 개별적으로 해결할 수 없는 공적인 일을 해결해 줄 정부를 세우기 위해 인민이 결집하여 일부 권리를 정부에 양도하기로 동의한다. 헌법은 인민이 주권을 양도해 정부를 조직하는 일종의 계약이다.

계약 발의의 주체는 인민이다. 중요한 점은 본래 인민에게 속하던 권리를 정부에 부여해, 정부가 행사하는 공권력으로 변환하는 것이다. 따라서 이 문건의 목적은 정부가 본래 그들의 것이 아니었던, 인민의 동의하에 양도된 권리를 오용 및 남용하지 못하도록 규제하고 요구하는 것으로, 일종의 차용증과 같다. 내용은 반드시 빌리는 쪽에 관련된다. 어떤 방식과 조건에 따라 돈을 빌리는지, 어떻게 이자를 지불하고 원금을 상환할 것인지, 어떠한 상황이 생기면 빌린 것이 취소되는지 등등. 이 차용증에 돈을 빌려주는 쪽에 대한 규범이 있을 리 없다.

인민의 의무는 헌법이 간여할 바가 아니다. 미국 헌법이 통과되고 제1대 의회가 성립된 후 1791년에 10개의 수정 조항이 추가되었다. 이를 통틀어 '권리장전'이라고 부른다. '권리장전'의 매 조항 역시 인민 주권의 입장에 서서 연방 정부의 행위를 한층 더 규제한다.

가장 유명한 '수정 조항 제1조'를 예로 들어 보자. 일반적으로 이를 '표현의 자유 보호 조항'이라고 부른다. 이 조문은 결코 타이완 헌법 제11조 '인민은 언론, 학술, 저작 및 출판의 자유를 가진다'와 같이 열거하는 방식으로 쓰이지 않았다. 미국 헌법 수정 조항 제1조의 화법은 다음과 같다.

의회는 어떤 종교를 국교로 정하거나, 자유로운 신앙 행위를 금지하거나, 언론 또는 출판의 자유를 제한하거나, 인민이 평화롭게 집회할 수 있는 권리와 불만 사항의 시정을 위해 정부에 청원할 권리를 제한하는 것과 관련된 법률을 제정할 수 없다.

어떤 차이가 있는가? 미국 헌법은 인민이 어떤 자유를

가지는지를 정하지 않는다. 미국 정부가 어떤 자유를 가지지 못하는지를 규제한다. 여기에는 인민을 대표해 법률을 제정하는 의회도 포함된다. 이 수정 조항은 의회의 입법권에 부여되는 인민에 대한 권한을 분명하게 축소한다. 의회가 가지는 입법 권한에 "어떤 종교를 국교로 정하거나, 자유로운 신앙 행위를 금지하거나, 언론 또는 출판의 자유를 제한하거나, 인민이 평화롭게 집회할 수 있는 권리와 불만 사항의 시정을 위해 정부에 청원할 권리를 제한하는 것"은 포함되지 않는다.

이런 화법 뒤에는 인민은 본래 자유로운 존재이며 모든 권리를 가진다는 논리가 있다. 인민은 정부가 모두에게 이로운 공적 환경을 만들도록 헌법에 명시된 권리를 정부에 양도했다. '종교의 자유', '언론의 자유 혹은 출판의 자유', '인민이 평화롭게 집회하고 불만 사항의 시정을 위해 정부에 청원할 권리'는 본디부터 인민에게 속한다. 이 조문은 어떤 이유에서도 정부가 입법으로 인민의 권리를 침범할 자유를 가지지 못한다는 점을 단호하게 말한다.

인민은 자유롭다. 정부는 자유롭지 못하다. 정부에 양도한다고 헌법에 명시하지 않은 권리는 원래대로 인민에게 속한다. 이것이 미국 헌법의 근본정신이다. 미국 헌법은 우리 인민들이 공권력을 규제하는 일종의 계약에서 출발했기 때문에 인민의 권리를 열거할 필요가 없다. 인민이 이 계약의 주인이다.

연방 정부는 아무리 강대해도 헌법을 넘어설 수 없다

미국 헌법의 근본정신과 논리를 얕보아서는 안 된다. 이는 미국 헌법의 가장 독특한 점이며, 나아가 미국의 가장 독특한 점이라고도 할 수 있다. 미국 헌법이 제정되고 200 여 년이 지나는 동안, 전 세계 수많은 국가에서 줄지어 그들의 헌법을 제정했다. 그중 많은 경우가 미국 헌법에서 영감을 얻고, 미국 헌법을 모방했다. 타이완 헌법도 이에 해당한다. 그러나 미국 헌법을 모방한 다른 헌법 중 절대다수는 미국 헌법의 근본정신과 논리를 진정으로 계승하지 못했다.

미국이 오늘날과 같은 국가가 되고, 20세기에 독특한 정치 제도를 통해 세계적으로 대두될 수 있었던 까닭은 미국 헌법의 정신 및 논리와 밀접한 상관이 있다. 미국 헌법의 정신은 당시의 상황과 모순적인 요구 사이에서 생겨났다.

먼저 13개 주가 함께 독립전쟁에 참여했고, 성공적으로 영국의 식민 지배에서 벗어났다. 독립전쟁은 독립과 자유를 추구했고, 식민모국인 영국의 간섭과 억압을 반대했다. 만약 독립과 자유를 보존할 수 없다면, 독립전쟁의 의미가 사라지고 전쟁은 헛수고가 된다.

다른 한편으로는 독립전쟁이 성공하고 얼마 되지 않아 연합이 힘을 잃은 상황이었다. 영국이라는 공동의 적이 사라지고 군사 협동 행동이 끝나자, 13개 주는 조직적으로 협력할 방식을 찾을 수 없었다.

13개 주의 인민이 독립전쟁으로 쟁취한 독립과 자유도 보존해야 했고, 행동력을 갖춘(필연적으로 강제력도 있는) 정부도 조직해야 했다. 이것이 필라델피아 회의 대표들이 처한 양난이었다. 127일의 긴긴 토론 중에 한 가지 총명하고 기묘한 해결 방법이 떠올랐다. 각 주를 능가하는 강대한 정부를 세우자. 그러면서도 동시에 신성에 가까운, 위반할 수 없는, 변경하거나 번복하기 어려운 헌법을 통해서 정부의 자유를 분명하게 규정하자. 정부가 오로지 헌법이 그어 놓은 엄격한 경계 안에서만 행동할 수 있고, 헌법을 뛰어넘어 임의로 어떤 일을 하지는 못하도록.

'프랑스 대혁명'과 대조해 살펴보자. 1789년에 발발한

이 혁명은 반세기의 동란을 수반했다. 프랑스 사회는 천지개벽되어 오랫동안 안정을 찾지 못했다. 빅토르 위고의 소설 『레미제라블』에서 마지막 부분에 설정된 시대 배경은 1832년이다. 대혁명이 발발한 지 이미 40여 년이 지난 시점인데 파리 사람들은 여전히 혁명의 어수선한 분위기 속에서 살고 있으며, 눈물겨운 저항 시가전까지 발발했다.

미국은 독립전쟁 후에 어떻게 평정을 찾았을까? 1776년 독립선언서가 선포되고 곧바로 유효하고 정상적인 국가가 건립되어 자리를 잡은 것은 아니다. 미국인과 미국 사회 역시 10여 년의 시간을 혼란과 곤혹 속에 빠져서 보냈다. 가장 큰 혼란과 곤혹은 도대체 '미국인', '미국 사회'라는 공동체 의식과 공동체 조직이 있기는 한 것인가, 또는 있어야 하는가의 문제였다.

1776년에는 북미 식민지가 영국의 통치에서 벗어났다. 1787년 내지 1789년이 되어서야 미국 헌법의 제정과 통과로 비로소 새 국가가 탄생했다. 연방 형식으로 합중국이 생겼고, 동시에 각 주 사이를 넘어서는 총체적 미국인이 생긴 것이다.

1787년, 연합이 곧 무너질 것처럼 휘청거리자 필라델피아 회의를 열어 연합규약을 수정할 필요성이 대두되었다.

그러나 본격적인 토론에 들어가자, 회의에 참석한 대표들은 단순히 연합규약을 수정하는 것으로는 13개 주가 결성한 공동체를 구제할 수 없다는 사실을 매우 빠르게 알아차렸다. 그렇게 연방주의자가 회의 중에 형성되고 부상했다. 그들의 정치적 전제는 아주 분명했다. 무슨 일이 있어도 13개 주가 결성한 공동체를 보존해야 하며, 이 공동체의 힘으로 눈앞의 문제를 해결해야 한다는 것이다. 그들은 공동체를 해산하고 13개 식민지가 각자 원래의 독립 상태로 돌아간다는 것은 고려조차 하지 않았다.

문제를 해결하려면 무엇이 필요한가? 거의 왕권이나 마찬가지인 집중된 행정권이 필요하다. 그래야 아직 대부분이 왕권의 지배를 받는 유럽 각국에 대항할 수 있다. 연방주의자는 왕권이 민주보다 강력하고 효율적이라고 믿었기에 왕권의 개념을 가지고 행정권을 구축하는 사상의 모험을 감행했다. 그런 후에 몽테스키외가 내세웠던 삼권분립의 상호 견제 이론을 동원해 확대된 행정권을 제한하고, 주권재민이라는 엄격한 헌법 정신을 통해 국가의 모든 행정권을 견제 및 구속한다.

그들은 영국의 정치를 잘 알고 있었기에 영국을 본보기로 한 정치 제도 구축을 확고하게 포기했다. 이를 대신한 것이 몽테스키외와 루소의 정치 이론을 근본으로 하는 이념이었다. 미국 헌법에 담긴 이념은 근원과 내력을 지녔다. 그러나 이 이념을 실제로 복잡한 현실 정치에 적용한 것은 인류 문명의 역사상 전례 없는 새로운 일이었다.

대통령제를 시행하려면
준법 사회가 필요하다

내각제는 정당에 책임을, 대통령제는 개인에게 책임을

　미국 헌법의 흔적은 아주 많은 나라에서 찾을 수 있다. '대통령제'가 하나의 예증이 되겠다. 미국 헌법은 영국 의회의 내각제로부터 철저히 벗어나, 의회 의원 신분을 지니지 않은 대통령이 행정권을 주관하도록 규정한다.

　'수상'과 '대통령', 두 번역어에는 제도상의 중대한 차이가 잘 담겨 있다. 'Prime Minister'(수상)는 모든 'Minister' 중에서 맨 앞자리에 선 사람이다. 그와 다른 각원들 사이의 차이점은 권력의 등급이 아니라 한 등급 안에서의 순서다. 그들 위에 국왕이 있기 때문이다. 국왕의 권력이야말로 그들과 다른 등급에 속한다. 그들은 모두 '상'相(장관)으로서 국왕의 국정 운영을 거든다. '수상'은 모든 '상' 중 1순위에 불과하다.

대통령은 이런 개념이 아니다. 그는 모든 사무를 총괄하는 행정권의 하나뿐인 주관자다. 대통령과 장관은 동등한 자리에 나란히 선 것이 아니다. 미국 대통령 아래의 행정 수장을 우리는 보통 '장관'이라고 번역한다. 이를테면 '국방 장관'처럼 말이다. 그러나 영어 원문에서는 '국방 장관'을 'Secretary of Defense'라고 부른다. 직역하면 '국방 비서'다. 그렇다. 그의 위치는 미국 대통령을 거드는 국방 분야의 주요 도우미다.

우리는 미국 연방의 관직 대부분을 '장관'이라고 번역한다. 재미있는 한 가지 예외의 경우는 '국무경'●이다. '국무경'은 영어로 'Secretary of State'다. 이 직위는 외교를 책임진다. 따라서 상대적으로 일찍 중국에 알려졌고, 그만큼 좀 더 정확한 번역어를 가질 수 있었다. '경'卿이란 고대 중국 봉건 제도에서 국왕을 도와 정무를 돌보는 등의 특정한 일을 책임졌던 직책이다.

국무경이 있다는 것은 국무경의 복무 대상인 국왕도 있다는 뜻이다. 아닌 게 아니라 미국 헌법이 정하는 대통령의 역할은 국왕을 모델로 삼았다. 행정적으로 대통령은 모

● 한국어에서는 다른 부문과 마찬가지로 장관, 즉 '국무 장관'이라고 한다. '국무경'은 타이완 초기 대총통의 보좌역을 부르는 말이었고, 지금은 미국 국무 장관을 뜻하는 말이다. (옮긴이)

든 일을 '통령'統領하고 책임진다. 초기 간접 선거를 통해서든 훗날 직접 선거를 통해서든, 인민은 대통령을 선출해 그에게 국왕이나 다름없는 행정 권력을 부여하고 그가 스스로 필요한 도우미들, 곧 '비서'를 선택하게 해 주었다.

대통령과 국왕의 큰 차이점은 대통령의 권력이 행정에만 국한되었다는 것이다. 대통령은 입법에 관여할 수 없으며, 사법에는 더더욱 관여할 수 없다. 오히려 의회가 제정한 법률을 반드시 준수해야 하며, 그에 대한 사법의 엄격한 검증을 받아야 한다.

대통령제는 대통령에게 국왕과 매한가지인 행정권을 허락한다. 대통령은 적어도 단기 국왕이라고 할 수 있다. 미국 헌법 정신에 의하면, 대통령제는 행정 대권을 장악하는 지도자를 선택하는 것이다. 대통령이 이 제도의 이로움을 취하고 폐단을 버리기를 바랄 따름이다. 바꿔 말하면, 대통령제는 긍정적인 행정권 행사를 염두에 두고 있다.

그러나 대통령제는 다른 나라로 전파되는 과정에서 거의 매번 대폭 수정되었다. 표면적으로 대통령제를 채택한 타이완 헌법도 마찬가지다. 이유는 간단하다. 미국식 대통령제는 국왕이나 다름없는 행정 수장을 만들려고 한다. 대통령에게 매우 큰 권력을 주고, 엄격한 법률 시스템으로 그가 잘못된 길을 가지 못하도록 제약한다. 이는 쑨원 선생이 말한 '인민유권, 정부유능'●에 진정으로 부합하는 정치 구도다. 이러한 구도에서는 '권리'와 '기능' 사이에 필연적으로 고도의 긴장과 갈등이 존재한다. 이는 법률에 대한 충분한 신뢰와 존중으로만 처리하고 해결할 수 있다. 그러니 타이완을 포함한 대부분의 국가가 준법정신에 그리 자신만만하지 못하다는 것이 자명해진다. 감히 미국의 전례를 따라 그와 같은 대통령제를 시행하지 못하는 것이다.

하지만 정치 원리상, 절반짜리 대통령제는 좋은 선택이 아니다. 만약 그렇게 큰 행정권을 한 사람에게 위임하는 일을 원치 않는다면, 내각제 혹은 의회제가 더 나은 선택이 될 것이다. 이는 집단으로 행정권을 보유하는 구도다. 행정권이 각원들에게 분산되어 있을 뿐 아니라 여당의 모든 의회 의원에게 분산되어 있다. 여기서는 행정권과 입법권 사이에 그리 명확한 구분이 없다. 행정권과 입법권은 늘 견제하거나 대립하는 관계가 아니라, 대부분의 경우 상호 맞물려 협력한다. 선거인 앞에 책임을 지는 이는 수상이 아니라 정당 전체다. 수상은 정당 대표의 신분으로 그 자리에 앉아 있다. 만일 그가 정당에 대한 통제를 잃는다면 그 즉시 수상 직위도 잃게 된다.

● 人民有權, 政府有能. 인민은 권리를 가지고 정부는 기능을 가진다는 뜻. (옮긴이)

미국 헌법은 개인주의의 가치를 온전히 실현했다. 행정권의 책임이 한 사람에게 있다. 그에게는 정당 연대 책임이라는 보장이 필요하지 않다. 정당의 견제도 받지 않는다. 그토록 큰 권력을 한 사람에게 위임한 만큼 입법권과 사법권에서 행정권을 꼭 죄일 필요가 있다. 삼권이 각각 독립하여 상호 감시하며 거대한 권력이 주관적인 뜻에 따라 오용 및 남용될 가능성을 낮춘다.

대통령은 인민 주권의 뜻을 집행한다

다음은 미국 헌법 제2조 제1절의 앞부분이다.

행정권은 미합중국 대통령에 속한다. 대통령의 임기는 4년으로 한다. 대통령은 동일한 임기의 부통령과 함께 다음과 같은 절차에 따라 선출된다.

이 조문은 대통령과 부통령의 선출 방식을 규정하며 시작한다. 원문을 살펴보자.

The executive Power shall be vested in a President of the United States of America. He shall hold his Office during the Term of four Years, and, together with the Vice President, chosen for the same Term, be elected, as follows.

첫 구절은 번역문처럼 그렇게 간단한 문장이 아니다. 비록 단어 몇 개에 불과하긴 하지만 수상쩍은 구석이 여러 군데 숨어 있다. 먼저 한 가지 특이한 점은 앞서 말했듯 'President'라는 직함이다. 당시에는 'President'가 권력을 가진 직위가 아니었다. 이 직함은 회의를 주재하는 사람에 불과하다는 느낌을 주었으며, 권위적이라는 인상이 'Governor'보다 덜했다.

또 한 가지 특이점은 'a President of the United States of America'(미합중국 대통령)의 부정관사 'a'다. 'a'는 문법적으로 합중국 대통령이 원래 존재하지 않다가 헌법과 함께 새로 탄생했음을 나타낸다. 한편으로는 'President'라는 직위가 연합규약에 있던 각 주 대표회의 주재자 역할의 연장선인 것처럼 보이도록 했고, 다른 한편으로는 'a'를 넣어 대통령이라는 직위가 지금 이 순간 헌법에 의해 제정되고 규범화되었음을 섬세하게 드러낸 것이다.

'executive Power'와 번역어인 '행정권' 사이에도 미묘한 차이가 있다. 예컨대 오늘날의 기업 조직에서 가장 흔히 볼 수 있는 직위 중에 'CEO'Chief Executive Officer가 있다. 'CEO'는 경영을 '집행'하는 사람이지 '행정'을 맡은 사람이 아니다. 즉 '행정권'보다는 '집행권'이 미국 헌법에서 말하는 'executive Power'에 더 가깝다.

또한 회사의 소유자는 이사회이며 'CEO'는 경영 및 관리를 책임진다. 그렇다면 'CEO'는 누구의 뜻을 집행하는가? 이와 같은 조직의 논리대로라면 당연히 이사회의 뜻을 집행한다. 마찬가지로 대통령은 입법권이 부여하는 임무를 집행한다. 입법권과 집행권 사이에는 이러한 위계 관계가 놓여 있다.

대통령 손에 있는 권력은 '집행권'이다. 미국 헌법 제1조에서는 먼저 입법권에 대해 말하고 그다음에 행정권을 말한다. 입법권을 모두 규범화해야 행정권을 안배할 수 있기 때문이다. 입법권이 인민 주권을 구현하고 인민의 뜻을 대표한다면, 행정권 혹은 집행권은 인민 주권의 뜻을 집행하는 데에 쓰인다.

선거인단 제도는 형태를 달리한 대통령 직접 선거다

제2조 제1절의 이어지는 조문에서는 대통령과 부통령을 선출하는 방식을 명확하게 규정한다. 먼저, 각 주마다 주 의회에서 정한 방식대로 '선거인단'을 선출한다. 선거인단을 꾸리는 방식은 주권州權에 해당하며 연방은 반드시 이를 존중해야 한다. 따라서 주 의회의 결정에 맡기고 헌법에서는 어떤 제한도 두지 않는다.

헌법에서 규정하는 것은 단 두 가지다. 첫째, 각 주 선거인단의 인원수다. 선거인단의 인원수는 각 주가 연방에서 점하는 권력의 분배에 영향을 미치기 때문이다. 따라서 그 총수를 각 주의 연방 상원과 연방 하원 의석수의 총합으로 규정한다. 이러한 방식으로 선거인단 인원수를 정하면, 인구가 많은 주는 대통령 인선을 결정하는 데에 비교적 큰 영향력을 갖게 된다. 반면 인구가 적은 주는 아무리 적어도 최소한 하원 1석에(헌법에 보장되어 있다) 상원 2석을 더해 총 3표를 가질 수 있다. 단순히 인구 비례에 근거해 계산했을 때보다 많은 결정권을 갖게 되는 것이다.

헌법에서 규정하는 또 다른 사항은 다음과 같다.

다만 상원 의원이나 하원 의원 및 합중국 정부에서 위임직 혹은 유급직을 맡고 있는 자는 선거인으로 지정될 수 없다.

왜 이런 규정이 있어야 하는가? 질문을 조금 달리해 보자. 각 주의 선거인단 인원수를 상원에 하원을 더한 수와 맞출 바에야, 상원 의원과 하원 의원이 선거인단을 맡도록 하는 것이 직접적이고 편한 방법이 아닌가? 무엇 때문에 별도로 선거인단을 선출해야 한단 말인가?

눈에 띄는 직접성과 편리함이야말로 헌법이 피하고자 하는 것이다. 헌법에는 대통령의 임기 제한이 있지만 연임 횟수에 대한 제한은 없다. 이런 상황에서는 종종 대통령 선거에 참여하는 후보 가운데 연임을 위해 출마한 현임 대통령이 있을 수 있다. 상원 의원과 하원 의원은 당연히 현임 대통령을 잘 알 수밖에 없다. 이렇게 되면 현임 대통령이 지나치게 우세를 점하게 된다. 선거인단과의 인간적인 관계에 있어 다른 도전자는 애초에 경쟁할 방법이 없는 것이다. 만일 현임 대통령이 상원 의원과 하원 의원이 장차 그의 연임 여부를 결정할 선거인단임을 안다면, 이는 정치를 시행하는 데에 반드시 왜곡된 요소로 작용하게 된다. 대통령과 의회 사이에 일종의 정치적 이해관계가 존재하는 한, 암묵적인 혹은 공개적인 이익 교환의 유혹 또한 영원히 존재하리라.

대통령이 선거인단 구성을 미리 알지 못하도록 하고, 자신의 집행권을 운용해 선거인단의 결정에 영향을 미치는 경우를 가능한 한 배제하는 것이 이 규정의 핵심 정신이다. 다시 말해, 미국 헌법이 제정되던 당시에는 현실 여건상 '간접 선거'를 채택할 수밖에 없었으나, 대통령 선거가 소수 사람의 손안에 장악되거나 이익 교환이 결정의 고려 요소가 되는 것을 저지한다는 내용이 조문에 분명하게 드러난다.

이 조문의 기저에는 선거인과 피선거인은 고정된 관계여서는 안 되며 그럴 수도 없다는 원칙이 깔려 있다. 피선거인이 선거인의 이해가 걸린 지점을 알게 되면, 위협이나 회유를 통해 선거인의 투표를 좌우할 수 있다. 미국 헌법에서는 고정된 관계는 좋은 결과를 낳을 수 없음을 명시한다.

1787년의 조문에는 대통령 선거, 나아가 모든 선거가 가능한 한 직접 선거를 채택해야 한다는 메시지가 숨어 있다. 소수의 대표가 투표권을 행사하는 간접 선거는 선거인의 인원과 범위를 축소하며, 반드시 피선거인과 선거인 사이의 거리를 좁힌다. 따라서 피선거인이 다른 요소나 힘을 통해 선거인에게 영향을 미치기가 쉬워진다. 이렇게 얻은 결과는 근본적인 점에서 아쉬운 부분이 있다. 간접 선거는 조건이 충분치 못한 상황에서 임시 대체 방안이 될 수 있을 뿐, 조건이 허락한다면 간접 선거를 직접 선거로 바꾸어야 한다.

미국의 현재 대통령 선거 제도는 매우 복잡하다. 유권자는 저마다 마음에 둔 후보에게 투표함으로써 그를 지지한다. 투표용지에는 대통령 후보자의 이름이 적혀 있다. 하지만 각 후보가 전국에서 얻은 표를 합산하여 비교한다고 해서 대통령 당선자가 결정되는 것은 아니다.

'선거인', 다른 말로 '선거인단'이 아직 중간에 남아 있다. 선거인단은 주 단위로 조직된다. 인원수는 초기 헌법의 조문에서 규정하는 바와 동일하다. 즉 해당 주의 상원과 하원 인원수를 더하면 된다. 인민이 던진 표는 그가 속한 주 선거인단의 표가 어떤 대통령 후보자에게 갈지를 결정한다.

굳이 '선거인단'이라고 부르는 까닭은 여기에 이미 개별 '선거인'의 투표 행위가 존재하지 않기 때문이다. '선거인단'은 분리할 수 없는 하나의 숫자다.

가령 가장 작은 주인 알래스카주는 3장의 선거인단 표를 가진다.● 가장 큰 주인 캘리포니아주는 55장의 선거인

● 그 밖에 단 3장의 선거인단 표를 가지는 주에는 버몬트주, 델라웨어주, 워싱턴 특별구, 사우스다코타주, 노스다코타주, 몬태나주, 와이오밍주가 있다.

단 표를 가진다. 3장이든 55장이든 이 표는 나뉠 수 없다. 대통령 선거에서 알래스카주 유권자가 던진 표는 이 3장의 선거인단 표가 어느 대통령 후보에게 주어질 것인가를 결정한다. 알래스카주에서 가장 많은 유권자의 선택을 받은 후보가 3장의 선거인단 표를 얻게 되는 것이다. 캘리포니아주 역시 마찬가지다. 설령 한 후보자가 캘리포니아주에서 49퍼센트의 표를 얻었더라도 다른 후보자가 51퍼센트의 표를 얻었으면 캘리포니아주 선거인단의 표 55장은 전부 후자에게 돌아가며, 전자는 표를 나눠 갖지 못한다.

선거인단 제도는 다년간 시행되어 오면서 수많은 논쟁을 일으켰다. 2000년도 고어와 부시 2세의 선거 때와 같은 대혼란이 생기기도 했다. 통계에 따르면 지금껏 미국에서 제출된 개헌안의 10분의 1이 선거인단 제도를 대상으로 한다.

너무 복잡한 나머지 미국의 유권자조차 선거인단 제도를 제대로 이해하지 못한다. 이 제도에는 분명 불합리해 보이는 부분이 있고, 실제로 수많은 혼란을 야기했다. 선거인단 제도를 고치고 싶어 하는 사람이 있는 것도 뜻밖의 일이 아니다. 이상한 점이 있다면 왜 이 안건들이 모두 성공하지 못했느냐는 것이다.

선거인단 제도에 상식적으로 엉망으로 보이는 점이 많다고 할지라도 이 제도는 헌법적 근거를 가진다. 일단 헌법으로 돌아가서 살펴보면, 이 제도는 생각처럼 쉽게 고칠 수 있는 것이 아니다.

우선, 선거인단 제도는 간접 선거가 아니다. 유권자가 대표를 선출하고, 이 대표가 대통령을 선출할 권한을 위임받아 행사하는 것이 결코 아니기 때문이다. 미국 현행 제도의 선거인단은 예전의 타이완 국민대회 대표와는 다르다. 당시 선거인은 국민대회 대표만 선출할 수 있었을 뿐, 총통은 국민대회 대표들이 결정했다. 미국 각 주의 선거인단에게는 이런 권한이 없다. 갖가지 규정들이 선거인단으로 하여금 각 주의 유권자 투표 결과에 맞게 표를 행사하도록 강제하다시피 한다. 주의 유권자 대다수가 공화당 후보자를 선택했다면, 선거인단은 단체로 공화당 후보자에게 투표할 수 있을 뿐, 이를 바꾸어 민주당 후보에게 투표할 수 없다. 이러한 방식의 목적은 선거인단 제도의 간접 선거 성격을 철저하게 없애는 것이다.

선거인단 제도는 형태를 달리한 직접 선거다. 직접 선거의 '형태를 달리'한 것은 주권州權을 위해서였다. 단순한 직접 선거를 채택하면, 미국 연방 대통령은 모든 미국인이 선출한 대통령이 된다. 그는 주의 구분을 넘어서서 인민에게 직접 권한을 부여받는다. 그렇게 되면 대통령은 정치적으로 각 주의 입장을 고려할 필요가 없다. 오랜 시간이 지나면 각 주의 정치 지위와 기능은 연방과 대통령에 비해 반드시 하락하고 감소할 것이며, 대통령이 쥔 행정권은 구성 원칙상 입법권과 틈이 생기게 된다.

입법권에는 명백하게 각 주를 대표하는 상원이 있다. 대통령의 행정권에도 각 주로부터 근거하는 부분이 있어야 한다. 그렇지 않으면 헌법이 애써 유지하던 입법권과 행정권의 관계에 메울 수 없는 구멍이 생기리라. 입법권에서 주권州權이 그렇게나 중요한데, 입법권의 뜻을 집행할 책임이 있는 대통령이 주권을 소홀히 여겨도 된다고 하는 것은 아무리 보아도 옳지 않다. 대통령이 각 주의 매개를 거치지 않고 유권자가 어느 주에 속하든 상관없이 직접 선거의 득표 수에만 관심을 기울여도 된다면, 상원도 폐지해야 한다. 하지만 그렇게 되면 미국은 더 이상 연방이라고 할 수 없다.

미국 연방 체제의 중요성에 비하면 선거인단이 야기하는 곤혹이나 번거로움은 그리 대단한 것이 못 된다. 그렇게 해서 선거인단은 폐지되지 않고 계속 유지되어 왔다.

선거인은 다른 주의 일에도 관심을 기울일 엘리트

　미국이 부상하기 전까지, 민주는 소국과민_{小國寡民}의 정치 체제에나 적합하다는 것이 민주 담론에 대한 공통된 인식이었다. 그렇기 때문에 미국 헌법 제정과 연방 창립은 매우 대담하고 실험적인 일이었다. 역사의 선례를 깨고 많은 사람이 살아가는 이 넓은 땅에서 민주를 시행하고자 했던 것이다.

　고대 그리스의 많은 폴리스에서는 내부적으로 민주를 시행했다. 그중 아테네는 점점 부상하고 확장했지만 아테네 폴리스 바깥 지역으로는 민주를 실어 나르지 않았다. 그들은 아테네 밖에서는 강압적인 제국의 관리 방식을 사용했다. 현지 거주자는 그 지역의 정치 의사 결정에 참여할 권리가 없었다. 아테네의 정치 의사 결정에 참여할 수 없었음은 더 말할 것도 없다.

　로마는 초기에 공화제를 시행했는데, 로마의 세력이 커질수록 공화제는 점점 더 유지되기 어려워졌다. 카이사르 시대에 이르러서는 공화제의 역량이 소실되고 황제가 통치하는 새로운 시대로 접어들었다.

민주는 확장과 공존할 수 없는 것이었다. 아테네의 확장은 본래의 '민주제'를 사실상 '과두제'로 바꾸어 놓았다. 몇만 명의 아테네 폴리스 시민이 수백만 명의 사람을 누르고 서서 통치를 행했다. 로마의 확장은 잇따른 독재자를 탄생시켰고, 결국 독재자가 민주를 폐지했다.

이런 교훈이 필라델피아 회의 대표들의 마음속에 깊게 새겨져 있었다. 그들은 역사의 전례가 진리라면 이치상 성공할 수 없는 일을 하고 있음을 자각했다. 그들에게 한 가지 위안은 미국이 여러 주가 결합한 연방이라는 점이었다. 진정한 민주는 각각의 주 차원에서 이루어질 것이었다. 주는 그리 크지 않으므로 민주를 시행하기에 적합한 단위였다.

그 시대에는 누구도 전국을 대상으로 하는 직접 민주를 상상할 수 없었다. 당장 대통령 선거의 후보자를 제대로 알리는 일부터가 난관이었다. 13개 주의 모든 인민이 워싱턴 장군이 누구인지 알고 있는 건 아니기 때문이었다. 대관절 누가 대선에 출마했는지 제대로 알지 못한다면, 이들이 어떻게 대통령이 될 사람에게 투표를 하겠는가?

가령 버지니아주에서 후보자 한 명을 내보내고, 뉴욕주에서도 후보자 한 명을 내보냈다고 하자. 그러나 델라웨어주 대부분의 인민이 지금까지 이 두 사람에 대해 들어 본적이 없다면, 그들에게 어떻게 투표를 하라고 할 것인가?
어떻게 의의 있는 한 표를 행사하라고 하겠는가?

그렇기 때문에 헌법은 연방에서 일어나는 일에 특별히
관심을 가지는, 즉 자신이 속한 주 외에 다른 주의 일에도
관심을 기울일 엘리트를 선거인으로 정했다. 이런 사람들
은 주 내부에서 명성을 날리기에 주 의회 의원들이 알 터였
다. 이들을 선출해서 그 지식과 아량으로 주를 대신해 가장
좋은 대통령을 선출하도록 하는 것이다.

선거인에게는 또 다른 기능이 있었다. 그들은 자신이
속한 주의 인민들에게 자신이 왜 저 사람에게 투표하지 않
고 이 사람을 뽑았는지 설명할 책임을 지녔다. 이 과정에서
선거인은 자신이 이 분야에서 축적한 지식과 통찰을 주의
인민에게 전해, 연방에서 일어나는 일에 대한 이들의 흥미
와 이해를 높이게 된다.

선거인 제도를 고안해 낸 데에는 또 하나의 부득이
한 사정이 있었다. 미국 헌법은 연방 하원의 의석수가 인
구 총조사 결과에 따라 분배되도록 규정한다. 인구 총조사
는 10년마다 한 번씩 연방의 주도로 이루어져야 한다. 왜
각 주의 자료를 모아 합산하는 더 간단한 방법을 놔두고 연
방이 총조사를 실시하는 걸까? 각 주에서도 주 의회 선거를

치러야 하니 그들에게 인구 자료가 있지 않겠는가? 연방이 조사에 나서는 건 공정성을 위해서다. 각 주가 하원에서 좀 더 많은 의석수를 얻으려고 인구수를 부풀리는 것을 막으려는 것이다.

하지만 인구 총조사로 얻은 통계는 정확하고 신빙성이 있다고 하더라도 일반 인구이지 유권자 수가 아니다. 유권자의 경우, 연방이 인구를 조사하듯이 주를 넘나들며 총조사를 실시할 수 없었다. 당시에는 선거권을 가질 수 있는 자격 기준이 주마다 달랐고, 그 기준마저 자주 변경되었다. 보편적이고 간소화된 기준(가령 '모든 18세 이상의 성인' 같은)이 없었기 때문에 연방은 유권자 지정에 개입할 수 없었고 각 주의 규정을 따라야 했다.

서로 다른 기준을 가진 주에서 형성된 유권자가 한 사람당 한 표씩 행사해 대통령을 선출한다는 것은 어불성설이었다. A주에서 선거권을 부여받은 사람이 B주에서는 투표할 자격을 갖지 못하는 경우가 발생하는 것이다. 이런 투표는 동등한 가치를 지니지 못할 터였다. 게다가 각 주의 규정이 연방 선거에 영향을 미치는 도구로 사용되기 매우 쉬웠다.

이를 해결하려면 저마다 다른 각 주의 선거권 자격 규

범에 주의를 기울이기보다는 주에 선거인을 선출할 권한을 부여해야 했다. 각 주가 자신들의 규정을 근거로 삼아, 자신들이 자격을 갖추었다고 인정하는 유권자를 동원해서 선거인을 선출하도록 하는 것이다. 이 선거인단의 선거인 한 사람 한 사람은 모두 주의 법에 맞게 선출된 대표들이며, 그들이 행사하는 표는 동등한 가치를 지닌다.

연방 의식은 선거인이 쥐고 있는 두 번째 표에 담겨 있다

미국 헌법 제2조 제1절은 이어서 다음과 같이 규정한다. "선거인은 그들이 속한 주에서 회합하여 한 사람당 2인에게 비밀 투표를 한다. 그중 최소한 1인은 선거인과 동일한 주의 주민이 아니어야 한다." 누군가 선거인이 되었는데 자신이 속한 주에 후보자가 있다면, 그는 당연히 그 후보자에게 표를 줄 수 있다. 아마도 십중팔구는 그럴 것이다. 그 선거인에게는 또 한 장의 표가 있는데, 다른 주의 후보자 중에서 가장 적합하다고 여겨지는 이를 찾아야만 한다.

이 또한 연방주의자와 주권州權주의자가 각축 끝에 타

협하여 얻은 결과다. 선거인 선거는 주권을 존중해 각 주가 자체적으로 결정한 선출 방식을 따른다. 선거인이 각 주에 의해 선출된 만큼, 주의 인민이 그들에게 해당 주의 후보자를 지지하라고 요구하는 것은 당연하게 예상되는 바다. 하지만 모든 주의 선거인이 자신이 속한 주의 후보자에게 투표를 한다면, 대통령 선출이 연방 운영에 도움이 되지 않을 뿐 아니라 주와 주 사이에 경쟁과 갈등이 생기리라. 그렇다고 선거인에게 자신이 속한 주의 후보자에게 투표하지 말라고 할 수는 없기에 한 장의 표를 더 준 것이다. 이 표를 잘 행사하기 위해 그들은 다른 주의 후보를 꼼꼼히 알아보아야 하며, 주가 아닌 연방의 입장에서 어떤 후보가 가장 적합할지를 생각해야 한다.

또 다른 측면에서 보자. 대통령 후보자의 거의 대부분이 자신이 속한 주 선거인의 지지를 받을 텐데 만일 선거인에게 표가 한 장뿐이라면, 상대적으로 많은 선거인을 보유한 주가 절대적인 우세를 점하게 된다. 나중에는 대통령 경선이 각 주 인구의 많고 적음을 겨루는 일이 될 테고, 분명 작은 주의 동의를 얻지 못할 것이다.

표를 한 장 더하면 상황이 크게 달라진다. 가장 작은 주 출신인, 그래서 확보할 수 있는 해당 주 선거인의 표가 가장 적은 후보자도 두 번째 표를 많이 얻으면, 두 번째 표의 지지를 충분히 이끌어 내지 못한 큰 주의 후보자를 가볍게 제칠 수 있다. 두 번째 표야말로 승패의 관건이 된다. 그러니 모든 후보자는 혼신의 힘을 다해서 두 번째 표를 얻기 위해 노력해야만 한다. 따라서 그들에게는 주를 기본으로 하는 편협한 입장을 넘어서는 주장이 필요하다. 그래야만 다른 주의 선거인을 설득해 그들 손에 있는 두 번째 표를 끌어올 수 있기 때문이다. 연방이라는 의식은 이렇게 주를 초월하는 설득에 의해 점진적으로 견실하게 형성된다.

각 주의 선거인 투표 결과는 인증을 거쳐 의회로 회부되고, 상원과 하원의 연석 회의에서 공표된다. 대통령에 당선되려면 반드시 과반수 선거인의 표를 얻어야 하며, 가장 많은 표수를 얻어야 한다. 만일 첫 번째 조건에 부합하는 표를 얻은 사람이 둘 이상이고(선거인 한 사람당 두 장의 표를 가지기 때문에 이론적으로 전체 중 과반수의 표를 얻은 사람이 최대 세 명까지 있을 수 있다) 이들의 득표수가 같다면, 하원이 개표 현장에서 동점을 거둔 후보자를 두고 두 번째 투표를 진행한다.

또한 어느 후보자도 과반수의 표를 얻지 못했다면, 역시 하원이 득표수가 가장 높은 다섯 명의 후보자 중에서 두 번째 투표를 진행한다.

대통령을 선출할 권력을 의회 의원에게 교부하지 않는 다는 원칙을 관철하기 위해서 하원의 두 번째 투표는 의원의 개별 투표가 아닌 주 단위의 투표로 이루어진다. 하원 의원이 몇 명이든 상관없이 주마다 단 한 장의 표를 가진다. 각 주의 하원은 자체적으로 내부 의견을 조율해 누구에게 표를 줄지 결정한다. 이러한 방법으로 후보자가 반드시 과반수 주의 지지를 얻어야 대통령에 당선될 수 있도록 한다.

즉 연방의 정신대로 고안한 복잡한 선거인 제도로 순조롭게 대통령을 선출하지 못했다면, 연합의 옛 방식으로 돌아가 주권을 존중하고 주 단위로 대통령 인선을 결정한다. 이 또한 연방 권력과 주권 사이의 균형을 위한 안배이다.

미국 대선 출마 조건에는 재산 규정이 없다

이어서 미국 헌법은 미국 대통령이 되기 위해 반드시 갖춰야 하는 조건을 규정한다.

출생에 의한 합중국 시민이거나 이 헌법이 시행될 때 이미 합중국 시민인 자만이 대통령으로 선출될 자격을 가진다. 연령이 만 35세가 되지 않은 자, 합중국 내에 거주한 지 만 14년이 되지 않은 자는 대통령으로 선출될 수 없다.

이 단락에서 설명하는 조건은 매우 중요하다. 말했을 법한데 말하지 않은 내용도 마찬가지로 중요하다. 반드시 미국에서 태어난 자, 반드시 만 35세가 된 자여야 한다는 점에 대해서는 앞서 말한 바 있다. 당시의 정치 환경에서 유난히 눈에 띄고 사람들을 놀라게 했던 것은 조건이 이 두 가지뿐이라는 점이었다.

당시 13개 주의 헌법과 대조해 보자. 어느 한 주에서 누군가가 주지사나 주 의원를 맡으려면, 심지어 유권자가 되어 선거권을 가지려면 재산이 있어야 했다. 일정한 재산 혹은 토지가 없으면 정식으로 정치에 참여할 수 없었다. 조금 과장해서 말하자면, 일정한 재산이나 토지가 없는 사람은 정치적인 시각에서 보았을 때 존재하지 않는 것이나 마찬가지였다.

이 또한 미국 헌법의 파격적인 진보 정신을 볼 수 있는 부분이다. 능력 있는 가난뱅이는 자신이 속한 주에서 기본적인 투표권조차 갖지 못하지만, 합중국의 대통령은 될 수 있다. 합중국의 모든 행정권, 즉 집행권을 주관하는 이는 집에 재산이 많고 배경이 든든한 세도가여야 할 필요가 없다. 미국에서 태어났고, 만 35세가 되었다면 대통령이 될 자격을 갖춘 것이다. 다른 조건은 필요하지 않다.

이러한 조문을 보고 다음과 같은 상황을 그려 볼 수 있다. 자신이 속한 주에서는 투표권이 없고, 주 의원, 주지사, 상원 의원, 하원 의원에 당선될 자격도 없는 사람이 미국 대통령에는 당선될 수 있다. 그는 심지어 선거에서 스스로에게 한 표 행사할 자격도 없다. 선거인을 선출할 권리조차 없다. 그러나 헌법에 따르면 미국 대통령은 될 수 있다.

미국 헌법이 제정될 때 매사추세츠주에서는 반드시 100파운드 이상의 재산을 보유해야만 주 의원 선거에 나갈 수 있었다. 주지사에 출마하기 위한 조건은 더욱 엄격해 1천 파운드 이상의 재산이 있어야 했다. 메릴랜드주에서는 주지사에 출마하려면 반드시 5천 파운드 이상의 재산을 보유해야 했고, 조건이 가장 높은 사우스캐롤라이나주에서는 1만 파운드의 재산이 없으면 주지사 출마는 생각도 할 수 없었다. 사우스캐롤라이나주에서 플랜테이션 지주 계급이 주 정부 행정권을 장기간 장악한 것은 필연적인 일이었다.

주지사 경선에 참여할 자격을 가질 만큼 부유한 사람은 그들뿐이었다.

사우스캐롤라이나주의 대표였던 찰스 핑크니●는 필라델피아 회의에서 사우스캐롤라이나 주지사가 되는 데에도 1만 파운드의 재산이 있어야 하니, 적절한 비율로 늘려 연방 대통령의 합리적인 재산 조건은 10만 파운드여야 한다고 제안했다. 10만 파운드의 재산이 있어야 연방 대통령에 출마할 자격을 갖는다는 것이었다. 당시 10만 파운드는 오늘날의 200만 달러에 해당한다. 타이완 달러로 억만장자에 가까운 사람만이 대통령에 출마할 수 있다는 이야기다.

재산 조건을 설정한 이유는 당시 사람들이 주지사가 보수를 받는 것을 마땅하게 여기지 않았기 때문이다. 그들은 주의 공금에 의지해 끼니를 해결하는 사람은 주를 관할할 수 없다고 생각했다. 건국의 공로자 프랭클린이 필라델피아 회의에서 가장 신경을 썼던, 가장 단호하게 고수했던 한 가지가 바로 연방 대통령의 보수 문제에 절대 찬성할 수 없다는 것이었다. 그는 대통령은 물론 상원과 하원도 무보수여야 하며, 이들이 하는 일을 순수한 공공 복무라고 여겼다.

프랭클린에게는 만일 누군가가 보수를 위해 이 일을 맡는다면 스스로 '젠틀맨'gentleman이 아님을 증명한 것이며,

---

● 찰스 핑크니(Charles Pinckney, 1757-1824)는 주지사를 세 차례 지냈다. 그의 후대 자손 중에 7명이 사우스캐롤라이나 주지사를 역임한 바 있다.

그들의 기본 자격이 박탈되는 것이었다. 실제로 워싱턴은 제1대 대통령 취임 연설에서 어떠한 보수도 거절하겠다는 뜻을 분명하게 밝혔다. 그는 경제적으로 여유로워 대통령 보수를 받지 않아도 되는 상황이기도 했다.

어떤 사람이 보수를 받지 않고 대통령을 맡으려고 하겠는가? 당연히 돈이 있는 사람, 자산이 있는 사람이다. 실제로 필라델피아 회의 참여자를 포함해 과거 북미 식민지에서 정치에 참여했던 이는 모두 돈과 자산을 보유한 사람들이었다.

하지만 대통령 재산 조건은 단 한 번의 논의로 부결되었다. 역사 속으로 들어가 당시 환경에서 바라보면, 이는 상상하기도 설명하기도 어려운 일이다. '10만 파운드'와 같은 구체적인 액수를 정하면 각 주에서 헌법 인가 회의를 열 때 논란거리가 되어 불필요한 변수를 보탤 수 있다는 것이었다. 마지막에 가서야 대통령 후보자의 재산 규정을 헌법에 넣지 않는다는 역사적이고 비약적인 진보가 이루어졌다.

이러한 결정이 일으킨 작용을 가볍게 여겨서는 안 된다. 미국 헌법이 정한 대통령 후보자 자격이 각 주에는 부담으로 다가갔다. 연방이 정식으로 성립된 후, 각 주는 주도적으로 혹은 어쩔 수 없이 새로운 정치 정세에 대처하지 않으면 안 되었다. 이들은 재산 조건을 완화하거나 없애는 쪽으로 주 헌법을 검토하고 수정했다. 연방 대통령이 될 자격이 있는 사람이 주에서 주 의원 혹은 주지사를 맡을 자격을 갖지 못한다는 것은 아무리 봐도 이상하긴 하다.

또한, 대통령 후보자의 자산 규정을 넣지 않은 것은 대통령 후보자의 출신 배경을 제한하지 않겠다는 뜻이었다. 이는 정치 분야에서 분발하고자 하는 후생들의 열정을 북돋았고, 그 영향으로 머지않아 '가난한 대통령'이 탄생했다.

링컨이 바로 '가난한 대통령'이었다. 그는 낮은 계급 출신이었고, 정식 교육을 1년밖에 받지 못했으나 노력과 독학으로 사회에 진출했다. 또 다른 '가난한 대통령'은 그랜트● 다. 그는 집안이 가난하여 종군을 선택했고, 훗날 남북전쟁에서 공을 세웠으며 링컨의 뒤를 이어 대통령이 되었다.

만약 각 주의 전례를 따라 미국 헌법 역시 대통령 후보자의 재산을 자격 조건으로 내걸었다면 링컨과 그랜트의 출신 배경으로는 결코 19세기 중엽에 대통령에 당선될 기회를 얻지 못했을 것이다.

더 나아가 살펴보면, 재산에 제한을 두지 않는 것과 연

● 율리시즈 S. 그랜트(Ulysses S. Grant, 1822-1885)는 미국 육군사관학교를 졸업한 뒤 미국-멕시코전쟁에 참전했으며, 남북전쟁 기간에 북군 총지휘관을 맡았다. 제16대 대통령 링컨이 암살당한 후 부통령 앤드루 존슨이 자리를 이어받아 제17대 대통령이 된다. 그랜트는 1868년 대통령 선거에서 호레이쇼 시모어를 제치고 제18대 미국 대통령에 당선되었으며, 1872년 연임에도 성공했다.

령에 명확한 제한을 두는 것은 서로 연관되어 있다. 반드시 만 35세 이상이 되어야 대통령에 선출될 수 있고, 만 30세 이상이 되어야 상원 의원으로, 만 25세 이상이 되어야 하원 의원으로 선출될 수 있도록 한 것 모두 의도는 매한가지다. 단순히 가문의 그늘에만 기댄 젊은이가 권력을 가진 자리에 앉는 경우를 최대한 방지하고자 했다.

여기서 고려하는 점은 '수염이 없으면 일하는 것이 미덥지 않다'라는 속담과 다르다. 젊은 사람은 경험이나 이력이 부족하다거나, 충동적으로 행동하기 쉽고 사려 깊지 못하다고 걱정하는 것이 아니다. 너무 젊은 나이에 높은 지위에 오른 이들은 '아버지 덕'을 본 경우가 많았기 때문에 연령 제한을 통해 그런 무리를 배제하고자 했다. 부자 아버지, 귀족 아버지를 두어 다른 사람보다 쉬운 출발을 한 사람도 일정한 나이가 될 때까지 자신의 정치 지식과 의견을 축적하며 기다려야 한다. 이를 통해 세습과 새로운 정치 귀족의 등장을 막고자 한 것이다.

만 25세, 30세, 35세라는 서로 다른 연령 제한 역시 각 지위가 갖는 권력의 높낮이를 구체적으로 반영한다. 권력이 상대적으로 작으면 아버지 덕에 자리에 오른 이라고 하더라도 영향력이 크지 않다. 따라서 문턱을 조금 낮춰 젊은 이들이 두각을 나타낼 수 있도록 장려한다. 권력이 큰 자리일수록 아버지 덕으로 자리를 꿰차는 이가 없도록 엄격하게 방지해야 한다. 또한, 보다 높은 자리에는 보다 공평한 경쟁 환경을 제공해야 한다. 부자 아버지, 귀족 아버지를 둔 이는 다른 사람보다 일찍 출발해 앞장서서 달린다. 따라서 일찍 출발할 기회가 없는 이에게 실력을 드러낼 시간을 주어야 한다. 이렇게 주어진 시간 동안 능력이 있는 사람은 선두를 따라잡고 집안 배경으로 인한 결핍을 메우게 된다.

정리하자면 지위가 높을수록 더 큰 권력을 수반하기 마련이며, 그럴수록 더욱 집안 배경의 영향을 받지 않아야 하고 다양한 인재에게 길이 열려 있어야 한다. 이것은 미국 민주 제도의 견실하고도 귀중한 인재 등용 원칙이다.

미국 대통령 선거에 나가려면 미국 태생이어야 한다

할리우드 스타 아널드 슈워제네거●는 중년에 정치계

●아널드 슈워제네거(Arnold Schwarzenegger, 1947–)는 1968년 미국으로 이민하여 1983년에 시민권을 획득했다. 연예계 생활을 시작하기 전에는 세계적인 보디빌더였다. 2003년부터 2011년까지 캘리포니아 주지사를 두 번 연임했다. 많은 할리우드 스타가 민주당을 지지하는 것과 달리, 그는 줄곧 공화당 사람이었다. 그의 아내 마리아 슈라이버는 민주당 사람일 뿐 아니라 전 대통령 케네디의 조카딸이기도 했다. 두 사람은 2011년 슈워

에 발을 들여 순조롭게 캘리포니아 주지사에 당선되었다. 슈워제네거의 정치적 명망이 한창 드높을 때, 미국의 언론에서는 한 가지 화제를 두고 열띤 토론이 벌어졌다. 슈워제네거에게 미국 대선에 출마할 기회가 주어져야 마땅한가?

슈워제네거는 캘리포니아 주지사 선거에 출마할 자격을 갖추었으나, 미국 대통령 선거에 출마할 자격은 없었다. 그가 오스트리아에서 태어났다는 사실이 걸림돌이 되었다. 헌법 제2조 제1절 규정에 부합하지 않았던 것이다.

미국은 이민국이다. 미국에서 태어나지 않은 슈워제네거가 귀화하여 미국 시민이 된 후, 캘리포니아 주지사에 출마하고 당선된 것은 그리 이상한 일이 아니다. 미국 헌법에는 미국 시민 신분에 관한 어떤 규범도 없다. 건국의 공로자인 필라델피아 회의의 대표들 중 많은 이들 역시 영국에서 이주해 온 이민자였기 때문이다. 또한 독립전쟁이 발발한 후에야 영국 시민과 미국 시민 중에서 자신의 신분을 선택한 사람도 적지 않았다.

그렇다면 왜 굳이 대통령이 될 사람의 신분을 제한하는 규정을 덧붙였을까? 1789년 헌법이 성립될 때 이미 미국 시민 신분을 갖추고 있다면, 그 사람은 본래 출생지가 어디든 상관없이 미국 대통령에 출마할 수 있다. 그러나 헌법이 성

제네거가 외도로 아이를 낳았다는 사실을 자백하면서 이혼했다.

립되고 난 후에는 미국에서 태어나지 않았거나 그때까지 미국 시민 신분을 취득하지 못한 이는 헌법에 따라 배제 대상이 되어 절대 미국 대통령을 맡겠다고 나설 수 없었다.

헌법이 막고자 한 것은 멕시코나 타이완 출신 대통령이 아니라, 유럽에서 온 사람이었다. 필라델피아 회의가 열린 배경은 미국에 대한 유럽 각국의 적의였다. 유럽에 저항하기 위해서는 어떻게든 허약해진 연합을 강화하지 않을 수 없었다. 회의 대표들은 이러한 배경을 잘 알고 있었다. 연방의 대통령에게 그토록 큰 권력을 준 만큼 여기에는 한 가지 위험한 변수가 존재했다. 방대한 유럽의 군왕 체제에서 귀족 한 사람을 미국 대통령 선거에 출마시킨 뒤, 돈과 권력을 무기로 각 주의 선거인에게 영향력을 행사해 그가 대통령에 당선되도록 할지도 몰랐다. 그렇게 되면 그 즉시 미국의 민주 제도는 변질되리라.

영국이 미국을 공격하지는 못하겠지만, 어쩌면 원정군을 파견하여 전투를 벌이는 데에 드는 것보다 훨씬 적은 비용으로 왕실 구성원 한 사람을 대통령으로 만들고, 사실상 북미 식민지를 회수할 수도 있으리라. 그렇다면 얼마나 끔찍한 일이 되겠는가!

그 시기의 미국인은 유럽 앞에서 무척 자신이 없었다.

북미의 동떨어진 지리적 위치 덕분에 영국 통치에서 벗어났지만, 경제부터 문화까지 각 방면에서 미국은 아직 진정한 독립적 지위를 갖지 못했고 유럽보다 뒤쳐져 있었다.

그들은 북미 식민지를 회수하려는 음모를 꾸미는 나라는 영국만이 아니라고 생각했다. 다른 유럽 귀족 역시 야심이나 허영심에 그들의 재산과 영향력을 동원해 미국 대통령 직위를 차지할 수 있었다.

이 제한은 유럽 왕실이 비집고 들어올 틈을 없애기 위해 만들어졌다. 단념들 하시라, 유럽에서 나고 자라서 유럽 귀족의 부귀영화를 누렸으면 미국에 와서 초를 칠 생각은 말라, 그렇게 말하고 있는 것이다.

200여 년 전의 일이니 지금은 당연히 상황이 달라졌다. 세상 어디에 미국의 대통령 선거를 좌지우지할 수 있는 세력이 존재하겠는가? 상황이 달라졌으니 이제 이 규정은 왕실 귀족이 아니라 미국의 이민 1세대를 제한할 뿐이다. 그들은 아마도 아주 어린 나이에 미국에 왔을 테고, 인생 중 대부분의 시간을 미국에서 보내며 미국이 자유롭게 꿈꿀 수 있는 곳이라고 믿었으리라. 그러나 딱 한 가지, 그들이 다른 미국인과 달리 가질 수 없는 꿈이 있다. 바로 대통령 선거에 나가고 대통령이 되는 것이다.

현재 이민 1세대 대다수가 라틴아메리카계와 아시아계다. 따라서 이 규정은 인종차별의 의미를 띠게 되었다. 그무수한 라틴아메리카계와 아시아계 인구 중에서 지금껏 대통령 후보자가 탄생하지 못했다.

개헌 논의의 진정한 초점은 슈워제네거에게 캘리포니아 주지사에서 한 칸 더 올라설 기회를 주어야 하는가 말아야 하는가가 아니라, 당시의 국제 정세에서 벗어난 오늘날에도 이 규정이 여전히 일리가 있는가이다.

대통령은 당선만으로 주어지는 신분이 아니다

미국 헌법 제2조 제1절 6항의 내용이다.

대통령이 면직되거나, 사망 혹은 사임하거나, 그 권한과 직무를 수행할 능력을 상실한 경우, 대통령의 직권은 부통령이 수행한다. 의회는 대통령과 부통령이 모두 면직되거나, 사망 혹은 사임하거나, 직무 수행 능력을 상실한 경우 어떤 사람이 대통령 직무를 대행할지 법률로 규정할 수 있다. 이에 따라 그 사람은 대통령의 능력이 회복되거나 새로운 대통령이 선출될 때까지 대통령 직무를 대행한다.

유럽의 왕위 계승 방식을 보면 사망과 사임은 왕위가 공석이 되는 정상 사유다. 대통령직도 마찬가지다. 하지만 유럽의 군왕은 임기 제한을 받지 않고, 면직 당할 일도 없다. 이 조항에서 언급하는 대통령이 하야해야 하는 상황은 면직, 사망, 사임 그리고 "그 권한과 직무를 수행할 능력을 상실한 경우"이다. 대통령과 부통령의 '능력 상실' 상태는 의회가 법률로 규정한다.

대통령 신분은 선거에서 당선되기만 하면 주어지는 것이 아니다. 이 신분은 고정불변의 자격이 아니라 대통령의 능력과 연방, 헌법, 인민에 대한 복무에 따르는 것이다. 대통령제는 군주제와 확연하게 다르다. 군주가 즉위하면 신분은 그와 하나가 된다. 그가 곧 국왕인 것이다. 대통령은 즉위한 후에도 권력과 직무를 수행하기에 적합한 능력을 갖췄다는 것을 거듭 증명해야 한다. 그렇지 않으면 대통령 신분을 잃을 수 있다.

또한, 대통령에게 부여된 막대한 권력은 '집행권', 즉 인민과 의회로부터 사명과 임무를 받들어 집행하는 것에 국한된다. 유능하고 유효한 집행이 이루어진다면 대통령 신분과 권력을 보전할 수 있고, 반대로 무능하다면 인민과 의회는 그에게서 대통령직을 박탈할 수 있다.

권력을 이양하고 계승하는 문제에서는 중요한 대안이 한 가지 마련되어 있다. 바로 '부통령'이라는 직위다. 부통령은 '견습 대통령'이다. 대통령이 수행하는 직무를 숙지하다가 대통령이 어떤 이유로 집무를 볼 수 없게 되면 그가 '대리 대통령'이 된다.

당시의 역사 상황으로 돌아가 보면, 부통령을 두게 된 것은 유럽 왕실의 왕위 계승에서 얻은 교훈 때문이기도 하다. 오늘날 영국의 왕실이 마주한 상황을 보면 쉽게 이해할 수 있으리라. 영국은 엘리자베스 2세가 재위 중이며, 계승권의 서열 1위는 아들 찰스 왕자다. 2위는 찰스의 아들 윌리엄 왕자, 3위는 윌리엄의 아들 조지 왕자, 4위는 윌리엄의 동생 해리 왕자다.● 왕이 재위한 지 60년이 넘었고, 왕위 계승을 기다리는 황태자 찰스는 나이가 들었다. 막상 왕위를 계승할 상황이 생겼을 때는 찰스가 세상에 없을지도 모른다. 설령 살아 있더라도 즉위하고 몇 년 뒤에 다시 왕위를 윌리엄에게 넘겨주어야 할 수도 있다. 영국 왕실이 겉모습만 찬란하고 실질적인 정치권력이 없기에 망정이지, 그

●2015년 5월 2일에 윌리엄의 둘째 아이 샬럿 공주, 2018년 4월 23일에 셋째 아이 루이스 왕자가 태어나면서 해리 왕자의 서열은 6위가 되었다.(옮긴이)

렇지 않았다면 영국인은 식은땀을 흘리며 이러한 계승 상황을 지켜보았을 것이다.

앞으로 발생할 일은 필연적이다. 아주 오랫동안 영국의 정무를 두 노인 엘리자베스 2세와 찰스가 주관할 것이다. 만약 찰스가 왕위를 계승하지 못한다면 권력이 아주 연로한 노인에게서 젊고 경험이 없는 왕세자에게 넘어가리라. 어느 쪽이든 국가의 정치가 원활하게 돌아가는 데에 지장과 동요를 초래할 수밖에 없다.

또한, 조지 왕자는 태어나자마자 계승 서열에 올랐다. 그가 남성이라는 것 말고는 아무도 그가 자라서 어떤 사람이 될지 알 수 없다. 그의 지성과 능력, 사람을 대하는 태도 모두 그가 후계자가 되는 것과 무관하나 그의 정무 수행력과는 결정적인 관련이 있다.

왕위 계승은 불확실한 요소가 너무 많다. 그에 따라 한 국가의 국운과 미래에도 불확실한 요소가 많아진다. 미국 헌법은 권력 계승에 수반되는 불확실성을 최대한 통제하고 낮추고자 했다. '부통령' 직무를 입안함으로써, 대통령이 어떤 상황에서 권력을 내놓게 되더라도 뒤이어 권력을 잡는 이는 대통령과 같은 능력과 자격을 갖춘 사람일 것임을 확실하게 보장했다. 대통령의 임기가 만료되면 인민의 선출로 차대 대통령에게 권력이 넘어간다. 대통령이 임기가 끝나기 전에 자리를 떠나게 되면 그의 권력은 특수한 절차를 통해 마찬가지로 검사와 인증을 받은 부통령에게 넘어간다.

대통령이 직무를 수행할 수 없을 땐
누가 자리를 이어받는가?

미국 헌법의 본래 규정은 대선에 출마한 후보자 가운데 득표수가 가장 높은 사람이 대통령에 당선되고, 그다음으로 높은 사람이 부통령에 당선되는 것이었다. 이렇게 하면 부통령과 대통령이 대등한 자격을 가지도록 보장할 수 있었다. 부통령은 대통령 당선인을 제외하면 대통령이 되기에 가장 적합한 사람임을 선거를 통해 인정받았기 때문이다.

하지만 이 규정에는 중요한 결함이 있었다. 선거에서 대통령의 강력한 경쟁자였던 사람이 그의 '견습 대통령'이 되는 것이다. 대통령에게 '사망, 면직, 사임 혹은 능력 상실' 과 같은 문제가 생기면 이 '견습 대통령'이 대통령이 된다. 대통령의 신상에 어떤 불행이나 낭패스러운 일이 생긴다면 최대 수혜자는 그의 경쟁 상대일 텐데, 어떻게 대통령과 부통령 두 사람이 함께하고, 더욱이 협력을 할 수 있겠는가?●

이런 이유로 1804년 수정 조항 제12조에서 대통령 선거와 부통령 선거를 분리했다. 이때부터 더 이상 1등은 대통령, 2등은 부통령이 되는 것이 아니라 대통령이 될 사람은 대통령이 되고, 부통령이 될 사람은 부통령이 되는 것으로 바뀌었다. 후보자도 다르고 투표도 따로 했다. 훗날 정당정치가 자리를 잡은 뒤에는 대통령과 부통령이 러닝메이트를 이루어 경선하는 것으로 바뀌어, 한 팀씩 투표용지에 등장하게 되었다.

대통령과 부통령의 콤비 경선이 현실 정치에서 낳은 효과는 표의 고른 분배를 고려하게 되었다는 점이다. 대통령 후보자는 자신을 대신해서 다른 유권자의 지지를 얻어낼 수 있는 사람을 부통령 후보로 선택하는 경향을 보였다. 북부의 명문교 출신인 존 F. 케네디는 시골내기 분위기가 물씬 나는 남부의 린든 B. 존슨을 부통령 러닝메이트로 선택했

● 이러한 대통령 선거 제도의 결함은 1796년 대통령 선거에서 여실히 드러났다. 당시 연방당의 존 애덤스는 첫 번째 표의 과반수를 얻어 대통령에 당선되었다. 하지만 연방당을 지지하는 선거인들의 표가 두 번째 표에서 흩어져, 민주공화당의 토머스 제퍼슨이 두 번째로 높은 표를 얻어 부통령에 당선되는 일이 벌어졌다. 애덤스와 제퍼슨은 연방의 권한과 대외 정책에서 물과 불처럼 대치했다. 두 사람은 애덤스가 첫 번째 임기를 마친 후 1800년에 또 맞붙었다. 이번에는 제퍼슨과 같은 당의 뉴욕주 상원 의원 에런 버가 동점을 얻었다. 결국 하원의 투표로 제퍼슨은 대통령, 버는 부통령으로 결정되었다. 애덤스는 선거에서 졌다. **242**

다. 린든과 케네디의 개성, 이미지, 정치 성향은 그야말로 정반대였다.●● 두 사람은 연합 경선으로 서로 다른 표심을 끌어모았고, 공화당에서 지명된 리처드 닉슨을 이겼다.●●● 하지만 후유증이 남았다. 사실 이 두 사람은 서로를 탐탁지 않게 여겼던 것이다. 1963년 11월 케네디가 암살을 당했을 때, 모든 일의 배후에는 린든이 있다고 주장하는 음모론이 퍼진 것도 당연한 일이었다.

표의 균형을 고려해 부통령을 인선하지 않은 소수 중에는 빌 클린턴이 있다. 1992년, 그는 민주당 내부의 건의를 거절하고 고어와 러닝메이트가 되어 경선을 치렀다. 클린턴과 고어는 나이가 비슷하고, 두 사람 모두 남부 출신이며,●●●● 입장과 이미지도 매우 흡사하다. 바꿔 말하면, 고어에게 표를 주는 사람은 고어가 없어도 클린턴을 지지했을 사람이었다. 고어는 클린턴이 얻을 수 없는 표심을 대신 확충하는 역할을 할 수 없었다. 누군가 왜 통상적인 방법을 따

●● 케네디는 매사추세츠주 출신으로, 아이비리그에 속하는 하버드대학교를 졸업했다. 대통령 선거에 출마했을 당시 매사추세츠주 상원 의원이었다. 린든은 텍사스주 출신으로, 텍사스주립대학교를 졸업했다. 당시 텍사스주 상원 의원이었으며, 상원 다수당의 대표이기도 했다.

●●● 닉슨은 캘리포니아주 출신으로, 캘리포니아 휘티어사립대학교를 졸업했다. 당시 부통령을 맡고 있었다. 그의 러닝메이트 헨리 로지는 매사추세츠주 출신으로, 하버드대학교를 졸업했다. 당시 매사추세츠주 상원 의원이었다.

●●●● 클린턴은 아칸소주 출신으로, 당시 주지사였다. 고어는 테네시주 출신으로 당시 상원 의원이었다.

243

르지 않고 이런 선택을 했는지 물었을 때 클린턴은 유명한 대답을 내놓았다. "내가 죽을 수도 있다고요!"I cloud die!

헌법의 시각에서 보면, 클린턴의 선택에는 이상한 점이 없으며 오히려 합리적이다. 부통령의 가장 큰 역할은 대통령 자리가 공석이 되었을 때 직무를 이어받는 것이다. 클린턴은 대통령에 당선되었으나 사망이나 기타 요인으로 때이르게 자리에서 물러나게 되는 경우를 염두에 두었다. 만일 그렇게 된다면, 직무를 이어받을 부통령이 그와 같은 생각과 주장을 가지고 그의 정치적 목표를 이어서 수행해 주길 바라는 마음으로 이런 선택을 했던 것이다.

클린턴은 미국 역사에서 특별한 인물이다. 200여 년 동안 작은 주 출신의 대통령은 3명뿐이었는데, 아칸소주 출신인 클린턴이 그중 1명이다.● 그가 작은 주에서 출마해 모두가 안 될 거라고 여기던 상황에서 민주당 후보로 지명되고, 연임을 위해 경선에 나선 조지 H. W. 부시를 이길 수 있었던 것은 통상적 관습을 따르지 않으면서도 나름 설득력 있는 견해와 행보를 보인 덕분이었다.

대통령 자리가 공석이 되면, 부통령이 이어서 권력을 잡는다. 만일 대통령과 부통령이 임기 중 동시에 자리를 떠나게 되면 어떻게 될까? 200여 년의 역사에서 실제로 그런

● 나머지 두 사람은 루이지애나주에서 온 제12대 대통령 재커리 테일러(Zachary Taylor, 1784–1850)와 뉴햄프셔주에서 온 제14대 대통령 프랭클린 피어스(Franklin Pierce, 1804–1869)다.

상황이 생긴 적은 없었다. 하지만 미국 사람들은 생길 가능성이 극히 희박한 이 변화에 대비하기 위해 수없이 토론하고 계획을 세웠다. 이를 보면 그들이 권력을 합법적이고 원활하게 전하는 방법을 유달리 중시했음을 알 수 있다.

1981년, 당시 미국 대통령 로널드 레이건이 워싱턴의 거리에서 저격을 당했다.●● 이 사건은 두 가지 유명한 이야기를 남겼다. 한 가지 이야기는 레이건이 총에 맞고 병원으로 후송되었는데 수술실에서 의식이 분명한 상태로 그 자리에 있던 의료진에게 농담을 했다는 것이다. "오늘만이라도 당신들이 모두 공화당 지지자면 좋겠네요!" 다른 한 가지 이야기는 레이건이 저격당했을 때 부통령 부시가 텍사스 주에 있었는데, 백악관 기자회견에서 당시 국무 장관 헤이그●●●가 거드름을 피우며 이렇게 말한 것이다. "이곳은 내가 컨트롤한다!"

물론 그가 컨트롤하는 날은 오지 않았다. 헤이그는 이

●● 로널드 레이건은 1981년 3월 30일 존 힝클리가 쏜 총에 흉부와 오른쪽 어깨를 맞았다. 그가 대통령에 당선된 지 69일째 되는 날이었다. 힝클리의 범행 동기는 『택시 드라이버』에서 아이리스 스틴스마 역을 맡았던 조디 포스터의 관심을 끌기 위한 것이었다고 한다.
●●● 알렉산더 헤이그(Alexander Meigs Haig Jr, 1924~2010)는 육군 부참모총장과 나토(NATO) 유럽연합군 사령부 총지휘관을 역임했다. 닉슨 대통령 재임 기간에 국가안보회 보좌관에서 백악관 비서실장으로 전임했다. 워터게이트 사건이 발생한 후, 닉슨이 사퇴하고 뒤이어 대통령이 된 제럴드 포드가 닉슨을 특별사면한 일에서 헤이그가 주요한 역할을 했다고 전해진다.

한마디로 정치계에서 자신의 앞길을 망치고 말았다. 헌법에 대해 무지했던 것, 긴박한 상황에서 부통령, 하원 의장, 상원 임시 의장을 건너뛰고● 그 큰 권력을 자신에게 돌린 것, 이는 미국에서 용서될 수 없는 잘못이었다. 하지만 헤이그의 한마디는 오히려 헌법이 규정하는 권력 위임 순위를 다시 한 번 착실히 복습하도록 미국의 언론과 사람들을 환기시켰다. 그리고 사람들은 헌법에 수록된 겹겹의 규범들이 어떤 상황에서도 누군가는 행정권이라는 큰 권력을 맡도록 보장하고 있음을 확인하고 안심했다.

어떤 상황이면 국무 장관에게 '컨트롤'할 차례가 돌아갈까? 초기 헌법 규정에 따르면, 대통령과 부통령이 모두 공석인 상황에서는 의회 의장이 새로운 선거 일정을 정하기 위해 임시로 행정권을 대리 행사할 각원 한 사람을 지정할 권한을 가진다. 국무 장관은 내각에서 서열이 가장 높기 때문에 지정될 가능성이 크다.

이 규정은 매디슨의 주장에서 비롯되었다. 매디슨은 상원 의장이든 하원 의장이든 의회 의장을 행정권 이양 순위에 넣는 것을 완강하게 반대했다. 이유는 매우 간단했다. 의회는 입법권을 대표한다. 입법권은 행정권에 개입하거나

● 미국 헌법에 따르면 부통령이 상원 의장을 맡으며, 부통령이 의회에 결석하면 상원에서 대신 회의를 주재할 임시 의장(President pro tempore of the United States Senate)을 선출해야 한다. 이 자리는 보통 상원 다수당의 최고참 의원이 맡는다. 임시 의장은 미국 대통령 대리자 서열 3위다.

행정권을 침범해서는 안 된다. 행정 수장이 공석이 되었을 때는 행정권 내부 인원으로만 이를 대신할 수 있으며, 입법권을 가진 이들은 이에 간여하지 않는다. 이렇게 해야 삼권분립이라는 기본 원칙에 충실할 수 있다.

미국 헌법 제1조 제6절은 상원 의원과 하원 의원의 행정직 겸임을 금지한다. 행정직을 맡으려면 반드시 의회 의원직을 그만두어야 한다. 이 규정에 따르면 의회 의장은 먼저 사직을 해야 대통령 직무를 대행할 수 있다. 그렇기 때문에 매디슨이 의회 의장은 행정권 대행자를 지정할 권력을 가질 뿐, 그 자신이 행정권을 이어받을 수는 없다고 주장한 것이다.

물론 실제로 대통령과 부통령이 동시에 공석이 된 적은 지금껏 없었지만 이 규정은 삼권분립에 관한 사안이기 때문에 미국 역사에서 그토록 중요하게 다루었다.

대통령은 반드시 신성한 헌법을 수호해야 한다

미국 헌법 제2조 제1절 중 보수에 관한 규정이다.

대통령은 그 복무의 대가로 정기적인 보수를 받으며, 그 봉급의 액수는 임기 중에 인상 또는 인하되지 않는다. 대통령은 임기 중에 합중국 정부 또는 어느 주로부터 그 밖의 어떠한 보수도 받지 못한다.

이것이 바로 프랭클린이 가장 반대했던 내용이다. 이 규정의 근본정신은 연방의 모든 입법, 행정, 사법 구성원은 연방이 지급하는 보수를 받아야 하며, 각 주에 대한 물질적 의존에서 벗어나야 한다는 것이다. 대통령을 포함한 연방의 구성원은 다른 주州로부터 어떠한 보수도 받을 수 없고, 어느 주도 대통령에게 뇌물을 바쳐 행정상 사사로운 호의를 얻을 수 없다.

대통령의 보수는 입법권에서 결정하는데, 한 가지 조건이 있다. 대통령의 임기 중에는 의회가 봉급의 액수를 올리거나 내리지 못한다. 대통령이 취임할 때의 봉급 액수가 퇴임할 때까지 유지된다. 이 조항의 의도는 의회가 대통령 보수를 회유 또는 위협의 도구로 삼지 못하도록 하는 것이다. 대통령이 의회 의원과 사이좋게 지낸다고 해도 봉급 인상에는 아무런 도움이 되지 않는다. 대통령과 의회가 물과 불처럼 대치한다고 해도 역시 의회가 감봉으로 복수를 하거나 대통령이 순종하도록 옥죄지는 못한다.

제2조 제1절 8항의 첫 줄이다.

대통령은 그 직무 수행을 시작하기에 앞서 다음과 같은 선서 또는 확약을 해야 한다.
Before he enter on the Execution of his Office, he shall take the following Oath or Affirmation.

왜 "선서 또는 확약"Oath or Affirmation이라고 말하는 것일까? 이는 서로 다른 종교적 견해와 관련된다. 일부 교파는 선서에 반대한다. 하느님 앞에서 사람은 선서를 할 자격이 없다고 여기기 때문이다. 또 사람은 하느님과 관련된 신성한 일에만 선서를 할 수 있으며, 세속의 일에 대한 선서는 신성모독이라고 주장하는 교파도 있다. 이런 이유로 선서를 할 수 있는 사람은 선서를 하고, 선서를 할 수 없는 사람은 확약을 한다. 하지만 중점은 변하지 않는다. 이렇게 낭독한 서약서는 신성한 의미를 지닌다.

서약서는 다음과 같다.

"나는 합중국 대통령의 직무를 충실히 수행하며, 최선을 다하여 합중국의 헌법을 보전하고 보호하고 수호할 것을 엄숙히 선서(또는 확약)한다."

미국 헌법을 통틀어 오직 이곳에만 'I'(나)가 등장한다. 이를 보면 행정권을 주관하는 대통령을 몹시 중시했다는 것을 알 수 있다. 서약서에서 대통령이 "보전하고 보호하고 수호"하겠다고 서약하는 대상은 국가가 아니라 헌법이다. 국가는 추상적이다. 무엇이 애국인지, 어떻게 하는 것이 국가에 충성하고 국가를 수호하는 일인지를 정의하는 수많은 방식이 존재한다. 그에 반해 헌법은 명확하다. 헌법을 보전하고 보호하고 수호하는 일에는 그리 다양한 해석의 여지가 주어지지 않는다.

헌법을 보전하는 것은 헌법의 규정에 따라 행동하는 것이다. 헌법을 보호하는 것은 '합헌 검열'이라는 권한을 행사해 헌법의 조문과 정신에 부합하지 않는 법률 및 그와 관련된 판결을 받아들이지 않는 것이다. 헌법을 수호하는 것은 헌법과 헌정 체제를 파괴하려는 국내 혹은 국외 세력에 앞장서서 대항하는 것이다.

대통령은 의회가 제정한 법률을 집행한다. 그런데 의

회가 제정한 법률이 헌법에 부합하지 않는다면, 대통령은 이 서약서가 그에게 부여한 권력과 책임에 따라 서명을 거절해야 한다. 그는 무조건 법률에 복종하는 것이 아니다. 법률은 반드시 더 높은 차원에 있는 헌법의 관할을 받는다. 헌법에 부합하는 법률이라야 대통령에 구속력을 가진다.

미국 의회는 일찍이 '선동죄법'•을 통과시킨 적이 있었다. 이 법안에는 각종 허용되지 않는 '선동' 행위가 열거되어 있는데, 그중에는 '의회 의원 공개 비판', '대통령 공개 비판'도 있었다. 이것은 정식으로 통과되어 발효된 법률이었다. 그런데 제퍼슨은 대통령 재임 당시 이 법률이 위헌이라고 판단하여 집행을 거절했다.

미국 헌법 수정 조항 제1조에서는 의회가 언론의 자유를 제한하는 법률을 제정할 수 없다고 분명하게 규정한다. '선동죄법'은 인민이 대통령 및 의회 의원에게 불만을 표현할 자유를 제한하므로 당연히 위헌이었다. 제퍼슨은 헌법을 보위하는 뜻에서 '선동죄법'으로 벌을 받는 모든 이를 대통령의 행정 특권을 사용해 전면 특별사면하겠다고 공개적으로 표명했다. 이렇게 해서 인민들은 '선동죄법'에 저촉되어 처벌을 받을까봐 걱정할 필요가 없게 되었다.

• '선동죄법'(Sedition Act)은 1798년 제5대 의회에서 통과되었다. 발의를 주도한 연방당의 의도는 국가 안전을 강화하는 것이었으나, 연방당과 대립하던 민주공화당은 이 법안이 그들을 겨냥하고 있다고 여겼다. 이 법안은 제퍼슨이 1800년 대선에서 승리한 뒤 효력을 상실했다.

제퍼슨은 재임 당시 몹시 저렴한 값으로 나폴레옹에게서 본래 프랑스에 속해 있던 '루이지애나'를 매입했다.● 프랑스가 영유하고 있던 루이지애나는 오늘날 미국의 루이지애나주가 아니라, 북쪽으로는 오늘날 캐나다의 5대 호수가 있는 지역에 이르고, 미시시피강 주변의 영토를 아우르며, 남쪽으로는 바다를 지나 뉴올리언스 일대에 이르는 땅이었다. 이 땅은 면적만 광활한 것이 아니라 미국이 서쪽을 향해 발전하는 데에 방해가 되어 왔기 때문에 미국의 국가 이익 면에서 보자면 이를 매입할 드문 기회를 잡지 않을 이유가 없었다.

하지만 연방이 망설임과 논쟁에 빠지기에 충분한 한 가지 이유가 있었다. 바로 헌법이었다. 헌법은 누구에게도 새로운 주州를 창설할 권력을 부여하지 않는다. 헌법이 관할하는 것은 각 주가 결합하여 구성한 연방이다. 만일 연방이 자체적으로 창설한 새 주를 영입한다면, 이는 각 주의 이익을 침범하는 것뿐 아니라 주권州權을 침범하는 일이었다.

● '루이지애나'란 본래 '프랑스 루이 왕의 영토'라는 뜻이다. 그러나 프랑스가 7년전쟁에서 패배한 뒤 이 땅은 스페인에 점령되었다. 1800년, 프랑스와 스페인은 루이지애나를 프랑스에 반환할 것이라는 비밀 조약을 체결했다. 1802년, 나폴레옹은 원정군을 파병해 프랑스령 아이티의 노예 반란을 진압하고자 했으나 목적을 이루지 못했다. 이로 인해 프랑스는 카리브해로 감자당을 수출해서 얻는 수입을 잃게 되었다. 한편으로는 영국-프랑스 전쟁이 일촉즉발이었고, 다른 한편으로는 루이지애나의 이전 수속이 아직 마무리 되지 않은 상황이었다. 이에 나폴레옹은 '프랑스 루이 왕의 영토'를 미국에 팔아넘겼다.

그러나 이렇게 큰 땅을 연방에 팔지 않는다면 누구에게 팔 수 있겠는가? 주州 앞에 내놓아 봤자 이를 감당할 주가 없어 일이 성사되지 못할 터였다. 이러한 논쟁 가운데 제퍼슨은 이 일이 헌법에 맞지 않는다는 것을 인정하면서도 대통령의 권력을 사용해 신속히 프랑스와 거래를 완수했다. 이때부터 제퍼슨은 평생 동안 언행불일치의 위군자라는 공격을 받았다. 제퍼슨 역시 이 일을 자신의 정치 인생 중의 커다란 오점으로 여겼다.

만일 다른 어느 나라에서 한 대통령이 병졸 하나 보내지 않고 1에이커당 평균 4센트●●라는 저가로, 단번에 국가 영토를 두 배 가까이 늘렸다면, 그것이 얼마나 큰 공로가 될 것인가! 하지만 미국에서, 오직 미국에서만 이 일로 제퍼슨에게 돌아온 것은 영예가 아니라 물의와 질책이었다. 그렇게 큰 땅도 헌법만큼 중요하지는 않았다. 그토록 명백한 이익 앞에서도 미국 대통령은 반드시 "합중국의 헌법을 보전하고 보호하고 수호"하겠다는 서약을 지켜야 하는 것이다.

미국 대통령은 헌법이 무엇을 말하는지 잘 안다. 자신

●● 미국은 1천 125만 달러의 금액에 375만 달러의 채무 면제를 더해 총 1천 500만 달러의 값을 치르고 면적 214만 4천 510제곱킬로미터에 달하는 루이지애나 땅을 매입했다. 1에이커당 평균 가격이 3센트가 안 되었다. 하지만 당시 미국은 이런 거금을 지불할 형편이 못 되었다. 할 수 없이 유럽 은행 두 곳에서 6퍼센트의 연리로 대출을 받았고 1823년이 되어서야 차관을 다 갚았다. 이리하여 총 비용은 2천 300만 달러가 넘으며, 최종적으로는 1에이커 당 평균 4센트를 쓴 것이 된다.

에게 어떤 권력이 주어졌는지, 또 이 권력이 어디서 왔는지
는 더욱 잘 알고 있다. 그들은 취임식에서 낭독하는 서약서
를 단순한 의식으로 여긴 적이 없고, 어떻게 합중국의 헌법
을 보전하고 보호하고 수호할 것인가를 진심으로 고민한다.
이것은 미국이 200여 년 사이에 부상할 수 있었던 핵심 요
인 중 하나다.

대통령에게 주어진 행정권과 책임

미국 헌법 제2조 제2절이다.

대통령은 합중국 육해군의 총사령관 그리고 각 주의 민병대
가 합중국에 복무하기 위해 소집되었을 때 그 민병대의 총사
령관이 된다.

합중국에는 육군과 해군이 있으며 대통령이 이를 통솔
한다. 그러나 연방은 무력을 독점할 권리가 없으며, 여전히
각 주마다 민병을 보유하고 있다. 연방은 꼭 필요한 위급 상

황에서만 민병을 소집 및 통합하여 움직일 권력을 가진다. 평상시에 민병은 주권州權의 통제 아래에 있으며, 소집되어 연방의 임무를 수행할 때만 대통령의 지휘 아래 들어간다.

이어지는 조문은 다음과 같다.

대통령은 각 행정 부문의 장관에게 그들의 직무와 관련된 사안에 대한 서면 의견 제출을 요구할 수 있다. 대통령은 탄핵의 경우를 제외하고 합중국의 범죄에 집행 정지 및 특별사면을 명할 수 있는 권한을 가진다.

미국 대통령의 권한은 유럽의 국왕, 특히 영국 국왕을 참고해서 고안했기 때문에 이 조문은 영국 국왕의 행정 양식과 견주어 살펴봐야 이해할 수 있다. 영국 국왕은 주로 '추밀원'Privy Council을 통해 행정권을 행사한다. 그는 추밀원에 어떤 일이라도 처리할 것을 요구하고, 어떤 의제에 의견을 내라고 요구할 수 있다. 이러한 요구에는 서면으로 된 문서가 필요치 않으며, 대개 제한도 없다.

추밀원은 국왕의 책임 피난처가 되었다. 문제가 생기거나 실수가 있었을 경우, 국왕은 그 책임을 추밀원에 쉽게 떠넘길 수 있었다. 좌우간 표면상 일을 한 것은 추밀원이다.

과정을 거슬러 올라가서 국왕이 대체 무슨 결정을 했고, 무슨 명령을 내렸는지 규명할 어떤 자료도 없다.

미국 헌법은 미국 대통령에게 책임을 전가할 여지를 주지 않는다. 헌법에서 입법권은 의회라는 기관에 주어진다. 그에 반해 행정권은 기관이 아닌 한 개인에게 주어진다. 영국의 수상은 내각 기관에서 순위가 가장 높은 사람이다. 행정권은 내각 기관 전체가 떠맡는다. 미국의 행정권은 기관이 이끌지 않는다. 대통령이 개인으로서 행정권을 받아들이고, 그 책임 또한 개인으로서 떠맡는다.

이것이 바로 헌법을 통틀어 대통령 서약서를 기술할 때만 'I'가 등장하는 이유다. 그는 개인으로서 책임을 짊어져야 한다. 대통령은 행정 부문의 관리자에게 직무와 관련 없는 사항에 의견을 밝히라고 요구할 수 없다. 행정권에서 대통령과 행정 부문 관리자는 전혀 다른 성질의 책임을 지기 때문이다. 행정 부문의 관리자는 제한된 책임, 그 직무에 관련된 책임만을 진다. 대통령은 거의 무한하다고 할 수 있는 모든 책임을 감당해야 한다.

대통령은 무한한 책임을 행정 부문의 관리자에게 전가할 수 없다. 이 관리자를 가리키는 명칭은 영어로 'Secretary', 즉 대통령의 비서라고 할 수 있다. 모든 일을 다 할 수 있는 비서는 없으며, 각각의 비서는 저마다 특정한 전문 영역을 맡고 있다. 그들은 특정 영역에서만 대통령에게 참고가 될 의견을 제공한다.

특별사면권의 경우, 대통령은 연방 법률을 위반한 사람에 한해서만 집행 정지 혹은 사면을 명할 수 있다. 만일 범인이 주 헌법을 위반했다면 특별사면권은 주지사에게 속한다. 대통령에게는 주 헌법을 능가할 만큼 높은 권력이 없다. 미국 대통령의 특별사면권은 사실상 적용할 수 있는 범위가 매우 좁다. 살인 및 방화 행위의 대부분은 두 개 이상의 주 헌법이 충돌하는 경우가 아니라면 연방과 무관하기 때문에 대통령의 '특별사면권'이 미칠 수 있는 범위 안에 속하지 않는다.

대통령의 특별사면권에는 한 가지 중요한 예외가 있다. 탄핵안에는 행사할 수 없다는 것이다. 탄핵안이 대통령 및 그가 이끄는 행정 관료의 과실을 겨냥하기 때문이다. 대통령은 행정권의 책임을 고스란히 진다. 그에게 스스로를 용서할 권한이 없는 것은 당연하다. 만약 대통령이 자신을 특별사면할 수 있다면, 감독 및 견제의 도구가 되는 '탄핵'은 의미를 잃어버리게 된다.

『연방주의자 논고』 제77편에는 해밀턴이 별도로 대통

령의 특별사면권을 다룬 내용이 실려 있다. 해밀턴은 대통령에게 사법을 능가하는 특별사면권을 부여해야 한다고 표명한다. 그 이유 중 하나는 대통령이 헌법에 위배되는 입법에 대항하고 이를 바로잡을 수 있도록 보장하기 위해서다. 정치 입장 및 헌법에 관한 주장에서 제퍼슨과 해밀턴은 원수지간이다. 하지만 제퍼슨은 임기 중 그가 동의할 수 없는 선동죄법에 맞닥뜨렸을 때, 조금도 주저하지 않고 해밀턴이 『연방주의자 논고』에서 주장한 내용을 받아들였다. 특별사면권으로 선동죄법을 보이콧함으로써 "합중국의 헌법을 보전하고 보호하고 수호"하겠다는 서약을 지킨 것이다.

대통령의 특별사면권 사용은 사실상 의회가 제정한 법률의 효력을 잠시 정지하고 의회가 이 법률에 대해 다시 토론하고 사고하도록 압박하는 것이다. 당연히 양측이 해당 법안의 합헌 여부에 있어 새로운 합치점을 찾는 것이 가장 좋다. 그럴 수 없을 경우에는 이 사안을 대법관 회의로 넘겨, 최고 사법 기관에서 헌법을 토대로 하는 토론을 재개하도록 한다.

특별사면권에 대한 미국 헌법의 규범과 1787년 당시 각 주의 헌법 내용을 비교해 보면, 헌법에는 대통령이 반드시 사법 절차를 마치고 소송이 평결된 후에야 특별사면권을 행사할 수 있다는 규정이 없음을 발견하게 된다. 그러나 당시 대부분의 주 헌법에는 이러한 제한이 있었다. 그렇기 때문에 미국 헌법의 침묵이 더더욱 사람들의 주의를 끌었다.

미국 헌법은 왜 주 헌법과 다르게 대통령이 집행 유예 혹은 사면을 포고하기 전에 사법 절차를 밟을 것을 요구하지 않을까? 이는 일찍이 필라델피아 회의에서 거듭 토론된 바 있다. 다른 주 헌법의 전례를 따르지 않는 쪽을 선택한 이유는 1794년에 발생한 일로 설명할 수 있으리라.

1791-1794년 사이에 반反연방 내란이 발생했다. 역사에서는 이를 '위스키 반란'('Whiskey Rebellion' 혹은 'Whiskey Insurrection')이라고 부른다. 연방이 독립전쟁 시기에 진 채무 상환금을 마련하기 위해(연합이 떠안았던 채무가 이때까지도 다 상환되지 못한 것이다!) 농민이 잉여 곡물로 빚는 경주勁酒에 세금을 추가로 징수한 것이 원인이 되었다. 이 일은 펜실베이니아주 일부 농민의 불만을 야기했고, 그들은 연방의 세무 담당자를 방해하거나 공격하며 조세에 반발했다.

워싱턴 대통령은 기회를 놓치지 않고 두 가지 결정을 내렸다. 첫 번째는 연방 및 인근 주의 무력을 동원해 양보 없는 강경한 입장을 드러낸 것이다. 두 번째는 헌법이 대통령에게 부여한 권력을 사용해, 무장 저항에 가세했으나 평화롭게 무기를 내려놓고자 하는 사람에게는 내란 법률에 의한 처벌을 내리지 않는다고 선포한 것이다. 강경 정책과 유화 정책을 동시에 펼침으로써 반발을 가라앉히고 연방의 권위까지 확립할 수 있었다.

필라델피아 회의에서 대표들은 새로운 연방이 수많은 내우외환을 겪게 되리라는 것을 예견했다. 그 과정에서 대통령은 흩어진 인민의 마음을 한데 모아야 했고, 그러기 위해서는 권력이라는 도구가 필요했다.

입법과 행정,
두 권력의 긴장 관계

행정권과 입법권이 나눠 하는 외교

미국 헌법 제2조 제2절이다.

대통령은 상원의 권고와 동의를 얻어 조약을 체결할 권한을 가진다. 다만 출석한 상원 의원 3분의 2 이상이 찬성해야 한다.

미국 대통령은 외교 문제를 처리할 때 주로 상원, 즉 각 주의 대표들에게 보고한다. 외국과 조약을 체결하려면 대통령은 먼저 상원에 의견을 자문해야 하며, 조약을 체결한 후에는 조약 내용을 상원으로 보내 찬성을 얻어야 한다.
　이 내용은 연합규약에서 계승한 것이다. 연합이 결성되기 전에는 물론 연합이 결성된 후에도 각 주는 독립과 자주의 원칙에 기반해 다른 국가와 조약을 체결했다. 연합규약은 각 주의 외교 활동을 통합하고자 했으나 각 주의 독립과 자주를 우선시해야 했다. 따라서 연합이 대외 조약을 체결할 때는 13개 주 가운데 반드시 9개 주의 찬성을 얻도록 규정했다. 바꿔 말하면, 5개 주만 동의하지 않아도 조약은 성립될 수 없었다. 한 주 한 주에 부결권을 준 것이나 마찬가지였다. 이러한 방법을 통해 각 주가 외교 부문에서 기꺼이 개별 조약 체결권을 포기하고 연합에 대외 업무를 맡기도록 한 것이다.

13개 주 가운데 9개 주의 찬성을 얻어야 한다는 규정이 '상원 의원 3분의 2 이상의 찬성'이라는 비율의 근거다. 그렇기 때문에 다른 나라와의 조약 체결권은 헌법 제2조에 적혀 있지만 실질적으로는 연방 행정권에 속하는 것이 아니다. 표면적으로 조약 체결은 대통령과 의회, 즉 행정권과 입법권의 분권 및 협력으로 보인다. 하지만 대통령과 상원이 권력을 분담한다는 점과 연합규약의 연원을 헤아려 보면, 이 구조에는 연방과 각 주 사이의 분권과 협력 관계도 담겨 있다는 것을 알 수 있다.

미국 대통령은 미국을 대표해서 다른 국가와 조약을 체결할 수 있다. 하지만 미국 대통령이 서명했다고 해서 조약이 발효되는 것은 아니다. 역사상 미국 대통령이 서명한 조약이 상원에서 통과되지 못해 부득이하게 현안으로 남거나 폐기된 예가 적지 않다. 제1차 세계대전이 끝난 뒤 당시 미국 대통령 우드로 윌슨의 주도 아래 새로운 국제 조직인 '국제연맹'이 설립되었다. 그런데 미국의 국제연맹 가입 조약이 상원에서 통과되지 못했다. 그 결과 국제연맹의 조직을 가장 강력하게 제의한 국가가 최종적으로는 국제연맹에서 빠지게 되었다. 많은 역사가들이 이를 국제연맹이 국제 질서를 지키는 역할을 발휘하지 못하고 실패한 핵심 요인으로 본다.●

　　미국 내부의 관점에서 보면, 연방과 각 주 사이에는 큰 차이가 있다. 윌슨이 이끄는 연방 정부는 전쟁 후에 더욱 적극적으로 국제 정치에 참여하는 경향을 보였다. 하지만 상원으로 대표되는 대부분의 주들은 여전히 19세기의 '먼로주의'●●를 신뢰했다. 이들은 '미국은 미국이고, 유럽은 유

● 국제연맹(League of Nations)은 1920년에 설립되었다. 가장 많을 때는 회원국이 58개국에 이르렀으나, 1930년대에 들어서면서 추축국의 침략 행위를 저지하지 못했다. 제2차 세계대전이 끝난 후 1945년에 설립된 국제연합(United Nations)으로 대체되었다.

●● 1817년에 취임한 미국 제5대 대통령 제임스 먼로는 1823년에 훗날 '먼로주의'(Monroe Doctrine)라고 불리게 되는 교서를 발표한다. 유럽 열강은 더 이상 미국을 식민 통치하거나 미 대륙의 주권과 관련된 일에 간섭해서는 안 되며, 유럽 열강 사이의 분쟁 혹은 그들과 그들의 미 대륙 식민지 사이의 전쟁에 대해 미국은 중립을 지킬 것이라는 내용이었다. 만약 이와 관련한 전쟁이 미 대륙에서 발생한다면 미국은 이를 적의를 가진 행위로 간주하겠다고 밝혔다.

럽'이라고 여겼다. 미국은 미 대륙의 일만 돌봐야 하며, 유럽과는 거리를 유지해 유럽의 복잡한 외교 및 무력 충돌에 연루되는 일을 피해야 한다는 것이었다. 연방 정부는 1917년 미국의 제1차 세계대전 참전을 미국이 세계정세에 개입하고 세계정세를 바꾸기 시작한 발단으로 본다. 반면 각 주는 1917년의 참전을 미국이 운 나쁘게도 유럽에 말려든 예증이라고 본다.

좀 더 근래에 있었던 일을 살펴 보자. 1997년 '교토의정서'가 조인되었을 때, 당시 클린턴 대통령이 이끄는 연방정부는 이를 지지하고 참여 입장에 섰다. 그러나 미국 석유 및 발전發電 공업의 강력한 로비를 받은 상원에서 교토의정서를 반대하기로 결의했다. 이렇게 해서 역사에 또 한 번 난감하고도 이상한 일이 생겼다. 전 세계의 온실가스 배출 통제가 목적인 교토의정서가 전 세계에서 석유화학 에너지 사용량과 온실 가스 배출량이 가장 심각한 미국을 규제하지 못하게 되었다.

미국 헌법 제2조 제2절은 이어서 다음과 같이 말한다.

대통령은 대사, 공사 및 영사, 최고 법원의 법관 그리고 이 헌법에 아직 규정되어 있지 않으나 이후 법률로 정할 모든 합중국 관료를 지명하고, 상원의 권고와 동의를 얻어 임명할 권한을 가진다.

외교상의 분권 관념을 관철하기 위해 미국 대통령은 인사에서도 독단적인 결정을 내리지 못한다. '영사'급 외교 인사까지는 반드시 상원에 의견을 구해야 하며, 상원의 동의를 얻어야 한다. 즉 외교 인사에서 상원 및 상원이 대표하는 각 주가 실질적인 부결권을 갖는 것이다.

공동의 일을 해결하려면
한결같은 정부를 세워야 한다

미국 헌법이 성립된 뒤에야 의회가 열렸고, 의회의 입법으로 연방 정부의 조직이 확정되었다. 따라서 제2조 제2절에서는 의회가 법률을 제정할 수 있다고 규정하되, 상황에 따라 비교적 낮은 등급의 관료 임명권은 대통령 혹은 법원이나 각 행정 부문의 수장에게 부여한다.

헌법은 입법권에 행정권을 관할할 여지를 준다. 인민

주권이 입법권에 있기 때문이다. 입법권은 집행에 관여할 수 없지만 언제든 행정권을 감독하고 검토할 수 있다. 이론 적으로 입법권은 행정 부문에 임명된 모든 인사를 심사하겠 다고 요구할 수 있지만 이는 현실적으로 불가능하다. 따라 서 헌법에서는 하급 관료를 고급 관료가 임명하도록 규정하 고 있다. 그보다 높은 관료는 대통령이 임명하도록 하고, 그 보다 더 높은 관료, 특히 각 주의 권리와 관련된 중요한 직 무를 맡은 관료는 대통령의 지명과 의회의 동의를 거쳐 임 명하도록 규정했다.

의회에는 휴회가 있지만 연방 정부는 일 년 내내 쉬지 않고 운영한다. 그렇기 때문에 미국 헌법에서는 만일 의회 가 휴회 중이라면 대통령은 의회의 동의를 거치지 않아도 되는 임시 임명권을 가진다고 규정한다. 이렇게 임명된 인 사의 임기는 다음 번 의회가 개회할 때까지다. 즉 행정권 운 영에 필요할 경우 대통령은 융통성 있게 일을 처리하고 주 요 관료를 임명해 직위가 공석이 되는 것을 피할 수 있다. 하지만 대통령은 임시 임명으로 의회의 인사권 간여를 생략 하게 되었다고 생각해서는 안 된다. 의회가 개회하면 임시 임명은 자동으로 효력을 잃어버린다. 만일 임시 임명된 인 사가 계속 유임하길 원한다면 임명안을 의회로 보내 동의를 받아야 한다.

이 내용은 또 한 번 연방과 연합의 차이를 분명하게 드러낸다. 연합의 주체는 각 주 대표회의였고, 연합의 지도자는 이 회의의 의장이었다. 모든 일은 이 회의에서 처리하고 해결했다. 사실상 각 주 대표회의가 열려야 연합도 존재하는 것이다. 각 주 대표회의가 열리지 않는 동안에 연합은 어떤 기능도 발휘하지 못했고, 연합 의장은 아무런 권력을 가지지 못했기에 어떤 일도 할 수 없었다.

연합에서 연방이 된 뒤의 주요한 변화는 일 년 내내 쉬지 않고 언제나 그 자리에 있는 정부가 세워졌다는 점이다. 의회는 열릴 때도 열리지 않을 때도 있지만, 정부는 늘 열려 있다. 인민 주권 및 입법권의 행사는 정기적으로 특정 시간, 특정 장소에서 이루어진다. 하지만 행정권은 시간표에 따라 운영되지 않고 지속성을 띤다.

한결같은 정부를 세워야만 갈수록 복잡해지는 13개 주 공동의 일을 해결할 수 있었다. 이것은 필라델피아 회의에서 결의된 근본 원칙 중 하나로 큰 영향력을 지녔다.

행정 관료 임명에 대한 동의권은 나중에 미국 헌정에서 중요한 발전을 거치게 되었다. 임명의 무게에 따라 연방의 관료는 두 부류로 나뉜다. 한 부류는 임기가 있고, 다른 한 부류는 임기가 없다.

임기가 있는 직위는 의회의 동의를 얻으면 주어진 임기 동안 직위를 보장 받는다. 대통령이 지명했지만 의회에서 동의한 이상 규정된 임기 내에는 대통령이 그를 면직하거나 다른 사람으로 바꾸어 지명할 수 없다.

이렇듯 임기 제도가 있는 기관을 '독립 기관'이라고 부른다. 대통령 행정권의 주관적인 뜻 바깥에 독립적으로 존재한다는 의미다. '독립 기관'은 제도상 명확한 정의가 있는 고유명사로, 글자만 보고 짐작가는 대로 해석해서는 안 된다. 연방준비제도FED는 독립 기관이다. 연방통신위원회FCC도 독립 기관이다.● 이 기관들은 인사에 대한 대통령 행정권의 직접적인 간여로부터 '독립'해 있다. 대통령의 정치적인 헤아림에서 상대적으로 독립해 있는 만큼 자신의 전문 분야에 맞게 직권을 행사할 수 있다. 대통령의 다른 정책에 보조를 맞출 필요도 없고 그래서도 안 된다.

의회는 대통령이 지명한 인선을 부결하거나, 입법을 통해서 독립 기관을 규범화할 수도 있다. 이러한 방법으로 의회는 행정권을 견제한다. 하지만 의회가 직접 지명을 하고 대통령에게 받아들이라고 요구할 수는 없다. 만약 그렇

● 독립 기관(Independent agencies of the United States government)에는 중앙정보국, 항공우주국, 국가과학기술위원회, 환경보호국, 국가노동관계위원회, 국가교통안전위원회, 연방선거위원회, 연방무역위원회, 상품선물거래위원회, 증권거래위원회, 국가기록원 등이 포함된다.

게 한다면 명백하게 입법권이 행정권을 침범한 것이 된다. 대통령은 당연히 이를 따를 필요가 없다.

소수 독립 기관의 수장을 제외하면 나머지 행정 부문의 수장은 임기가 없다. 이들에 대해서는 의회의 동의권이 더욱 제한된다. 의회는 최소한의 기준을 세워 임기 없는 수장이 대통령의 도우미 자격을 갖추었는지 심사할 수 있을 뿐이다. 대통령은 의회의 동의를 얻어 임명한 사람도 언제든지 필요에 따라 바꿀 수 있다. 실질적인 임용권은 대통령에게 있으며, 의회가 대통령에게 가하는 견제는 그가 사리에 치우쳐 자격 없는 사람에게 행정 부문 수장을 맡기지 못하도록 하는 것에 불과하다.

역사상 대통령이 인선을 의회 자문에 넘기고 의회에서도 동의를 했는데, 대통령이 번복하고 그 사람을 임명하지 않은 일이 있었다. 대통령이 인선을 의회 자문에 넘기고 의회에서도 동의를 했는데, 인선된 사람이 번복하고 부임을 거절한 일도 있었다. 임기가 없는 관료들은 대통령 산하에 속한다. 따라서 직무상 생긴 특수한 변동은 주로 그들과 대통령의 관계에 의해서였다. 의회의 검증과 동의를 거쳤다고 해도 의회에서 그들에 대한 책임을 지진 않는다. 행정권의 유일한 책임자는 대통령이다.

이와 달리 독립 기관 수장들의 인사 임명권은 대통령에게 주어지지 않는다. 따라서 연방준비제도, 연방통신위원회와 같은 기관이 행하는 일에 대해서는 의회도 부분적인 책임을 진다. 현재까지 적지 않은 미국 헌법 학자들이 독립기관의 합법성에 의문을 제기했다. 그들은 독립 기관의 설립으로 입법권이 행정권을 침범할 수 있는 통로가 개방되었으며, 이는 모든 행정 책임을 대통령이 진다는 헌법의 기본정신에 위배된다고 주장한다.

이렇듯 미국식 대통령제는 대통령이라는 직위에 무거운 책임을 지웠고, 그만큼 큰 권력을 주었다. 이러한 제도에는 분명한 권력의 논리가 있다. 그렇기에 200여 년 동안 순조롭게 운영될 수 있었던 것이다.

입법권은 놀이의 규칙을 정하고, 행정권은 자유재량의 권한을 가진다

미국 헌법 제1조 제8절과 제2조 제2절은 권력의 범위를 규정하지만 매우 다른 방법으로 쓰였다. 입법권의 범위는 열거법으로 쓰였고, 이 부분은 헌법 전문에서 가장 긴 조항이 되었다. 행정권의 범위는 그중 가장 중요한 부분만 언급하고 상세한 열거는 하지 않았다.

이러한 차이는 행정권이 책임지는 부분이 거의 무한하기 때문에 생겨났다. 행정권은 일 년 내내 쉬지 않고 운영된다. 이에 비해 입법권은 한도가 있는 권력이다. 특정 시간에 특정 범위 내에서만 유효하다. 의회가 행사할 수 있는 권력 중 헌법에 명확하게 열거되지 않은 것은 당연히 인민에게 속한다. 이러한 권력은 인민 주권 중에서 의회가 대표하도록 부여되지 않았거나 부여될 수 없었던, 인민 스스로 행사하도록 남겨진 것들이다.

행정권은 다르다. 행정권은 입법권에 의해 제한을 받는다. 중점은 인민 주권이 입법권을 통해 행정권에 부여한 임무를 집행하는 데 있다. 행정권이 임무를 집행하고 완수하는 과정에서 가장 좋은 수단을 찾고 또 만들어 내려면 충분한 자유재량을 가져야 한다. 그렇기 때문에 헌법에서 열거라는 방식을 사용해 행정권을 제약할 필요도 근거도 없었다.

미국 헌법 제2조 제3절이다.

대통령은 수시로 의회에 연방의 상황을 보고하고, 필요하고 적절하다고 판단되는 시책의 심의를 의회에 권고해야 한다. 특수 상황에서 대통령은 상·하 양원 또는 그중의 1원을 소집할 수 있으며, 휴회 시기에 관해 양원의 의견이 일치하지 않을 경우, 적당하다고 판단하는 시기까지 휴회를 명할 수 있다. 대통령은 대사와 공사를 접견하고, 법률이 충실하게 이행되도록 유의하며, 또한 합중국의 모든 관리를 임명한다.

미국 대통령은 정기적으로 국정 전반을 의회에 보고할 책임이 있다. 그의 보고를 'State of Union'이라고 부른다. '연두교서'라고 번역되지만, 헌법의 규정에 상응하는 말은 '연방 상황' 혹은 '연방 현황'이다.

입법권에 대한 행정권의 또 한 가지 중요한 감독 기능은 대통령의 의회 소집 권력이다. 의회가 직무를 잘 수행하지 않아 행정 운영에 영향을 미친다면, 대통령은 양원 혹은 양원 중 1원에 회의 소집을 요구할 수 있다. 의회는 행정 수행과 관련된 중요한 법안이 있을 때, 회의를 열지 않는 방식으로 처리를 지체하거나 거부할 수 없다. 대통령이 직접 의회를 소집해 법안을 처리하도록 할 수 있기 때문이다.

대통령에게는 의회 양원 사이를 조정할 수 있는 권력도

있다. 양원이 휴회 기간을 두고 협의에 이르지 못할 경우, 결정권은 대통령에게 돌아간다. 이는 양원이 입법권을 포기하고 휴회와 재개 시기를 대통령이 결정하고 명령하도록 맡기는 것이나 마찬가지다.

미국 헌법은 미국 헌법을 참고하고 모방하고 약간의 수정을 했다는 수많은 다른 국가의 헌법보다 훨씬 완전하고 뛰어나다. 미국 헌법에서는 삼권에 선후 순서가 있다고 명시한다. 입법권은 가장 앞에 놓이는 1순위 권력이다. 행정권은 입법권의 뒤에 놓인다. 어떻게 행정을 펼치고, 어떻게 행정 기구를 조직할지를 입법권이 결정하기 때문이다. 입법권에서 법률을 제정해야 행정권에서 이를 집행하고 실현하는 것이다.

입법권은 행정권 앞에 있고 행정권 위에 있다. 그렇다고 입법권이 행정상의 모든 조치와 결정에 검사를 행하고, 의문을 제기하고, 간여할 수 있는 것은 아니다. 미국 의회는 행정 관료를 불러서 훈계를 하거나 모욕을 주어서는 안되며 그렇게 할 수도 없다. 행정에서 이루어지는 결정에 직접 영향을 미칠 수 있는 통로나 행정 권력에 개입할 권력은 더더욱 없다. 의회가 가진 것은 입법권이다. 정부에 영향을 끼치고, 정부를 변화시키고자 할 때 의회가 할 수 있는 일은 대통령을 넘어서서 행정 부문의 관료를 관할하거나 대통령에게 명을 따르기를 종용하는 것이 아니라 법률 제정이나 개정뿐이다.

입법권은 정책에 간여하거나 관료를 불러 모욕을 주는 것보다 훨씬 강대하고 효과적이다. 어쨌거나 행정권을 행사하는 데에는 반드시 법적 근거가 있어야 한다. 근거가 되는 법이 바뀌면, 행정권의 집행 범위와 방법 역시 그에 맞춰 변한다. 행정권과 입법권의 관계는 미국 헌법의 구조에서 더할 나위 없이 분명하게 드러난다. 입법권은 놀이의 규칙을 정한다. 행정권은 놀이의 규칙을 벗어나 농간을 부릴 수 없다. 하지만 이 놀이 규칙 안에서라면, 행정권은 재량껏 집행할 수 있는 자유를 갖는다. 입법권은 행정 처리에 간여할 수 없다. 마음에 들지 않거나 동의할 수 없는 부분이 있으면, 놀이 규칙을 검토하고 개정한다.

관계가 명확한 두 권력은 서로 견제하고 각축을 벌이는 위치에 놓여 매우 팽팽한 국면을 보이지만, 실제 관계는 비교적 평화롭다. 서로 악담이 오갈 필요가 없으며 그럴 수도 없는 것이다.

1979년, 당시 지미 카터 대통령이 중국과 수교를 맺기로 결정했을 때● 미국 의회는 강렬한 이의를 제기했다.

● 1978년 12월 15일, 미국과 중국 정부는 양국이 1979년 1월 1일을 기점으로 정식 외교 관계를 수립하며, 그와 동시에 미국은 타이완과 외교 관계를 단절한다고 선포했다.

특히 오랜 맹우였던 타이완을 포기하는 것을 몹시 책망했다. 양원은 대통령이나 국무 장관에게 타이완 보호를 명령하거나 타이완을 보호하길 원한다고 선언할 자격이 없었지만, 그들에게는 한 가지 온전하고 확실한 권력이 있었다. 그들은 타이완의 안전 문제를 대상으로 법률을 제정할 수 있었다.

이것이 바로 '타이완 관계법'의 배경이다.●● 상원은 미국과 중국의 수교 조약을 비준했다. 거의 동시에 하원에서는 타이완 관계법을 제출했다. 미국 정부가 타이완과 일종의 특수한 비공식 관계를 유지해야 한다는 법안이었다. 타이완 관계법은 조약이 아닌 미국 국내법이다. 따라서 타이완과 협상을 할 필요도 타이완의 조인을 거칠 필요도 없다. 타이완 관계법에는 타이완 정부가 지켜야 할 규범이 없다. 이는 순전히 미국 정부가 타이완과 관련된 일을 처리할 때 따라야 하는 규범이다. 미국 정부는 이 규범을 벗어나서 타이완과의 외교 활동을 전개할 권한이 없다.

이때부터 어떤 대통령이 재위하든, 중국이 어떻게 반

●● 타이완 관계법(Taiwan Relations Act)은 1979년 2월 28일 하원에서 제출했으며, 3월 13일 하원에서 345 대 55의 표차로 통과되었다. 3월 14일에는 상원이 90 대 6의 표차로 개정안을 통과시켰다. 3월 24일 양원연석회의에서 보고가 이루어졌고, 3월 28일 하원이 339 대 50의 표차로 상원의 개정안에 동의하고 또 별도의 개정안을 제출했다. 3월 29일 상원은 85 대 4라는 표차로 하원의 개정안에 동의했다. 4월 10일 카터 대통령의 서명으로 발표되었다.

대하고 항의하든, 타이완과의 관계에서 미국 정부는 타이완 관계법의 규정에 따라 타이완에 무기를 팔고, 충분한 안전을 보장할 수밖에 없었다. 이 '국내법'이 미국 행정권에 가하는 구속이 외교상의 어떤 압력이나 고려 요소보다 더 먼저, 더 크게 작용했다.

미국 헌법에 '대통령은 자신이 편 행정에 대해 의회 앞에서 책임을 져야 한다'라고 분명하게 말하는 구절은 없다. 대통령에게 요구하는 것은 '연방의 상황을 의회에 자주 보고하는 것'에 불과하다. 오늘날의 상황에 비추어 보면 이 '자주'란 일 년에 한 번이다. 게다가 그저 보고일 뿐, 질의는 따르지 않는다. 대통령의 행정에 대한 의회의 감독이 매우 느슨해 보일 수 있다. 헌법의 논리는 이렇다. 의회는 행정의 모든 법적 근거를 결정할 권한을 가지고 있다. 입법을 통해 집행의 범위와 절차를 근원부터 바꿀 수 있다는 것은 삼장법사가 관음보살에게서 '금고아'● 를 얻은 것이나 마찬가지다. 그가 늘 손오공을 따라다니며 옆에서 이렇게 하면 안 된다, 저렇게 하면 안 된다 늘어놓을 필요가 있는가? 만일 삼장법사가 손오공이 하는 일마다 이래라 저래라 간섭을 했다면, 손오공이 어떻게 능력을 발휘했겠는가?

타이완 관계법이 타이완과 관련된 일을 처리할 때 미국

● 『서유기』에서 삼장법사가 손오공 머리에 씌운 금테. 손오공은 잘못된 일을 행할 때마다 금테가 조여 고통을 받는다.(옮긴이)

정부가 지켜야 할 기본 원칙을 결정했다면, 대통령 혹은 국무 장관이 미국 의회에 미국과 타이완 관계를 보고할 필요가 어디 있겠는가? 미국 의회가 국무 장관을 불러와 질문하고 질책하며 나아가 모욕을 주고 복종을 닦달할 필요가 어디 있겠는가?

관료 탄핵은 의회의 권력에 속한다

미국 헌법 제2조 제4절이다.

합중국의 대통령, 부통령 그리고 모든 공직자 중에 반역죄, 수뢰죄 또는 그 밖의 중대한 범죄 및 경범죄로 탄핵되어 유죄 판결을 받은 자는 모두 면직된다.

The President, Vice President and all civil Officers of the United States, shall be removed from Office on Impeachment for, and Conviction of, Treason, Bribery, or other high Crimes and Misdemeanors.

1998년 미국의 정치 풍파에 관심을 기울인 사람이라면, 거의 대부분 이 조문을 외우고 있으리라. 그해 무슨 일이 발생했는가? 미국 대통령 클린턴이 거의 탄핵될 뻔했다.● 특검은 상세한 보고를 제출해, 클린턴이 백악관에서 인턴 모니카 르윈스키●●와 부적절한 관계를 가졌으며, 사후에는 공개적으로 거짓말을 하는 등 사실 은폐를 시도했음을 고발했다.

의회는 대통령을 포함한 모든 공직자를 탄핵할 권한을 가진다. 만약 탄핵안이 인용되면 그 사람은 즉시 직무에서 물러나야 한다. 그렇다면 탄핵의 조건은 무엇인가? 헌법에서는 "반역죄, 수뢰죄 또는 그 밖의 중대한 범죄 및 경범죄"로 규정한다. 반역죄, 수뢰죄는 당연히 탄핵 사유다. 이런 범죄 행위를 저지른 사람은 절대로 계속 자리에 있을 수 없다. 번거로운 것은 그 뒷부분이다. "그 밖의 중대한 범죄 및 경범죄"other high Crimes and Misdemeanors는 무엇인가?

● 1998년 12월 19일, 미국 하원은 위증 및 사법 방해라는 두 가지 죄명으로 제42대 대통령 클린턴의 탄핵안을 발의했다. 하지만 이 두 가지 죄명은 1999년 2월 12일에 치러진 상원 투표에서 절대다수인 3분의 2 이상의 동의를 얻지 못했고, 클린턴은 파면되는 신세를 면했다.

●● 모니카 르윈스키(Monica Lewinsky)는 1995년부터 1996년까지 백악관 인턴을 하는 동안 클린턴 대통령과 내연 관계를 가졌다. 그는 동료 직원 린다 트립에게 전화로 이 사실을 말했다. 트립은 두 사람의 대화를 녹음했을 뿐 아니라, 녹음한 것을 클린턴의 다른 사안들(화이트 워터 게이트, 파일 게이트, 여행 게이트)을 조사 중이던 특검 케네스 스타에게 넘겼다. 사건이 발발한 후 이 추문에는 '지퍼 게이트'라는 별명까지 붙었다.

1787년 미국 헌법 조문이 제정될 때, '경범죄'Misdemean-ors라는 단어에는 법률적인 '죄'의 의미가 없었다. '경범죄'는 위법 범죄까지는 아니지만 합리적이거나 적절하지 않은 행위를 가리켰다. 왜 '중대한 범죄'high Crimes와 '경범죄'를 이렇듯 나란히 놓았을까? 이 단어의 원문을 살펴보면, 대통령과 부통령 및 모든 공직자가 탄핵될 수 있는 사유는 범죄만이 아니라는 점을 강조하기 위해서였다. 탄핵은 정치적인 심판이지 사법적인 심판이 아니다. 법률을 위반한 경우에는 사법 기관이 처리한다. 탄핵은 정치적인 책임을 다룬다. 그 사람의 행위가 행정 직위를 차지하고 행정 권력을 계속 행사하기에 적합한지를 판단하는 것이다.

　　반역죄와 수뢰죄는 당연히 위법 행위지만, 특별히 조문에서 열거된다. 핵심은 위법 여부가 아니라 이러한 행위가 행정 직위 및 행정 권력과 절대 공존할 수 없다는 데 있다. 반역죄, 수뢰죄 혹은 중대한 범죄를 저지른 경우에는 탄핵되어 사퇴하는 것 외에도 사법 심판을 받아야 한다. 하나의 행위에 두 가지 서로 다른 절차가 적용되는 것이다. 한쪽에서는 정치적 책임을 묻고, 다른 한쪽에서는 법률적 책임을 묻는다. 하지만 미국 헌법은 또 다른 경우의 수도 고려했다. 어떤 행위는 결코 법에 위배되지 않으며 법률적 책임도 없지만, 정치적으로 특히 직무와 권력의 운용에서는 부당한 것일 수 있다. 이러한 부당 행위 역시 대통령과 부통령 및 모든 공직자의 탄핵 사유에 해당된다.

미국 헌법 제1조 제3절에 탄핵 과정은 의회의 권력에 속한다고 적혀 있다. 탄핵은 두 단계로 나뉘며, 각각 일반 법률상의 '기소'와 '재판'에 해당한다. 탄핵을 발동시키는 권력은 하원에 속하며, 탄핵 인용 여부를 결정하는 권력은 상원에 속한다. 한 사람의 정부 관료가 사퇴 요구를 받을 만한 과실을 저질렀는지는 인민의 대표가 판단한다. 그런 다음 각 주의 대표들이 법관의 역할을 맡아, 기소자와 피기소자 양측의 논리를 청취하고 어느 쪽이 보다 일리가 있는지 결정한다.

행정권은 크게 세 가지로 나눌 수 있다. 첫 번째는 군사상의 통수권이고, 두 번째는 일상적인 운용권, 세 번째는 법률 질서를 관리하는 검찰 기소권이다. 누군가 공공 법률을 위반하면 행정권이 조사 및 기소를 책임진다. 기소란 검찰이 법률 질서의 수호자로서 '이 사람이 이런 일을 했고, 어떤 법률을 위반했으며, 그러므로 처벌을 받아야 한다'라고 주장하는 것을 의미한다. 하지만 기소자에게는 이 사람이 범법 행위를 저질렀다고 판정할 권한이 없다. 직접 그에게 처벌을 가할 권한은 더더욱 없다. 기소 내용에 대한 심리審理와 재판은 반드시 사법권에 속하는 법원에 회부해야 한다.

사법권 또한 두 가지 다른 절차로 나뉘어 심리와 재판을 진행한다. 하나는 사실인정이다. 여기서는 도대체 무슨 일이 발생했는지를 확인하고 이러한 행위의 위법 여부를 결정한다. 다른 하나는 법률의 해석과 응용이다. 만일 사실인정에서 위법 행위가 확인되었다면, 이러한 행위가 법률에 의해 어떤 처벌을 받아야 하는지를 결정한다.

검찰권은 행정권에, 재판권은 사법권에

미국의 모든 재판은 사실심과 법률심, 이 두 가지 절차로 이루어진다. 헌법은 앞의 단계가 반드시 배심원에 의해 심리되도록 규정하는데, 번역어인 '배심원'과 미국 헌법에서 말하는 'Jury'는 의미상 큰 차이가 있다. 배심원이라는 번역어는 법관 중심의 관념에 기반한다. 법원의 판결을 우선시하고, 법관이 중심 역할을 맡으므로 이때 배심원은 그저 옆에 비켜서서 도와주는 사람이다.

하지만 실제로는 사실심 단계에서 '배심원'Jury이야말로 주역이며 주체다. 모든 증거와 증언은 배심원의 판정을 위해 제공된다. 반면 법관은 한쪽에 비켜서서 절차를 인도하고, 질서를 유지해서 재판이 원활하게 진행되도록 한다. 사실관계에 대한 진정이 끝나면 배심원의 구성원은 비공개 회의를 진행한다. 법관도 이 회의에 참여할 수 없으며, 개입은 더더욱 불가능하다. 마지막으로 배심원이 범행의 성립 여부를 결정하고 유죄 혹은 무죄를 선언한다.

법관이 주관적으로 어떻게 판단하든 배심원이 내린 결정이 제1심의 결정이다. 사실심의 결과가 무죄라면 제1심은 여기서 끝나지만, 유죄라면 다음 단계인 법률심이 시작된다. 여기서는 법관이 법률 조문에 따라 이러한 범행이 얼마나 무거운 처벌을 받아야 하는지 숙고하여 결정한다.

배심원의 특징이자 핵심은 이들이 일반인이라는 것이다. 이들은 범법으로 기소된 사람과 같은 사회에서 살아가며, 서로 비슷한 분별 및 판단의 기준을 가지고 있다. 이는 주권재민 정신을 관철하기 위한 구상과 안배다. 기소된 사람과 다른 사회에서 다른 신분으로 살아가는 사람은 편견을 가질 수 있다. 기소된 사람은 사회 구성원 중 한 명으로서 편견에 의해 왜곡된 재판을 받지 않을 권리를 가진다.

행정권에 속하는 검찰권은 범죄 사실 조사를 책임져야 한다. 각종 증거를 수집하여 배심원에게 제공함으로써 배심원이 '기소된 사람이 실제로 위법 행위를 했다'고 인정하도록 설득한다. 기소된 사람 역시 배심원 앞에 자신에게 유리한 증거를 제출할 권리를 가진다. 이를 통해 자신이 죄를 범하지 않았음을, 달리 말하면 검찰권의 기소가 잘못되었음을 증명할 수 있다. 배심원은 피고와 동일한 사회에 속하는 사람으로서 갖춘 상식에 따라 어느 쪽이 제기하는 논법과 증거가 보다 미더운지 결정한다.

만일 검찰 측에서 제출한 증거가 피고의 유죄 입증에 부족하다면 배심원은 무죄 판결을 내려야 한다. 사실심에서 검찰권이 배심원을 설득하지 못하면 피고는 무죄이고 법률심은 진행되지 않는다. 이렇듯 판결에서 배심원은 중요한 역할을 한다. 그런 'Jury'를 '배심'이라고 할 수 있을까? 그들은 '주심'에 더 가깝지 않을까?

기소를 책임지는 쪽과 판결을 책임지는 쪽의 구분이 이렇듯 명백하다. 배심원 앞에서 검찰권은 그저 소송에서 대립하는 양측 중 하나일 뿐이다. 검찰권과 피고는 배심원의 동조를 얻기 위해서 경쟁한다. 배심원은 심판이며, 검찰권은 경기에 참전하는 선수다. 둘의 역할은 당연히 뒤섞여선

안 된다. 미국의 사법 시스템에서는 검찰권이 배심원에게 '피고는 A조 법률에 의거했을 때 죄를 범했다'라고 주장하면 배심원은 양측이 제출하는 증거만 가지고 실제로 피고가 A조 법률을 위반했는지 가늠할 수 있다. 만일 그렇지 않았다면 반드시 무죄를 선고해야 한다. 무죄는 피고가 A조 법률을 위반하지 않았음을 의미하지만 그의 행위에 법에 저촉되는 점이 전혀 없다는 뜻은 아니다. 만일 배심원이 심리 과정에서 피고가 A조 법률을 위반하지는 않았지만 B조 법률을 위반한 것으로 보이는 점을 발견했더라도 그들은 B조 법률을 근거로 피고의 유죄를 선고할 수 없다. 이는 배심원의 권력 범위 안에 있지 않다. 그들은 기껏해야 A조 법률에 한하여 피고의 무죄를 선고한 후, 검찰관에게 피고가 B조 법률을 위반한 부분에 대해 별도로 기소할 것을 건의할 수 있을 뿐이다.

　　검찰권과 재판권의 엄격한 구분은 피고의 인권을 보호하기 위한 것만은 아니다. 그보다는 서로 다른 권력의 관계를 규정하는 헌법의 규범을 지키기 위해서다. 검찰권은 행정권에 속하고, 재판권은 사법권에 속한다. 이 둘이 한데 섞이면 응당 이루어져야 할 권력의 감독 및 견제를 훼손하게 된다.

대통령의 부당 행위를 어떻게 정의할 것인가?

다시 탄핵으로 돌아가 보자. 탄핵 역시 부당하고 잘못된 행위를 대상으로 하지만, 탄핵과 사법의 영역인 위법 재판에는 결코 뒤섞일 수 없는 차이가 있다. 누구든지 위법 행위를 저질렀다면 사법 법정에서 재판을 받아야 한다. 대통령, 부통령 및 모든 공직자 역시 그러하다. 예외는 없으며, 신분과도 무관하다. 하지만 헌법은 공직자에게 인민으로서 지켜야 할 법률 책임 외에 한 가지 책임을 더 얹었다. 그들은 다른 사람들에게 없는 정치적 책임을 져야 한다. '탄핵'이 그 정치적 책임을 심판하는 제도다.

정치적 책임을 확인해야 하는 안건이 발생했을 때 미국 의회는 '탄핵 법정'으로 변한다. 이곳에서 대통령, 부통령 혹은 어떤 공직자가 정치적으로 명백히 부당한 행위를 했는지 여부를 결정한다. 만일 부당 행위가 인정되면, 이 사람은 즉시 사퇴함으로써 정치적 책임을 져야 한다.

의회가 탄핵 법정으로 변하면, 하원은 임시 검찰관이 되고 상원은 임시 배심원이 된다. 탄핵의 대상이 대통령일 경우에는 정식 상원 원장, 즉 부통령은 재판에 참여하지 않는다. 이유는 매우 간단하다. 이해관계가 명백하게 얽혀 있기 때문이다. 만약 대통령이 탄핵으로 사퇴하게 되면 부통령은 자리를 이어받을 수 있다. 따라서 최고 법원의 수석 대법관이 대신 탄핵 재판을 주재한다. 이렇듯 상원 탄핵 회의에는 준사법의 지위가 부여된다.

만일 대통령이 범한 잘못이 "반역죄, 수뢰죄 또는 그 밖의 중대한 범죄"에 해당한다면 처리하기가 쉽다. 범죄 사실에서 사법적 기준과 정치적 기준이 일치하기 때문이다. 대통령이 관련 법률을 위반한 사실이 증명되면, 당연히 탄핵이 발의되고 또 인용되어야 한다. 이러한 잘못을 저지른 사람은 직무에서 내려온 뒤에 사법 법정에서 별도의 재판을 받음으로써 법률적 책임을 져야 한다.

그런데 미국 헌법에서 규정하는 탄핵 조건에는 '부당 행위(경범죄)'라는 것도 있다. 이 항목이 추가된 바탕에는 성숙한 정치적 지혜가 있었다. 한 나라의 지도자가 될 자격은 결코 법을 위반하지 않는다고 해서 생기는 것이 아니다. 정치인의 자격에는 '대통령, 부통령 및 모든 공직자'가 해서는 안 되는 수많은 합법 행위가 수반된다. 만약 대통령이 위법은 아니지만 부적절한 어떤 일을 하면, 국가와 사회에 중대한 손상을 입힐 수 있다.

따라서 탄핵은 위법 행위에 국한되지 않는다. 하지만 '부당 행위'란 무엇인가? 어떻게 '부당 행위'를 정의할 것인가? 사람을 보내 상대 정당의 회의 내용을 몰래 도청하고 녹음하는 것●은 탄핵되어 마땅한 부당 행위인가? 젊은 여성 인턴과 백악관에서 친밀한 관계를 갖고 밀회한 것은 탄핵 사유가 되는 부당 행위인가?

전자는 닉슨 대통령이 거의 탄핵을 당할 뻔했던 이유다. 탄핵이 이루어지지는 않았다. 닉슨이 탄핵 인용을 예상하고 그전에 황급히 사퇴했기 때문이다. 후자는 클린턴 대통령이 하원에 의해 탄핵 대상으로 제기되었던 이유다. 하지만 상원에서는 탄핵안을 인용하지 않았다.

200여 년 동안 미국 의회에서 탄핵권을 동원한 일이 극히 적기 때문에 부당 행위를 정의하는 데에 참고가 될 만한 충분한 사례가 없다. 1998년 클린턴 탄핵 문제를 보면, 의회부터 대중의 여론까지 그의 백악관 밀회가 탄핵되어야 마땅한 부당 행위에 해당하는가를 두고 큰 의견 차를 보였다. 찬성자와 반대자는 시종 팽팽하게 맞섰으며, 의견 차가 조금이라도 좁혀진 적이 없었다.

부당 행위 조항은 오늘날까지도 미국 헌법의 입법권과

● 1972년 6월 17일, 미국 민주당 전국 본부가 있는 워터게이트 빌딩 내부에 잠입해 도청기를 설치하고 사진을 촬영하던 혐의자 5명이 붙잡혔다. 연방조사국의 수사 끝에 배후 세력은 공화당이 집권 중인 백악관으로 밝혀졌다. 닉슨 대통령은 연방 최고 법원의 판결에 따라 녹음테이프를 제출했다. 그리고 1974년 8월 9일에 대통령직에서 사퇴했다.

행정권 사이에 불확정 요소로 남아 있다.

탄핵이 당파 싸움의 도구가 되어서는 안 된다

1998년 클린턴의 탄핵이 발의되기 전까지, 미국 헌법이 고안한 탄핵 시스템은 대체로 명확한 원칙에 따라 작동되었다. 만약 닉슨이 민주당 당사를 도청하라는 지시를 내린 일이 사법 차원에서 재판을 받았다면 이는 사소한 사생활 침해 행위에 불과했으리라. 기껏해야 집행 유예가 선고되거나, 심지어는 검찰관이 사건의 경위가 중요하지 않다는 이유로 기소 유예 혹은 불기소 처분을 내렸을 수도 있다. 하지만 정치적으로 이것은 명백한 직권 남용이며, 민주 선거의 공평성을 훼손한 사건이다. 사법적으로는 처벌받지 않거나 가벼운 처벌을 받겠지만 정치적으로는 탄핵이 운용되어야 하는 범위에 꼭 들어맞는 행위인 것이다.

1865년, 링컨이 피격을 당한 후 뒤이어 대통령이 된 앤드루 존슨은 미국 역사상 부결권을 가장 많이 사용한 대통령이다. 1866년에서 1869년 사이에 그는 의회에서 통과된 법안을 21번 부결했다. 대통령이 부결한 법안은 헌법 절차에 따라 의회로 송부되어 다시 심의되는데, 의회에서 3분의 2라는 압도적인 다수가 대통령의 부결을 15번이나 다시 부결했다. 이런 경우 법안은 대통령의 동의 서명 없이 자동 발효된다.

이 숫자만 봐도 대통령과 의회의 관계가 이보다 더 나쁠 수 없을 만큼 나빴다는 것을 판단할 수 있다. 그는 의회를 신임하지 않았고, 부결권을 자주 사용했다. 하지만 그에게 실제로 의회를 통제할 힘이 없었다는 점 또한 분명해 보인다. 대부분의 사안에서 의회 의원의 3분의 2 이상이 대통령의 입장을 받아들이거나 지지하지 않았던 것이다.

1868년, 하원이 존슨 대통령 탄핵안을 제출한 것은 당시 사람들이 거의 예상한 일이었다. 그와 의회가 법안을 두고 각축을 벌였던 내력에 따르면, 탄핵이 인용되기에 충분한 표수를 얻는 것은 어렵지 않아 보였다. 하지만 정말 뜻밖에도 탄핵안이 상원에서 인용되지 못했다.● 그 이유는 바로 탄핵이 의회 의원과 대통령의 정치적 입장 혹은 주장 차이를 드러내는 도구로 사용되어서는 안 된다는 것이었다. 의회 의원이 아무리 대통령을 미워하고 그를 자리에서 쫓아내고 싶어 해도 그것은 정치적 의견 충돌 혹은 입장 차이에

● 1868년 2월 24일, 하원은 126표 대 47표로 존슨의 탄핵을 결의했다. 3월 2일에는 11가지 탄핵 사유가 통과되었다. 5월 16일 상원 투표 결과는 유죄 35표, 무죄 19표로 탄핵 인용에서 단 한 표가 부족했다. 이렇게 해서 존슨은 파면되는 신세를 면했다.

서 기인한 미움일 뿐 대통령이 어떤 명확한 과실이나 부당 행위를 범한 것이 아니다. 헌법 정신에 따르면, 의회는 이런 이유로 탄핵안을 제출하고 인용할 권한이 없다.

이것은 수많은 의회 의원의 공통된 견해다. 여기에 입각해 존슨은 대통령 자리를 유지하게 되었다. 상원에서는 대통령과 의회가 서로 다른 의견과 입장을 가지는 것은 대통령이 직권을 행사하는 동안 일어날 수 있는 일이며, 심지어 있어야 하는 일이라고 여겼다. 이는 부당 행위에 속하지 않으며, '반역죄, 수뢰죄 또는 그 밖의 중대한 범죄'에는 더더욱 해당하지 않는다. 존슨에 대한 미움은 별개의 일이다. 그들이 더욱 중시하고 걱정한 부분은 만일 여기서 전례를 만들면 탄핵이 당파 간 정치 싸움의 도구로 변할지도 모른다는 점이었다. 그렇게 되면 대통령과 의회의 관계는 영원히 평안해지지 못할 것이며, 탄핵이 본래 지녀야 하는 기능 역시 심각하게 왜곡될 것이었다.

그렇기 때문에 1998년의 정치 소동이 벌어졌을 때, 엄숙한 정치적 논의는 클린턴 대통령이 백악관에서 인턴과 도대체 무엇을 했느냐는 선정적인 스캔들이 아닌 다른 한 가지 질문에 쏠려 있었다. 이런 이유로 클린턴의 탄핵안을 제출한 것이 정말 그의 부당 행위를 겨누고 있는가? 아니면 클린턴과의 정치 싸움에서 탄핵을 수단으로 삼으려는 것인가?

1998년의 탄핵안은 1868년에 발생한 상황과 마찬가지로 격렬한 당파 간의 갈등, 언론의 아우성과 고조된 감정에도 불구하고 기각되어 인용되지 않았다. 이는 미국 의회가 줄곧 헌법에 대한 두터운 이해와 견지를 지녀 왔음을, 여론의 정서에 그렇게 쉽게 판단력을 잃지 않음을 증명한다.

헌법 해석으로
사법권이 부상하다

법관은 두터운 보장이 있어야
독립적으로 법을 집행할 수 있다

삼권분립에서 사법권은 제3위로, 입법권과 행정권 다음이다. 이는 연방 정부의 성립 순서에 따라 정해졌다. 삼권 이전에 인민 주권이 있다. 미국 헌법의 서언으로 대표되는 인민 주권이 헌법을 제정하고 통과시켜 헌법이 성립하게 되면, 먼저 의회를 설립해야 한다. 제1대 의회가 열려야 제2조 제1절 규정에 따라 대통령을 선출할 수 있고, 그제야 행정권을 의탁할 곳이 생긴다. 또한 의회가 조직법을 제정해야 행정 부문이 조직법에 의해 형성될 수 있다. 의회가 각종 법률을 세우고, 행정권이 맡은 바대로 법률 규범을 집행하여 시스템이 운용되기 시작하면 그제야 법률의 시비와 가부를 관할하는 사법권이 능력을 펼칠 터전이 마련된다. 이 밖에도 법원의 조직 역시 의회에서 법적 근거를 마련해 주어야 운용이 가능해지고, 법관은 대통령의 지명과 상원의 심사 및 동의를 거쳐서 부임한다. 입법권이 없으면 법원도 없고, 입법권과 행정권이 정상적으로 운용되지 않으면 실질적으로 사법을 관리할 법관도 없다.

미국 헌법 제3조 제1절이다.

합중국의 사법권은 하나의 최고 법원과 의회가 수시로 제정 및 설립하는 하급 법원들에 속한다. 최고 법원 및 하급 법원의 법관은 성실히 직무를 이행하는 한 그 직위를 보유한다. 또한 그 복무의 대가로 정기적인 보수를 받으며, 그 보수는 재임 중에 삭감되지 않는다.

이 조문의 원문은 다음과 같다.

The judicial Power of the United States shall be vested in one supreme Court, and in such inferior Courts as the Congress may from time to time ordain and establish. The Judges, both of the supreme and inferior Courts, shall hold their Offices during good Behaviour, and shall, at stated Times, receive for their Services, a Compensation, which shall not be diminished during their Continuance in Office.

"성실히 직무를 이행하는 한"으로 번역되는 말이 영어로는 "good Behaviour"이다. 이것은 영국의 법관 규범에서 그대로 옮겨온 용어로 일부러 느슨하게 만든 기준이다. 일단 법관으로 부임된 사람은 행실을 양호하게 유지하기만 해도 계속 그 자리에서 직책을 맡을 수 있다는 의미다. 심지어 여기에는 능력 평가도 없다. 번역문의 "성실히 직무를 이행하는 한"이 뜻하는 바는 그가 전문가답게 일을 해야 한다는 것이다. 하지만 영어 원문에는 이렇게 강한 의미가 없다.

기본적인 "good Behaviour"만을 요구하는 이유는 법관의 일이 쉽게 위협을 받지 않도록 높은 보장을 제공하려는 것이다. 기준을 조금 더 엄격하게 잡을 경우(이를테면 번역문의 "성실히 직무를 이행하는 한"과 같은), 자칫하면 누군가 이를 의도적으로 법관에게 맞서는 도구로 삼을 수 있다. 이 법관은 이 부분은 잘하지 못했고, 저 법관은 저 부분을 해내지 못했다고 말하는 것이다. 만약 법관이 각종 공격에 따른 위협까지 고려해야 한다면 독립적이고 초연한 법

집행이 어려워진다.

법관도 대통령과 마찬가지로 탄핵을 당할 수 있다. 그러려면 조문에 따라 그 법관이 가장 기본적인 "good Behaviour"조차 유지하지 못했다는 것을 증명해야 한다. 그래야 비로소 그의 사퇴를 요구할 수 있다.

1804년, 뉴햄프셔주의 법관 존 피커링●이 의회에서 탄핵을 당했다. 재판이 열렸을 때 그가 술에 취해서 법정에 있는 여러 사람에게 욕설을 했기 때문이다. 이러한 행위는 확실히 최저 기준을 벗어난 일이었다.

행정권과 달리 사법권을 쥐는 법관은 임기가 없다. 법관은 당연히 정기적으로 봉급을 받으며, 헌법에서는 법관이 재직하는 동안 봉급이 인하될 수 없도록 보장한다. 앞서 우리는 대통령 직권에 관련된 규정을 살펴보았다. 대통령 봉급은 "인상 또는 인하되지 아니한다." 내리는 것도 안 되지만 올릴 수도 없다. 법관은 대통령보다 좋다. 내릴 수는

● 존 피커링(John Pickering, 1737-1805)은 뉴햄프셔 주 의원에 재임할 당시, 필라델피아 회의에 참석할 뉴햄프셔주 대표로 선출되었지만 거절했다. 후에 그는 병으로 뉴햄프셔주 고등 법원 수석 법관에서 지방 법원 법관으로 전임했지만 1800년부터 출정하지 않기 시작했다. 지방 법원에서는 그의 심신 상실을 이유로 연방에 그를 대체할 사람을 보내줄 것을 요구했다. 피커링은 1802년 3월에 돌아와서 다음 날까지 휴정을 선언하고는 또 실종되었다. 1803년, 하원은 주정(酒酊) 및 위법 판결을 이유로 피커링 탄핵을 통과시켰고, 다음 해 상원에서 19표 대 7표로 탄핵안을 인용했다. 이로써 피커링은 미국 역사상 처음으로 탄핵되어 사퇴한 연방 관료가 되었다.

없고 올릴 수만 있다.

법관의 봉급 인상이 가능한 핵심 이유는 임기에 있다. 대통령의 임기는 4년뿐이다. 임기 중에는 증감할 수 없지만, 임기와 임기 사이인 4년마다 의회는 대통령의 급여를 늘리거나 줄일 수 있다. 법관은 임기가 없으며 기본적으로는 종신제다. 만일 임기 중에 급여를 인상할 수 없도록 규정한다면 한평생 똑같은 봉급을 받고 일하도록 정해진 운명인데, 이런 일을 누가 하려고 하겠는가?

봉급이 오를 여지는 반드시 필요하다. 하지만 굳이 "삭감되지 않는다"는 점을 명확히 기재한 것은 "good Behaviour" 규범과 같은 이유에서다. 법관이 법을 집행하는데 있어 외부 세력의 위협이나 영향을 받지 않도록 보장한 것이다. 이 규정을 통해 의회가 봉급 삭감을 수단으로 사법에 간여하고 법관을 통제할 가능성을 철저히 막는다.

입법권은 봉급으로 사법권을 위협하지 못한다. 하지만 "삭감되지 아니한다"는 조항은 입법권이 법관의 급여를 올려 주는 방식으로 사실상 사법권에 뇌물을 줄 수 있는 여지를 남겨 둔다.

실제로 19세기 말에서 20세기 초, 미국 정치가 가장 암담했던 시기에 입법과 사법이(때로는 행정까지) 횡행활보

橫行闊步하며 손을 잡고 이익을 교환하는 상황이 발생했다. 헌법은 의회 의원이 자신의 봉급을 논의하지 못하도록 규정한다. 하지만 의원들은 차대 의원이나 법관의 봉급을 논의하고 바꿀 수도 있다. 어떤 의원이 자신의 선거구에서 입지를 굳혀 재선 때마다 순조롭게 연임될 수 있다면, 그에게는 차대 의원에게 이익이 되는 조치를 취할 동기가 충분하다. 어차피 차대 의원도 그 자신이기 때문이다. 너무할 정도로 공공연히 제 뱃속을 채우는 행위다. 장기적으로 입법권을 (특히 예산권을) 장악한다는 점을 이용해 자신의 사리를 꾀하는 것이다. 이는 사법권의 심판으로 처벌을 받을 수도 있지만, 괜찮다. 이익 공유의 방식으로 법관들을 이 공범 구조 안으로 끌어들이면 된다.

이 가장 암담한 시기에 헌법이 규범화하는 삼권의 상호 견제 메커니즘은 이익 분담과 제휴로 대치되었다. 그리고 미국의 언론 분야가 일어났다. 이 시기의 언론 기자들은 자신에게 '제4의 권력'이라는 특수한 위치를 부여했다. 이 권력은 물론 입법, 행정, 사법의 '삼권'과 관련된다. 그러나 제4의 권력이라는 개념은 타이완 헌법이 '삼권'에서 '오권'으로 확충된 것처럼, 기존의 '삼권' 견제 메커니즘을 '사권' 견제 메커니즘으로 바꾸는 것이 아니다. 제4의 권력은 삼권의 운용 실태를 투명화하고 널리 보도하여 모두에게 알리는 방식으로 행사된다. 이들은 삼권이 무대 아래에서 내통하며 사람들 모르게 저지르는 일들을 폭로한다.

제4의 권력이 있으면 삼권은 더 이상 분장 및 제휴를 이어갈 수 없게 된다. 이때 정상적인 삼권의 상호 감독 및 견제 관계가 회복되며, 비로소 국가와 사회를 위한 공공복지가 창출된다. 말이 나온 김에 설명하자면 삼권과 관련 있는 제4의 권력은 알 권리이자 보도할 권리이다. 이들의 목적은 삼권에 가담하고 섞여 드는 것이 아니라, 삼권이 정상적인 상호 감독 및 견제 관계를 유지하며 왜곡되거나 어긋날 길로 가지 않도록 하는 것이다.

연방 법원은 각 주에 들어서되 주권을 침범하지 않는다

미국 헌법 제3조 제2절이다.

사법권의 적용 범위에는 이 헌법, 합중국 법률, 합중국이 이미 체결한 조약 및 체결할 조약 아래 발생하는 모든 보통법상 및 형평법상의 사건, 대사와 공사 및 영사에 관한 모든 사건, 해사 재판 및 해상 관할에 관한 모든 사건, 합중국이 한 편의 당사자가 되는 분쟁, 둘 혹은 그 이상의 주 사이에서 발생하는 분쟁, 한 주와 다른 주의 시민 사이의 분쟁, 서로 다른 주의 시민 사이의 분쟁, 다른 주로부터 부여받은 토지의 권리에 관해 같은 주의 시민 사이에 발생하는 분쟁, 어떤 주 혹은 그 주의 시민과 외국, 외국의 시민 및 신민과의 사이에 발생하는 분쟁이 포함된다.

글은 복잡해 보이지만 개념은 분명하고 간단하다. 제1조 제8절과 마찬가지로, 여기서도 연방 사법권이 관할하는 안건을 열거한다. 이렇게 상세하게 열거한 이유는 각 주에서 가지고 있는 사법권과 분명하게 구분 짓기 위해서다. 연방 법정에서 다루는 것은 연방에 속하는 법률, 서로 다른 주와 주 사이의 소송, 외국과 관련된 소송뿐이다. 여기 열거된 항목들 외에 다른 소송은 여전히 각 주에서 자체적으로 심리한다.

이러한 내용은 연방 법원의 설립이 결코 기존의 주권州權을 침범하지 않는다는 것을 보증한다. 연방 법원은 각 주의 상소 법원이 아니다. 한때 각국의 종심 법원이 모두 영국에 있었던 영국 연방의 제도와도 다르다. 연방 법원과 각 주의 법원은 대등한 분업 관계지 상하 예속 관계가 아니다. 연방 법원의 관할 범위 안에 상소 법원과 최고 법원이 있으며, 각 주의 법원도 자신이 속한 주의 상소 법원 및 최고 법원을 갖추고 있다.

이러한 조문은 각 주의 인민에게 또 한 가지 사실을 피력한다. 연방 법원이 당시의 가장 골치 아픈 문제를 처리하기로 결심했으며, 그럴 능력을 가지고 있다는 것이다. 골치 아픈 문제란 주와 주 사이에 존재하는 갈등으로, 예컨대 13개 주의 서쪽에 있는 방대한 미개발 토지 문제와 같은 것이었다. 특히 남부의 주들은 이 토지 개발에 지대한 관심을 가지고 있었다. 어떻게 주와 주 사이가 틀어지지 않으면서 사이좋게 함께 개발을 할 것인가는 중요한 문제였다.

잊지 마시라. 당시 북미 식민지의 서쪽, 미시시피강 유역은 스페인 사람들이 통제하고 있었다. 나중에 이 땅은 또다시 프랑스인의 통치를 받는다. 서쪽으로 진출하는 데에는 주와 주의 관계만이 아니라 골치 아픈 외국과의 관계도 포함되어 있었다. 상황을 더욱 복잡하게 만든 것은 각 주를 겨냥한 스페인의 도발 및 이간 책략이었다. 스페인 총독은 미시시피강의 항행권을 공개적으로 포기하는 주는 일부 스페인 점령지를 보상으로 얻게 될 것이라고 약속했다. 동쪽에 위치한 주일수록 미시시피강에서 멀어지고, 그럴수록 항행권을 포기하고 싶어 할 가능성도 높아진다. 이리하여 멀리 동쪽에 있는 주의 일부 인민은 당시 가장 서쪽에 위치한 땅으로 이주했고, 그에 비해 미시시피강과 가장 밀접한 관련을 맺고 있으며 스페인 속령屬領과도 가까운 남부의 주들은 오히려 이 땅을 얻지도 못하고 주의 영토를 확장할 수도 없었다. 이렇듯 토지 문제로 주와 주 사이의 긴장과 대립이 고조될 수밖에 없었다.

이 조문의 내용은 새로 설립된 연방 법원이 토지 개발을 두고 주와 주 사이에서, 한 주와 다른 주의 인민 사이에서, 심지어는 같은 주의 인민 사이에서 발생한 법률 문제를 한 어깨에 짊어지고자 했음을 보여 준다. 이는 당시 남부의 주들이 헌법 통과에 동의하고 연방에 가입하는 데 큰 요인이 되었다.

제3조 제2절에서는 재판의 기본 원칙과 방식 또한 명확하게 규정한다.

탄핵 사건을 제외한 모든 범죄의 재판은 배심제로 한다. 재판은 그 범죄가 일어난 주에서 해야 한다. 다만 범죄가 어느 한 주 내에서 발생한 것이 아니라면, 의회가 **법률에** 의하여 지정하는 장소에서 재판을 해야 한다.

모든 범죄는 미국의 광활한 땅과 많은 인구, 각지의 차이를 고려해, 연방 법원이 관할하는 법률 항목에 해당하더라도 사건이 발생한 주에서 재판한다. 멀리 수도까지 가서 재판을 받을 필요가 없는 것이다. 이 조항에서는 각 주의 인민이 다른 주에 가서 재판을 받지 않을 권리를 보장한다. 이는 주마다 연방 법원을 설립해야 한다는 의미이기도 하다. 연방의 사법 체계가 정식으로 각 주에 들어서서, 각 주의 인민들이 가까이에서 '연방'의 존재를 느낄 수 있도록 한다.

미국 헌법 제3조 제3절이다

합중국에 대한 반역죄는 합중국에 대하여 전쟁을 일으키거나 적에게 가담하여 원조 및 편의를 제공한 경우에만 성립한다.

이 조문에서 말하는 반역죄의 정의는 매우 좁고 엄격하다. '반역죄'로 번역되는 'Treason'은 당시에는 복잡하고 번거로운 개념이었다. 거의 대부분의 주 헌법에 반역죄Treason에 관한 규정이 있었지만 주마다 규정이 달랐다. 식민지였던 곳이 식민모국에 저항하기로 결정했을 때, 식민모국의 입장에서는 혁명 행위가 반역이다. 혁명에 충성하면 식민모국에 대한 반역이며, 식민모국에 충성하면 혁명에 대한 반역이다. 충돌하는 인식 사이에서 사람들이 반역죄라는 죄명을 쉽게 남발하고, 의심스럽고 적대적인 눈으로 서로를 대했을 것이 눈에 훤하다.

이런 태도는 단결된 새 국가를 설립하는 데에 아무런 도움이 되지 않는다. 주 헌법을 존중하는 앞의 조문과 달리, 이 조문은 헌법이 위계상 더 높다는 점을 이용해 현존하는 모든 주가 반역죄를 정의할 권한을 취소한 것이나 마찬가지다. 헌법이 통과된 다음부터는 연방을 배반하는 것만이 반역죄다. 연방을 배반하는 행위에 대한 설명은 매우 간단하다. 오직 "전쟁을 일으키거나 적에게 가담"한 경우에만 반역죄가 성립한다. 일단 헌법이 통과되면, 반역죄에 관련된 각 주 헌법의 서로 다른 규정은 헌법에 저촉되기 때문에 무효가 된다. 이때부터 반역죄는 헌법에서만 정의될 수 있다. 사상이나 정서 등 심증만으로는 반역죄가 성립되지 않으며, 반드시 행위와 적대 혹은 전쟁 관계가 있어야 한다. 다른 국가에 협조하거나 편의를 제공했다고 해서 모두 반역죄에 해당하는 것은 아니다.

명백한 상기 행동에 대해 증인 2명의 증언이 있거나 공개 법정에서 자백하는 경우 외에는 누구라도 반역죄의 유죄를 선고 받지 않는다.

의회는 반역죄의 형벌을 선고하는 권한을 가진다. 다만 반역죄로 인한 사권 박탈은 그 본인의 생존 기간에만 해당되며, 그 후손의 사권에는 영향을 미치지 않는다.

이어지는 규정은 당시 반역죄가 남발되던 각 주의 혼란한 상태를 반영한다. 단순히 한 사람의 고발로는 반역죄가 성립될 수 없다. 또한 의회에 반역자 처벌 방법을 결정할 권한을 부여하되, 반역자의 재산을 몰수하지는 못하도록 했다. 이러한 제약을 둔 것을 보면, 당시 각 주에서는 반역자의 재산을 몰수할 수 있었고, 심지어 그 재산의 일부를 고발자에게 나누어 주어서 반역죄가 사적인 원한을 갚는 수단으로 변질됐음을 알 수 있다. 이는 국가의 안전에 도움이 되지 않으며 사회에 혼란을 더하게 된다.

사법권을 규범화하는 제3조는 도합 3절뿐이다. 그나마도 제3절은 반역죄를 처리하기 위한 규정으로, 사법권 자체와는 관련이 없다. 솔직히 말해서 필라델피아 회의의 대표들은 사법권에 그리 신경을 쓰지 않았다. 몽테스키외의 이론을 바탕으로 삼권분립 체계를 설계했으니 그들도 사법의 독립이 지니는 의미를 잘 알고 있었다. 하지만 사법권에는 입법권과 행정권만큼 머리를 쓸 필요가 없다고 생각했다.

그렇기 때문에 지난 역사를 보면, 헌법 제정 당시에는 예상치 못한, 그래서 미처 안배하지 못한 것들로 인한 변화가 사법권에서 가장 많이 나타났다.

200여 년이 지난 지금 우리는 놀라지 않을 수 없다. 미국 헌법은 빈틈없고 신중하기 그지없는 논리와 정교한 설계로 제정되었다. 이는 훗날 미국 정치사의 변천과 발전뿐 아니라 전 세계의 민주적 정치 구상에 영향을 주었다. 그 정도로 입법권과 행정권은 헌법이 그려 놓은 노선을 거의 이탈하지 않았다. 하지만 사법권의 경우, 헌법에 너무 간단하게 적혀 있는 탓에 상황이 다소 달랐다.

사법권의 변화는 주로 제3조 제1절이 규정하는 "최고 법원 및 의회가 수시로 제정, 설립하는 하급 법원"에서 기인했다. 이는 기구 설립이 매우 탄력적임을 보여 주는 규정이다. 의회가 언제든 입법을 통해서 새로운 '하급 법원'을 설립할 수 있는 것이다. 사실 본래 헌법에서 뜻하는 최고 법원은 오늘날과 같이 권위적인 기관이 아니었다. 미국 헌법에서 규정하는 최고 법원과 오늘날의 현실에 존재하는 최고 법원은 번역어로는 똑같지만 영어 원문에서는 미묘하되 핵심적인 차이가 있다. 헌법에서는 최고 법원을 'one supreme Court'라고 한다. 'Court'만 앞 글자를 대문자로 쓰고 'supreme'은 소문자로 쓴다. 현재 '연방 최고 법원'의 정식 명칭은 'Supreme Court'다. 두 단어 모두 앞 글자를 대문자로 쓴다.

헌법의 의도는 법원의 등급을 나누는 것에 불과했다. 법원의 등급을 나누면 재판의 등급도 나뉜다. 그러면 상소를 할 수 있다. 종심을 내리는 최고 등급의 법원이 하나 있고, 상대적으로 등급이 낮은 하급 법원이 있다. 이것이 헌법의 본뜻이다.

미국 헌법에서 사법권은 다른 두 권력에 비해 확연히 지위가 낮다. 대통령은 행정권에 속하는 관료를 지명할 수 있으며, 의회가 이에 심사권 및 동의권을 행사한다. 사법 기관에는 대통령처럼 사법권을 대표할 수 있는 최고 직위가 없다. 사법 체계의 인사를 지명하는 권한은 사법권 내에 포함되지 않고 행정권을 주관하는 대통령에게 돌아간다. 이런 점에서 사법권은 행정권만 못하다.

하지만 훗날 설립된 최고 법원은 한 가지 특별한 역할

을 맡게 되었다. 바로 '헌법 해석'이다. 연방 최고 법원은 사실상 '헌법 재판소'로 헌법의 뜻에 대한 질문을 품은 상소 안건만 수리한다. 'supreme'이라는 단어는 대문자로 쓰인 뒤부터 특정한 뜻을 갖게 되었다. 모든 법률의 근원인 헌법을 처리하기 때문에 '최고'인 것이다.

헌법에 충성할 것을 선서한 모든 사람이 합헌 판단을 할 권리와 의무를 가지지만, 서로 다른 사람이 헌법을 서로 다르게 해석한다면, 이때는 최고 법원에 회부해 최종 판결을 받아야 한다. 최고 법원은 이러한 최고 권력을 갖게 되면서 미국 정치에서 헌법이 부여한 적 없는 강대한 영향력을 지니게 되었다.

특히 20세기에 들어선 뒤, 최고 법원은 새로운 정신을 지니고 종종 헌법 해석으로 정치 혹은 사회 개혁을 일으켰다. 인종 격리 조치에 위헌 판정을 내림으로써 흑인 민권 운동에 거대한 힘을 제공했다. 여성이 낙태권을 가져야 한다는 인식은 여권 운동의 물결을 일으켰다. 모두 최고 법원이 몰고 온 역사적인 흐름이었다.

미국 사법권의 발전에서 중요한 문헌이자 기점이 된 것은 헌법이 아니었다. 사법권의 발전은 소문자 'one supreme Court'가 대문자 'Supreme Court'로 전환하면서 일어났다. 이 중요한 발전을 이해하려면 미국 헌법만 보고 미국 헌법의 조문만 이해해서는 한참 부족하다. 연방 최고 법원의 역사를 살펴보고, 역사의 이정표가 된 몇 가지 중요한 판결을 자세히 읽어야 한다.

마셜 수석 대법관●을 시작으로, 최고 법원은 주법州法과 연방 법률이(헌법을 포함해서) 서로 어긋날 때만 해당 안건을 심리하고 판정하는 것이 아니라, 연방 의회가 제정한 법률을 심리하게 되었다. 일부 법률을 위헌으로 선고하고 그 효력을 취소하는 것이다.

사실 미국 헌법이 최고 법원에 입법권을 전복할 수 있는 최고 권력을 부여한 적은 없다. 하지만 판례가 이루어지자, 대부분의 사람이 이것은 삼권분립의 기본 정신에 부합하는 일이라고 받아들이게 되었다. 이리하여 최고 법원의 합헌 심사 권력은 점점 커졌다.

사법권의 부상은 역사에 등장했던 몇몇 열정 있는 대법관과 밀접한 관련이 있다. 19세기의 마셜, 20세기의 워런●●

● 존 마셜(John Marshall, 1755-1835)은 미국 역사상 재직 기간이 가장 길었던 수석 대법관이다(1801년부터 1835년까지). 그의 정치 인생은 연방당의 버지니아주 하원 의원에서 시작되었다. 그는 제2대 존 애덤스 대통령 때 국무 장관을 맡았으며, 그 후에는 애덤스의 임명을 받아 제4대 연방 최고 법원 수석 대법관이 되었다.

●● 얼 워런(Earl Warren, 1891-1974)은 드와이트 아이젠하워 대통령에게 제14대 수석 대법관으로 임명되기 전까지는 캘리포니아주 역사상 유일하게 연속 세 번 주지사를 맡은 인물이었다. 그는 공화당의 뉴욕 주지사 토머스 듀이와 러닝메이트를 이루어 1948년 대선에 출마했으나, 연임을 위해 출마한 해리 트루먼에

모두 적극적으로 최고 법원의 권력을 운용하고 확장했다. 이들은 논쟁을 두려워하지 않았으며, 오히려 사회의 전방에 나서기를 원했다. 그리고 용감하게 시대의 요구에 부합하지 않는 일부 법률에 위헌 판정을 내렸다.

사법권의 부상을 촉진한 또 다른 요소는 사법 체계의 규모가 부단히 확대되었다는 것이다. 연방 법원이 설립되던 초기에는 대법관이 6명, 하급 법관이 14명밖에 없었다. 지금은 최고 법원에 9명의 대법관이 있으며, 기타 각종 등급의 연방 법관은 합하면 1천 명이 넘는다. 뿐만 아니라 현재는 법관 1명당 평균 7명의 보좌관 혹은 사무원이 배정된다. 이렇게 체계가 크고 처리하는 안건이 많으니 이에 따라 연방 사법관의 중요성이 높아지는 것은 당연한 일이다.

또 한 가지 등한시할 수 없는 요소는 입법권과 행정권에 비해서 사법권이 인민에게 보다 높은 신임을 얻었다는 것이다. 특히 언론이 발달하면서 뉴스에는 의회 의원 혹은 행정 관료의 각종 추문과 부패 사건이 자주 등장했다. 두 권력의 이미지와 지위는 실추될 위기에 놓였다. 이에 비해 사법관은 그나마 절개가 곧아, 남부끄러운 일을 그리 많이 저지르지는 않았다. 입법권과 행정권의 이미지가 하락하는 동안, 본래 헌법에서는 그리 중요하지 않았던 사법권이 오

게 졌다. 워런의 임기는 1953년부터 1969년까지였다.

히려 인민이 가장 신임하고 의지하고 싶어 하는 부문이 되었다. 의회 의원과 행정 관료는 인민의 마음속에서 까마귀같이 시커먼 정치꾼이 된 반면 법관을 정치꾼 취급하는 일은 없었다. 사법관은 비교적 높은 사회적 존중을 받는다.

종신직인 법관은 평생 겸직도 장사도 할 수 없다. 그는 큰돈을 벌지 못한다. 정치꾼과 다른 점은 단지 이것뿐이다. 인민은 정치꾼을 차마 믿지 못하고, 믿고 싶어 하지 않는다. 그리고 중요한 일을 비정치꾼인 법관에게 맡기려는 경향을 보인다. 오늘날의 미국인은 이미 잊어버렸지만, 사실 헌법은 헌법에 충성할 것을 선서한 한 사람 한 사람의 공직자에게 헌법을 심사할 권력을 부여한다. 하지만 사람들은 의회의원 혹은 행정 관료의 헌법 관할에는 동의하지 않는다. 그들은 최고 법원의 대법관만이 헌법을 해석하고 합헌 심사를 할 권한을 가진다고 여기며, 이런 일을 맡기에 미더운 이는 대법관뿐이라고 생각한다.

미국 헌법이 구상되던 초기, 사법권은 다른 두 권력 부문에 한참 뒤처져 있었다. 하지만 미국이 건국 200주년을 맞았을 때는 뒤처져 있던 사법권이 앞서 가던 두 부문을 따라잡아 삼권이 나란히 서게 되었다. 이러한 발전은 비록 헌법의 본래 의도했던 바는 아니지만, 미국 헌법이 채택한 삼권 구조의 원리에는 부합한다. 역사의 변천은 시나브로 삼권을 평등하게 만들어 놓았다. 둘은 크고 하나는 작은 형세가 아니다. 이야말로 가장 합리적이고 안정된 제도다.

부록
—
미국 헌법
권리장전
미국 헌법 관련 연표

서언

우리들 합중국 인민은 더욱 완전한 연맹을 형성하고, 정의를 확립하고, 국내의 안녕을 보장하고, 공동의 방위를 도모하고, 국민의 복지를 증진하고, 우리와 우리 후손이 누릴 자유의 축복을 확보할 목적으로, 미합중국을 위하여 이 헌법을 제정하고 확립한다.

제1조

제1절 이 헌법에서 부여하는 모든 입법권은 합중국 의회에 속한다. 합중국 의회는 상원과 하원으로 구성한다.

제2절

1항 하원은 각 주의 인민이 2년마다 한 번 선출하는 의원으로 구성하며, 각 주의 선거인은 주 의회에서 의원수가 가장 많은 원의 선거인에게 요구되는 자격 요건을 구비해야 한다.

2항 연령이 만 25세에 이르지 않은 자, 합중국 시민 자격을 취득한 지 만 7년이 되지 않은 자, 선거 당시에 선출되는 주의 주민이 아닌 자는 하원 의원이 될 수 없다.

3항 하원 의원의 수와 직접세는 연방에 가입하는 각 주의 인구수에 비례하여 배정한다. 각 주의 인구수는 자유인의 총수에 의해 결정되는데 여기에 기간이 정해진 계약 노동자는 포함하고 과세하지 않는 인디언은 제외하며, 기타 인구 총수의 5분의 3을 가산하여 결정한다. 인구 총조사는 합중국 의회의 첫 번째 회의를 개최한 후 3년 이내에 실시하며, 그 후로 10년마다 한 번씩 실시한다. 조사 방법은 별도의 법률로 규정한다. 하원 의원의 수는 인구 3만 명당 1명을 넘을 수 없다. 다만 각 주는 적어도 1명의 하원 의원을 두도록 한다. 위의 인구 총조사가 실시되기 전까지 뉴햄프셔주는 3명, 매사추세츠주는 8명, 로드아일랜드주와 프로비던스 플랜테이션은 1명, 코네티컷주는 5명, 뉴욕주는 6명, 뉴저지주는 4명, 펜실베이니아주는 8명, 델라웨어주는 1명, 메릴랜드주는 6명, 버지니아주는 10명, 노스캐롤라이나주는 5명, 사우스캐롤라이나주는 5명, 조지아주는 3명의 하원 의원을 각각 선출할 수 있다.

4항   어느 주의 하원 의원에 결원이 생겼을 경우, 그 주의 행정부가 그 결원을 채우기 위한 보궐 선거의 명령을 내려야 한다.

5항   하원은 그 의장과 그 밖의 임원을 선임하며 탄핵권을 가진다.

제3절

1항   상원은 각 주의 의회에서 선출한 2명의 상원 의원으로 구성한다. 상원 의원의 임기는 6년으로 한다. 각 상원 의원은 1표의 투표권을 가진다.

2항   상원 의원은 첫 번째 선거 후 회합에서 즉시 의원 총수를 같은 수의 3조로 나눈다. 제1조 의원의 임기는 2년, 제2조 의원의 임기는 4년, 제3조 의원의 임기는 6년으로 하고, 만료하면 그 의석을 비워야 한다. 이렇게 하여 상원 의원 총수의 3분의 1을 2년마다 개선改選한다. 만일 어느 주에서 주 의회의 휴회 중에 사직 또는 그 밖의 원인으로 상원 의원에 결원이 생겼을 경우, 그 주의 행정부는 주

의회가 다음 회기에서 결원을 보충할 때까지 임시 상원 의원을 임명할 수 있다.

3항   연령이 만 30세에 이르지 않은 자, 합중국 시민 자격을 취득한지 만 9년이 되지 않은 자, 선거 당시에 선출되는 주의 주민이 아닌 자는 상원 의원이 될 수 없다.

4항   합중국의 부통령은 상원 의장이 된다. 다만 표결에서 가부 동수일 경우를 제외하고는 투표권이 없다.

5항   상원은 의장 이외의 관료들을 선임하며, 부통령이 결원이거나 합중국 대통령 직무를 집행할 때는 임시 의장을 선임한다.

6항   상원은 모든 탄핵을 심판하는 권한을 가진다. 상원이 탄핵 심판을 위해 개회할 때, 의원들은 선서 또는 확약을 해야 한다. 심판을 받는 자가 합중국의 대통령일 경우에는 최고 법원의 수석 대법관이 의장을 맡는다. 출석 의원 3분의 2 이상의 찬성 없이는 누구도 유죄 판결을 받을 수 없다.

7항   탄핵 심판의 판결은 면직이나 합중국 정부에서 명예직, 위임직, 유급직에 취임 및 재직할 자격을 박탈하는 것 이상이 될 수 없다. 다만 이같이 유죄 판결을 받은 자일지라도 법률의 규정에 따른 기소, 재판, 판결 및 처벌을 면할 수 없다.

제4절

1항 각 주의 의회는 해당 주의 상원 의원과 하원 의원을 선거할 시기, 장소 및 방법을 정한다. 그러나 의회는 언제든지 법률에 의해 그러한 규정을 제정 또는 개정할 수 있다. 다만 상원 의원의 선거 장소는 예외로 한다.

2항 의회는 최소한 매년 1회 집회해야 한다. 집회 시기는 법률에 의해 다른 날짜를 지정하지 않는 한 12월 첫 번째 월요일로 한다.

제5절

1항 각 원은 그 소속 의원의 선거, 당선 및 자격을 심사한다. 각 원 소속 의원의 과반수가 출석하면 의사를 진행할 수 있는 정족수가 충족된다. 정족수에 미달하는 경우에는 하루씩 개회를 연기할 수 있으며, 각 원에서 정하는 방법과 벌칙에 따라 결석 의원의 출석을 강요할 수 있다.

2항   각 원은 의사 규칙을 결정하며, 원내의 질서를 문
       란케 한 의원을 징계하며, 의원 3분의 2 이상의 찬
       성을 얻어 의원을 제명할 수 있다.

3항   각 원은 의사록을 작성하고, 각 원에서 비밀로 지
       켜야 한다고 판단한 부분을 제외하고는 이것을 수
       시로 공표해야 한다. 각 원은 출석 의원의 5분의 1
       이상이 요구할 경우에는 어떠한 의제에 대한 소속
       의원의 찬반 투표수를 의사록에 기재해야 한다.

4항   의회의 회기 중에는 어느 원도 다른 원의 동의 없
       이 3일 이상 휴회하거나, 양원이 개회한 장소가 아
       닌 다른 장소로 회의장을 옮길 수 없다.

제6절

1항   상원 의원과 하원 의원은 그 복무의 대가로 보수
       를 받는다. 봉급의 액수는 법률로 정하며, 합중국
       국고로부터 지급된다. 양원의 의원은 반역죄, 중
       죄 및 치안 방해죄를 제외하고는 어떠한 경우에도
       그 의원의 회의 출석 중이나 의사당까지의 왕복
       도중에 체포되지 않을 특권을 가진다. 양원의 의

원은 원내에서 행한 발언이나 토론에 관해 원외에
서 문책을 받지 않는다.

2항   상원 의원 또는 하원 의원은 선출된 임기 중에 합
중국 정부에서 신설된 직위 혹은 보수가 인상된
어떠한 직위도 맡을 수 없다. 합중국의 공직에 있
는 자는 재직 기간 중에 양원의 어느 의원을 맡을
수 없다.

제7절

1항   세입 징수에 관한 모든 법안은 먼저 하원에서 발
의되어야 한다. 다만 상원은 다른 법안을 처리할
때와 마찬가지로 수정 조항을 통해 건의 혹은 동
의할 수 있다.

2항   하원과 상원을 통과한 모든 법안은 법률로 확정되
기에 앞서 대통령에게 이송되어야 한다. 대통령은
이를 승인하면 이에 서명하고, 승인하지 않으면
이의서를 첨부해 이 법안을 발의한 원으로 환부해
야 한다. 법안을 환부 받은 원은 이의의 대략을 의
사록에 기록한 후 이 법안을 다시 심의해야 한다.
다시 심의한 결과, 그 원 소속 의원의 3분의 2 이

상이 여전히 이 법안의 가결에 동의할 경우, 그 원은 이 법안을 대통령의 이의서와 함께 다른 원으로 회부해야 한다. 다른 원에서 이 법안을 다시 심의하여 역시 의원 3분의 2 이상의 동의로 가결할 경우 이 법안은 법률로 확정된다. 이 모든 경우에서 양원은 호명과 구두 표결로 결정하며, 그 법안에 대한 찬성자와 반대자의 성명을 각 원의 의사록에 기재해야 한다. 법안이 대통령에게 이송된 후 10일 이내(일요일은 제외)에 의회로 환부되지 않을 경우 그 법안은 대통령이 이에 서명한 경우와 마찬가지로 법률로 확정된다. 다만 의회가 휴회하여 이 법안을 환부할 수 없는 경우에는 법률로 확정되지 않는다.

3항 상원 및 하원의 동의를 필요로 하는 모든 명령, 결의 또는 표결(휴회에 관한 결의는 제외)은 대통령에게 이송해야 하고, 대통령이 이를 승인하는 경우 효력이 발생한다. 대통령이 이를 승인하지 않는 경우 양원은 법안을 통과시킬 때의 규칙과 제한에 따라 상원과 하원에서 각각 3분의 2 이상 의원의 찬성으로 다시 가결해야 한다.

제8절

1항   의회는 다음의 권한을 가진다. 합중국 채무를 지불하고, 공동 방위와 일반 복지를 위하여 조세, 관세, 부과금 및 소비세를 부과, 징수한다. 다만 관세, 부과금 및 소비세는 합중국 전역에서 균일하게 징수해야 한다.

2항   합중국의 신용으로 금전을 차입한다.

3항   외국, 주 상호간 그리고 인디언 부족과의 통상을 규제한다.

4항   합중국에서 일괄 적용되는 귀화 규정과 파산에 관한 법률을 제정한다.

5항   화폐를 주조하고 그 화폐 및 외국 화폐의 가치를 규정하며, 도량형의 기준을 정한다.

6항   합중국의 유가 증권 및 통화의 위조에 관한 형벌을 정한다.

7항   우편국과 우편 도로를 건설한다.

8항   저작자와 발명자에게 그들의 저술과 발명에 대한 독점적인 권리를 일정 기간 확보해 줌으로써 과학과 유용한 기술의 발달을 촉진시킨다.

9항   최고 법원 아래에 하급 법원을 조직한다.

10항 공해에서 범한 해적 행위와 중죄 그리고 국제법에 위배되는 범죄를 정의하고 이를 처벌한다.

11항 전쟁을 포고하고 나포 허가장을 수여하고, 지상 및 해상에서의 나포에 관한 규칙을 정한다.

12항 육군을 육성하고 이를 지원한다. 다만 이 목적을 위한 경비의 지출 기간은 2년을 초과하지 못한다.

13항 해군을 배치하고 이를 유지한다.

14항 육해군의 통수 및 규제에 관한 규칙을 정한다.

15항 연방 법률을 집행하고, 반란을 진압하고, 침략을 격퇴하기 위하여 민병대의 소집에 관한 규칙을 정한다.

16항 민병대의 편성, 무장 및 훈련에 관한 규칙과 민병 가운데 일부가 합중국을 위해 복무할 때의 관리 방법을 정한다. 다만 각 주는 민병대의 장교를 임명하고 의회가 정한 규율에 따라 민병대를 훈련하는 권한을 보유한다.

17항 특정 주가 합중국에 양도하고 의회가 이를 수령함으로써 합중국 정부의 소재지가 되는 지역(10제곱마일을 초과하지 못함)에 대해서는 어떠한 사항을 막론하고 독점적인 입법권을 행사하며, 요

새, 무기고, 조병창, 조선소와 기타 필요한 구조물을 건설하기 위해 주 의회의 승인을 얻어 구입한 모든 장소에 대해서도 이와 똑같은 권한을 행사한다.

18항   위에 기술한 권한과 이 헌법이 합중국 정부 혹은 각 부문 혹은 그 관료에게 부여하는 각종 권한을 행사하는 데 필요하고 적절한 모든 법률을 제정한다.

제9절

1항   기존의 어느 주가 이주 또는 입국을 허용하기에 적절하다고 인정한 사람에 대해 1808년 이전에는 의회가 그들의 이주 또는 입국을 금지하지 못한다. 다만 이러한 사람들의 입국에 대해 1인당 10달러를 초과하지 않는 한도 내에서 입국세를 부과할 수 있다.

2항   인신보호령에서 보장하는 특권은 반란이 일어나거나 침략을 당한 상황에서 공공의 안전을 위해 필요한 경우를 제외하고는 정지시킬 수 없다.

3항   사권 박탈법 또는 소급 적용법을 통과시킬 수 없다.

4항   이 헌법에서 규정하는 인구 총조사 혹은 통계에
        비례하지 않는 한, 인두세나 그 밖의 직접세를 징
        수할 수 없다.

5항   각 주에서 수출하는 물품에 조세 또는 관세를 부과
        할 수 없다.

6항   통상 또는 세무에 관한 어떠한 규정도 특정한 주
        의 항구에 특혜를 베풀 수 없다. 또한 어느 주에 도
        착 예정이거나 어느 주를 출항한 선박을 다른 주
        에서 강제로 입·출항 수속을 하게 하거나 관세를
        지불하도록 강제할 수 없다.

7항   법률에 따라 책정된 예산대로 지출하는 경우가 아
        니면 국고금을 지출할 수 없다. 모든 공금의 수납
        과 지출의 내역 및 항목은 수시로 공표해야 한다.

8항   합중국은 어떠한 귀족 작위도 수여하지 않는다.
        합중국 정부에서 유급직 혹은 위임직에 있는 자는
        누구라도 의회의 승인 없이 어떠한 국왕, 왕족 또
        는 외국으로부터 종류를 막론하고 선물, 봉급, 관
        직 또는 작위를 받을 수 없다.

제10절

1항   각 주는 조약, 동맹 혹은 연합을 체결할 수 없고, 나포 면허장을 수여할 수 없으며, 화폐를 주조하거나 신용 증권을 발행하거나 금화 및 은화 이외의 것을 채무 상환의 법정화폐로 지정할 수 없고, 사권 박탈법, 소급 적용법 또는 계약 의무에 해를 주는 법률을 제정할 수 없으며, 귀족 작위를 수여할 수 없다.

2항   각 주는 의회의 동의 없이 수입품 또는 수출품에 공과금 또는 관세를 징수할 수 없다. 단 검사법을 집행하기 위해 절대적으로 필요한 경우는 제외한다. 수입품 또는 수출품에 징수한 모든 공과금이나 관세의 순수입은 합중국 국고에 제공해야 한다. 의회는 이런 종류의 모든 법률을 개정하고 규제할 권한을 가진다.

3항   각 주는 의회의 동의 없이 선박의 톤ton세를 징수할 수 없고, 평화 시에 군대나 군함을 보유할 수 없으며, 다른 주나 외국과 어떠한 협정이나 협약도 체결할 수 없고, 실제로 침공을 당하거나 지체할 수 없는 위급 상황에 처하지 않는 한 전쟁 행위를 할 수 없다.

제2조

제1절

1항   행정권은 미합중국 대통령에 속한다. 대통령의 임
       기는 4년으로 한다. 대통령은 동일한 임기의 부통
       령과 함께 다음과 같은 절차에 따라 선출된다.

2항   각 주는 주 의회가 규정하는 절차에 따라 선거인
       을 지정한다. 선거인단의 수는 그 주가 의회에 보
       낼 수 있는 상원 의원과 하원 의원의 총수와 같다.
       다만 상원 의원이나 하원 의원 및 합중국 정부에
       서 위임직 혹은 유급직을 맡고 있는 자는 선거인
       으로 지정될 수 없다.

3항   선거인은 그들이 속한 주에서 회합하여 한 사람당
       2인에게 비밀 투표를 한다. 그중 최소한 1인은 선
       거인과 동일한 주의 주민이 아니어야 한다. 선거
       인은 모든 피선거인의 명단과 각각의 득표수를 기
       재하고 서명으로 증명한 다음, 이를 봉인해서 합

중국 정부 소재지의 상원 의장 앞으로 송부한다. 상원 의장은 양원 의원 앞에서 모든 증명서를 개봉하고 계산한다. 가장 많은 표를 얻은 자의 득표수가 전체 선거인 총수의 과반수일 경우에는 그가 대통령으로 당선된다. 과반수 득표자가 2인 이상이고, 그 득표수가 동수일 경우에는 하원이 즉시 비밀 투표로 그중 1인을 대통령으로 선출한다. 과반수 득표자가 없을 경우에는 하원이 동일한 방법으로 최다 득표자 5명 중에서 대통령을 선출한다. 다만 이러한 방법으로 대통령을 선출할 때는 주를 단위로 하고, 각 주의 하원 의원은 1표의 투표권을 가진다. 3분의 2 이상의 주에서 각각 1명 이상의 하원 의원이 출석하면 대통령 선거 정족수가 충족된다. 또한 전체 주의 과반수의 표를 얻어야 대통령에 당선될 수 있다. 매번 선거 때마다 대통령을 선출한 후 가장 많은 표를 얻은 자를 부대통령으로 선출한다. 다만 동수의 득표자가 2인 이상일 때는 상원이 비밀 투표로 그중 1인을 부통령으로 선출한다.

4항   의회는 각 주의 선거인 선출 시기와 선거인의 투표일을 결정할 수 있으며, 이 투표일은 전국적으로 동일해야 한다.

5항   출생에 의한 합중국 시민이거나 이 헌법이 시행될 때 이미 합중국 시민인 자만이 대통령으로 선출될 자격을 가진다. 연령이 만 35세가 되지 않은 자, 합중국 내에 거주한 지 만 14년이 되지 않은 자는 대통령으로 선출될 수 없다.

6항   대통령이 면직되거나, 사망 혹은 사임하거나, 그 권한과 직무를 수행할 능력을 상실한 경우, 대통령의 직권은 부통령이 수행한다. 의회는 대통령과 부통령이 모두 면직되거나, 사망 혹은 사임하거나, 직무 수행 능력을 상실한 경우 어떤 사람이 대통령 직무를 대행할지 법률로 규정할 수 있다. 이에 따라 그 사람은 대통령의 능력이 회복되거나 새로운 대통령이 선출될 때까지 대통령 직무를 대행한다.

7항   대통령은 그 복무의 대가로 정기적인 보수를 받으며, 그 봉급의 액수는 임기 중에 인상 또는 인하되지 않는다. 대통령은 임기 중에 합중국 정부 또는 어느 주로부터 그 밖의 어떠한 보수도 받지 못한다.

8항   대통령은 그 직무 수행을 시작하기에 앞서 다음과
      같은 선서 또는 확약을 해야 한다. "나는 합중국 대
      통령의 직무를 충실히 수행하며, 최선을 다하여
      합중국 헌법을 보전하고 보호하고 수호할 것을 엄
      숙히 선서(또는 확약)한다."

제2절

1항   대통령은 합중국 육해군의 총사령관 그리고 각 주
      의 민병대가 합중국에 복무하기 위해 소집되었을
      때 그 민병대의 총사령관이 된다. 대통령은 각 행
      정 부문의 장관에게 그들의 직무와 관련된 사안에
      대한 서면 의견 제출을 요구할 수 있다. 대통령은
      탄핵의 경우를 제외하고 합중국의 범죄에 집행 정
      지 및 특별사면을 명할 수 있는 권한을 가진다.

2항   대통령은 상원의 권고와 동의를 얻어 조약을 체결
      할 권한을 가진다. 다만 출석한 상원 의원 3분의 2
      이상이 찬성해야 한다. 대통령은 대사, 공사 및 영
      사, 최고 법원의 법관 그리고 이 헌법에 아직 규정
      되어 있지 않으나 이후 법률로 정할 모든 합중국

관료를 지명하고, 상원의 권고와 동의를 얻어 임명할 권한을 가진다. 다만 의회는 법률에 의해 하급 관료의 임명권을 대통령에게 단독으로 혹은 법원에 혹은 각 부문 장관에게 부여할 수 있다.

3항   상원의 휴회 중에 결원이 생길 경우 대통령은 관료를 임명해 결원을 충원할 권한을 가진다. 임명된 자의 임기는 상원의 다음 회기가 끝나면 종결된다.

제3절   대통령은 수시로 의회에 연방의 상황을 보고하고, 필요하고 적절하다고 판단되는 시책의 심의를 의회에 권고해야 한다. 특수 상황에서 대통령은 상·하 양원 또는 그중의 1원을 소집할 수 있으며, 휴회 시기에 관해 양원의 의견이 일치하지 않을 경우, 적당하다고 판단하는 시기까지 휴회를 명할 수 있다. 대통령은 대사와 공사를 접견하고, 법률이 충실하게 이행되도록 유의하며, 또한 합중국의 모든 관리를 임명한다.

제4절   합중국의 대통령, 부통령 그리고 모든 공직자 중

에 반역죄, 수뢰죄 또는 그 밖의 중대한 범죄 및 경
범죄로 탄핵되어 유죄 판결을 받은 자는 모두 면
직된다.

제3조

제1절   합중국의 사법권은 하나의 최고 법원과 의회가 수
시로 제정 및 설립하는 하급 법원들에 속한다. 최
고 법원 및 하급 법원의 법관은 성실히 직무를 이
행하는 한 그 직위를 보유한다. 또한 그 복무의 대
가로 정기적인 보수를 받으며, 그 보수는 재임 중
에 삭감되지 않는다.

제2절

1항   사법권의 적용 범위에는 이 헌법, 합중국 법률, 합
중국이 이미 체결한 조약 및 체결할 조약 아래 발
생하는 모든 보통법상 및 형평법상의 사건, 대사
와 공사 및 영사에 관한 모든 사건, 해사 재판 및
해상 관할에 관한 모든 사건, 합중국이 한 편의 당
사자가 되는 분쟁, 둘 혹은 그 이상의 주 사이에서

발생하는 분쟁, 한 주와 다른 주의 시민 사이의 분쟁, 서로 다른 주의 시민 사이의 분쟁, 다른 주로부터 부여받은 토지의 권리에 관해 같은 주의 시민 사이에 발생하는 분쟁, 어떤 주 혹은 그 주의 시민과 외국, 외국의 시민 및 신민과의 사이에 발생하는 분쟁이 포함된다.

2항   대사와 공사 및 영사에 관계되는 사건과 주가 당사자인 사건은 최고 법원이 제1심 재판권을 가진다. 그 밖의 모든 사건에서는 의회가 정하는 예외의 경우를 두되, 의회가 정하는 규정에 따라 최고 법원이 법률 문제와 사실 문제에 관해 상소심 재판권을 가진다.

3항   탄핵 사건을 제외한 모든 범죄의 재판은 배심제로 한다. 재판은 그 범죄가 일어난 주에서 해야 한다. 다만 범죄가 어느 한 주 내에서 발생한 것이 아니라면, 의회가 법률에 의하여 지정하는 장소에서 재판을 해야 한다.

제3절
1항   합중국에 대한 반역죄는 합중국에 대하여 전쟁을 일으키거나 적에게 가담하여 원조 및 편의를 제공한 경우에만 성립한다. 명백한 상기 행동에 대해 증인 2명의 증언이 있거나 공개 법정에서 자백하는 경우 외에는 누구라도 반역죄의 유죄를 선고받지 않는다.

2항 의회는 반역죄의 형벌을 선고하는 권한을 가진다. 다만 반역죄로 인한 사권 박탈은 그 본인의 생존 기간에만 해당되며, 그 후손의 사권에는 영향을 미치지 않는다.

제4조

제1절 각 주는 다른 주의 법률, 기록 및 사법 절차에 대해 충분한 신뢰와 신용을 가져야 한다. 의회는 이러한 법률, 기록 및 사법 절차를 증명하는 방법과 그것들의 효력을 일반 법률로 규정할 수 있다.

제2절

1항 각 주의 시민은 다른 어느 주에서도 그 주의 시민이 향유하는 모든 특권 및 면책권을 가진다.

| 2항 | 어느 주에서 반역죄, 중죄 또는 그 밖의 범죄로 인하여 고발된 자가 도피하여 재판을 면하고 다른 주에서 발견된 경우, 범인이 도피해 나온 주 행정 당국의 요구에 따라 그 범인은 그 범죄에 대한 재판 관할권이 있는 주로 인도되어야 한다. |
| 3항 | 어느 주에서 그 주의 법률에 의하여 사역 또는 노역에 처해진 자가 다른 주로 도피한 경우, 다른 주의 어떠한 법률 또는 규정에 의해서도 그 사역 또는 노역의 의무는 해제되지 않으며 그는 그 사역 또는 노역을 요구할 권리를 가진 당사자의 청구에 따라 인도되어야 한다. |

제3절

| 1항 | 의회는 새로운 주를 연방에 가입시킬 수 있다. 다만 관련된 각 주의 의회와 합중국 의회의 동의 없이는 어떤 주의 관할 구역에서도 새로운 주를 형성하거나 설치할 수 없으며, 2개 이상의 주 또는 여러 주의 일부를 합병하여 새로운 주를 형성할 수 없다. |
| 2항 | 의회는 합중국에 속하는 영토 또는 그 밖의 재산 |

을 처분하고 이에 관한 모든 필요한 규칙과 규정
을 제정할 권한을 가진다. 다만 이 헌법의 어떠한
조항도 합중국 또는 어느 주의 권리를 훼손하는
것으로 해석해서는 안 된다.

제4절 합중국은 연방 내의 모든 주의 공화 체제를 보장
하고, 각 주를 침략으로부터 보호하며, 또 각 주의
의회 또는 행정부(주 의회를 소집할 수 없을 때)
의 요구가 있을 때는 주 내의 폭동에서 각 주를 보
호한다.

제5조

의회는 양원의 3분의 2가 이 헌법에 대한 수정의
필요성을 인정할 때는 헌법 수정을 발의해야 하
며, 혹은 주 의회 3분의 2 이상의 요청이 있을 때
는 수정 발의를 위한 헌법 회의를 소집해야 한다.
어느 경우에서나 수정은 의회가 제의하는 비준의
두 방법 중 어느 하나에 따라 4분의 3의 주 의회에
의해 비준되거나, 4분의 3의 주 헌법 회의에 의해

비준되어야 한다. 비준된 수정 조항은 사실상 이 헌법의 일부로서 발효된다. 다만 1808년 이전에 이루어지는 수정은 어떠한 방법으로도 제1조 제9절 제1항 및 제4항에 변경을 가져올 수 없다. 어느 주도 그 주의 동의 없이는 상원에서의 동등한 투표권을 박탈당하지 않는다.

제6조

제1절 이 헌법이 제정되기 전에 계약된 모든 채무와 체결된 모든 조약은 이 헌법에서도 연합에서와 마찬가지로 합중국에 대해 효력을 가진다.

제2절 이 헌법에 의해 제정되는 합중국의 법률 그리고 합중국의 권한에 의해 이미 체결되었거나 체결될 모든 조약은 이 국가의 최고 법이다. 모든 주의 법관은 어느 주의 헌법이나 법률 중에 이에 저촉되는 규정이 있을지라도 이 헌법에 구속을 받는다.

제3절 앞에서 기술한 상원 의원 및 하원 의원, 각 주의 의

회 의원, 합중국 및 각 주의 행정관 및 사법관은 선서 또는 확약을 하고 이 헌법을 받들 의무가 있다. 다만 합중국의 어떠한 직위 또는 공직도 종교를 자격 요건으로 요구할 수 없다.

제7조

이 헌법은 9개 이상 주의 헌법 인가 회의에서 비준을 얻으면 이를 비준한 각 주 사이에서 발효된다.

권리장전

제1조   의회는 어떤 종교를 국교로 정하거나, 자유로운 신앙 행위를 금지하거나, 언론 또는 출판의 자유를 제한하거나, 인민이 평화롭게 집회할 수 있는 권리와 불만 사항의 시정을 위해 정부에 청원할 권리를 제한하는 것과 관련된 법률을 제정할 수 없다.

제2조   통제가 잘된 민병대는 자유로운 주의 안보에 필요하므로, 무기를 소장하고 소지하는 인민의 권리가 침해되어서는 안 된다.

제3조   평화시에 군대는 어떠한 주택에도 그 소유자의 승인 없이는 숙영할 수 없다. 전시라 할지라도 법률이 정하는 방법에 의지하지 않고는 숙영을 할 수 없다.

제4조   부당한 수색 및 압수로부터 신체, 가택, 서류 및 재산의 안전을 보장 받는 인민의 권리를 침해해서

는 안 된다. 또한 체포 및 압수 영장은 정당한 이유가 있고, 선서 또는 확약에 의하여 뒷받침되고, 특히 수색할 장소와 체포될 자나 압수할 물품을 기재하지 않고는 이를 발급해서는 안 된다.

제5조 누구든지 대배심에 의한 고발 또는 기소가 있지 않으면 사형에 해당하는 죄나 파렴치죄에 관하여 심리를 받지 않는다. 단, 육군이나 해군에서 또는 전시나 사변을 당하여 복무 중에 있는 주 민병대에서 발생한 사건에 관해서는 예외다. 누구든지 동일한 범행으로 생명이나 신체에 대한 위협을 재차 받지 않으며, 어떤 형사 사건에서도 자기에게 불리한 증언을 강요당하지 않으며, 누구든지 정당한 법의 절차에 의하지 않고서는 생명, 자유 또는 재산을 박탈당하지 않는다. 정당한 보상 없이는 어떤 사유재산도 공공의 목적으로 수용되지 않는다.

제6조 모든 형사 소추에서 피고인은 범죄가 일어난 주와 법률이 미리 정하는 지역의 공정한 배심에 의

한 신속한 공개 재판을 받고, 사건의 성격과 이유에 관한 통고를 받을 권리가 있으며, 자기에게 불리한 증인과 대질을 받고, 자기에게 유리한 증언을 얻기 위하여 강제적인 절차를 취하고, 자신의 변호를 위해 변호인의 도움을 받을 권리가 있다.

제7조 보통법상의 소송에서 소송에 걸려 있는 금액이 20달러를 초과하는 경우에는 배심에 의한 심리를 받을 권리가 보장된다. 배심에 의하여 심리를 받은 사실은 보통법의 규정에 의하지 않고서는 합중국의 어떤 법원에서도 재심을 받지 않는다.

제8조 과다한 보석금을 요구하거나, 과다한 벌금을 부과하거나, 잔혹하고 비정상적인 징벌을 과할 수 없다.

제9조 이 헌법에 특정 권리를 열거하는 것이 인민이 향유하는 그 밖의 여러 권리를 부인하거나 경시하는 것으로 해석되어서는 안 된다.

제10조 이 헌법에 의하여 합중국에 위임되지 않고 각 주
       에 금지되지 않은 여러 권리는 각 주나 인민에게
       속한다.

1775·4·19	영국군과 렉싱턴 민병의 교전으로 미국 독립전쟁이 막을 올리다.
1776·7·4	북미 13개 식민지가 개최한 대륙회의에서 독립선언서가 통과되다.
1776·7·12	제2차 대륙회의에서 연합규약이 발의되다.
1781·3·1	연합규약이 정식으로 13개 주 의회 모두의 비준을 받다.
1783·9·3	영국과 미국이 파리 평화 조약을 체결하고, 미국의 독립전쟁이 종결되다.
1786·9·11 -9·14	뉴저지주, 뉴욕주, 펜실베이니아주, 델라웨어주, 버지니아주의 대표 12명이 메릴랜드주의 아나폴리스에 모여 이듬해 필라델피아에서 연합규약 개정을 위한 회의를 개최하기로 결정하다.
1787·5·25 -9·17	필라델피아 회의가 개최되고, 미국 헌법 초안이 통과되다.
1787·9·27	뉴욕 매스컴에 미국 헌법 통과에 반대하는 의견이 등장하기 시작하다.
1787·10·27	알렉산더 해밀턴, 제임스 매디슨, 존 제이가 'Pub-lius'라는 필명으로 미국 헌법 통과를 지지하는 일련의 의견을 언론에 발표하기 시작하다. 이 글을 『연방주의자 논고』라 부른다.

1787·12·7	델라웨어주 30:0으로 미국 헌법 인가
1787·12·12	펜실베이니아주 46:23으로 미국 헌법 인가
1787·12·18	뉴저지주 38:0으로 미국 헌법 인가
1788·1·2	조지아주 26:0으로 미국 헌법 인가
1788·1·9	코네티컷주 128:40으로 미국 헌법 인가
1788·2·6	매사추세츠주 187:168로 미국 헌법 인가
1788·4·28	메릴랜드주 63:11로 미국 헌법 인가
1788·5·23	사우스캐롤라이나주 149:73으로 미국 헌법 인가
1788·6·21	뉴햄프셔주 57:47로 미국 헌법 인가
1788·6·25	버지니아주 89:79로 미국 헌법 인가
1788·7·26	뉴욕주 30:27로 미국 헌법 인가
1789·4·30	워싱턴이 제1대 대통령에 취임하다.
1789·7·14	프랑스 대혁명 발발
1789·11·21	노스캐롤라이나주 194:77로 미국 헌법 인가
1790·5·29	로드아일랜드주 34:32로 미국 헌법 인가
1790	연방 정부가 첫 번째 인구 총조사를 실시하다.
1791	제퍼슨과 매디슨 등이 민주공화당을 창립하다.
1791	의회에서 연방 정부의 행위를 제한하는 10개 조항의 헌법 개정안을 통과시키다. 이를 통틀어 권리장전이라 부른다.
1791	연방이 경주勁酒 세금을 추가 징수한 것이 펜실베이니아주 농민들의 폭동을 야기하다. 이 반란을 '위스키 반란'이라 부른다.

1792	해밀턴이 연방당을 창립하다.
1793·3·4	워싱턴이 두 번째 임기를 시작하다.
1794	'위스키 반란'이 평정되다.
1796·9·19	워싱턴이 고별 연설에서 더 이상 연임에 출마하지 않겠다고 선언해, 미국 대통령은 최대 1회 연임이라는 관례를 세우다.
1798	제5대 의회에서 '선동죄법'을 통과시키다. 허용되지 않는 선동 행위 중에는 공개적으로 의회 의원이나 대통령을 비판하는 것도 포함된다.
1801	제퍼슨이 대통령에 당선된 뒤에 '선동죄법'이 위헌이라는 이유로 집행을 거부하고 이 법률에 저촉된 이들을 특별사면하다.
1803·4·30	미국과 프랑스가 계약을 체결해, 미국이 프랑스에 속해 있던 루이지애나 영토를 매입하다.
1804·6·15	미국 헌법 제12조 개정안이 통과되어, 대통령 선거와 부통령 선거를 분리하다.
1823·12·2	먼로 대통령이 교서를 발표해, 미국은 미 대륙의 일만 관할하고 유럽과 거리를 유지해야 한다고 표명하다. 이는 훗날 '먼로주의'라고 불리게 된다.
1824	민주공화당이 민주당과 국가공화당으로 분열되다.
1825	연방당 해산
1845·3·3	의회가 밀수 감시선 법안에 대한 타일러 대통령의 부결을 번복하다. 이는 역사상 첫 번째 사례가 되

었다.

1854	노예제에 반대하는 인사들이 공화당을 결성하다.
1861·4·12	남북전쟁 개시. 남군이 섬터 요새를 포격하고 링컨 대통령이 출병하다.
1865·4·15	링컨 대통령이 피격되어 사망하다. 부통령 존슨이 헌법에 의해 대통령 직위를 이어받다. 남북전쟁이 종결되다.
1868·2·24	하원이 존슨 대통령 탄핵안을 통과시키다.
1868·5·16	존슨 탄핵안이 상원에서 1표 미달로 성립되지 못하고 파면이 실패하다.
1868·7·9	미국 헌법 제14조 개정안이 통과되어 노예 제도가 폐지되고, 모든 시민이 하원 의원 선거에 투표할 권리를 가지다.
1913·5·31	미국 헌법 제17조 개정안이 통과되어, 상원 의원 선출이 더 이상 주 의회를 통한 간접 선거가 아닌 시민의 직접 선거로 바뀌다.
1920·1·10	국제연맹이 수립되다. 그러나 미국은 상원의 반대로 가입하지 않았다.
1940·11·5	루스벨트가 세 번째 대통령 임기에 재선되다. 이는 미국 역사상 하나뿐인 사례가 되었다.
1944·11·7	루스벨트가 네 번째 대통령 임기에 재선되다.
1945·4·12	루스벨트가 뇌출혈로 세상을 떠나다. 부통령 트루먼이 헌법에 의해 대통령 직위를 이어받다.

1951·2·27	미국 헌법 제22조 개정안이 통과되어, 대통령의 재선 및 연임 횟수를 1회로 규정하다.
1963·11·22	케네디 대통령이 피격되어 사망하다. 부통령 린든이 헌법에 의해 대통령 직위를 이어받다.
1972·6·17	민주당 본부가 도청 및 촬영 당하다. 배후 세력이 공화당의 닉슨 대통령으로 밝혀지다.
1974·8·9	닉슨이 대통령직에서 사퇴하다. 부통령 포드가 헌법에 의해 대통령 직위를 이어받다.
1979·1·1	미국이 중국과 수교를 맺다. 그와 동시에 타이완과의 외교 관계를 단절하다.
1979·3·29	미국 의회가 타이완 관계법을 통과시키다.
1981·3·30	레이건 대통령이 저격당해 부상을 입다. 국무 장관 헤이그가 "이곳은 내가 컨트롤한다"라는 발언을 하다.
1998·11·12	클린턴 대통령이 교토의정서에 서명했으나, 상원이 지난 해 이미 반대할 것을 결의하여 의정서가 상원에서 인가되지 못하다.
1998·12·19	하원이 위증 및 사법 방해라는 두 가지 사유로 클린턴 대통령 탄핵안을 통과시키다.
1999·2·12	클린턴 파면안이 상원에서 절대다수의 동의를 얻지 못해, 파면이 실패하다.
2000·11·7	대통령 선거에서 중대한 논쟁이 발생하다. 플로리다주의 개표 문제로 선거 결과가 불분명해졌다. 최

종적으로 연방 최고 법원에서 부시가 플로리다주 선거인단의 표를 얻는 것으로 판정하여, 부시가 대통령에 당선되다.

2006·10·17 부시 대통령이 반테러를 이유로 한 가지 군사 법안에 서명하여, 군사 감옥에 수감된 수감자에게는 '인신보호령' 원용이 중지되다.

역자 후기

근대 최초의 민주 국가가 만든 헌법을 읽는다는 것

이 책을 번역하는 동안 내가 꼽은 키워드 중 하나가 '正因爲'(정인웨이)다. 직역하면 '바로 그 때문에'가 되겠지만 사실 어감은 우리말의 '오히려', '도리어'와 더 가깝다. 저자는 '正因爲'라는 표현으로 미국 헌법 탄생 과정의 역설적인 인과 관계를 말한다. 가령 필라델피아 회의에서 미국 헌법이 탄생할 수 있었던 것은 그 회의가 처음엔 헌법 제정과 아무런 상관이 없었기 때문이다. 처음부터 제헌을 위한 회의를 열었다면 헌법 제정은커녕 회의 성사부터 난관이 되었으리라는 것이다. 저자는 서문에서도 미국 헌법의 탄생은 집단 지성과 함께 몇 가지 운이 따랐기에 가능했다고 말한다.

아울러 저자는 그때마다 우연히 찾아온 운을 놓치지 않을 수 있었던 혹은 애초에 행운이랄 것도 없는 상황을 기회로 만들었던 요소를 언급한다. 가령 체계도 방향도 갖춰지지 않은 필라델피아 회의에서 헌법이 제정될 수 있었던 요인 중 하나는 회의가 열리기 전부터 남모르게 준비되어 있던 버지니아 플랜 덕분이었다. 어떤 비전 혹은 어떤 진심 그리고 그것을 위한 실천과 준비. 그런 몇 가지 안 되는 요소가 모여 '正因爲'의 역사를 썼다.

고전을 읽는다는 것은 클리셰가 되어 버린 그들의 이야기에서 진실한 말 한마디, 마음 한 조각, 한줄기 깨달음을 얻는 일이 아닐까. 미국은 근대 최초의 민주 국가다. 그 나라의 헌법을 읽는 일은 우리가 어떤 법률, 어떤 시스템 아래 살고 있는지를 알게 해 주는 동시에 어떤 가치, 어떤 헤아림 위에 살고 있는지를 알게 해 준다. 이는 실로 많은 기억을 불러일으키고, 무뎌진 감각을 깨우며, 다른 일상을 사는 데에 도움을 줄 것이다. 그리고 우리는 동요하지 않는 어떤 비전과 어떤 진심을 배워 와 개인과 공동체의 역사를 '正因爲'

로 채워 나갈 수 있을 것이다.

양자오 선생은 참으로 훌륭한 길잡이다. 그는 홀로 고전 여행을 다녀와서 이야기를 풀어놓는다거나 닦아 놓은 길을 내놓지 않는다. 대신 풍부한 만큼 막막한 고전 여행을 기꺼이 함께해 준다. 무엇보다 그는 원문의 언어와 마음에 충실하다. 그때 독자는 고전이 진부한 클리셰 사이에서 문득 영롱하고 진실한 무언가를 드러내는 것을 목격할 수 있을 것이다.

소신을 갖고 책을 만드는 출판사와 함께할 수 있어 감사했다. 저자에 대한 편집자의 애정이 마감 날짜보다 더한 독려가 되었다. 저자에 대한 애정이 나에게도 옮아왔듯 그의 이야기를 통한 새로운 경험과 성장이 독자에게 고스란히 옮아가기를 바란다.

2017년 여름
박다짐

미국 헌법을 읽다
: 우리의 헌법을 더 잘 이해하기 위하여

2018년 5월 14일 초판 1쇄 발행

지은이	옮긴이
양자오	박다짐

펴낸이	펴낸곳	등록
조성웅	도서출판 유유	제406-2010-000032호(2010년 4월 2일)

주소
경기도 파주시 책향기로 337, 301-704 (우편번호 10884)

전화	팩스	홈페이지	전자우편
070-8701-4800	0303-3444-4645	uupress.co.kr	uupress@gmail.com

페이스북	트위터	인스타그램
www.facebook	www.twitter	www.instragram
.com/uupress	.com/uu_press	.com/uupress

편집	디자인	영업	독자교정
전은재	이기준	이은정	오윤근

제작	인쇄	제책	물류
제이오	(주)민언프린텍	(주)정문바인텍	책과일터

ISBN 979-11-85152-85-1 04080
      979-11-85152-02-8 (세트)

이 도서의 국립중앙도서관 출판예정도서목록(CIP)은 서지정보유통지원시스템
홈페이지(seoji.nl.go.kr)와 국가자료공동목록시스템(www.nl.go.kr/kolisnet)에서
이용하실 수 있습니다.(CIP제어번호: CIP2018014849)

1. **단단한 공부** 윌리엄 암스트롱 지음. 윤지산 윤태준 옮김 12,000원

2. **삼국지를 읽다** 여사면 지음. 정병윤 옮김 13,000원

3. **내가 사랑한 여자** 공선옥 김미월 지음 12,000원

4. **위로하는 정신** 슈테판 츠바이크 지음. 안인희 옮김 10,000원

5. **야만의 시대, 지식인의 길** 류창 지음. 이영구 외 옮김 16,000원

6. **열린 인문학 강의** 윌리엄 앨런 닐슨 엮음. 김영범 옮김 16,000원

7. **중국, 묻고 답하다** 제프리 와서스트롬 지음. 박민호 옮김 15,000원

8. **공부하는 삶** 앙토냉 질베르 세르티양주 지음. 이재만 옮김 15,000원

9. **부모 인문학** 리 보틴스 지음. 김영선 옮김 15,000원

10. **인문세계지도** 댄 스미스 지음. 이재만 옮김 18,500원

11. **동양의 생각지도** 릴리 애덤스 벡 지음. 윤태준 옮김 18,000원

12. **명문가의 격** 홍순도 지음 15,000원

13. **종의 기원을 읽다** 양자오 지음. 류방승 옮김 12,000원

14. **꿈의 해석을 읽다** 양자오 지음. 문현선 옮김 12,000원

15. **1일1구** 김영수 지음 18,000원

16. **공부책** 조지 스웨인 지음. 윤태준 옮김 9,000원

17. **번역자를 위한 우리말 공부** 이강룡 지음 12,000원

18. **평생공부 가이드** 모티머 애들러 지음. 이재만 옮김 14,000원

19. **엔지니어의 인문학 수업** 새뮤얼 플러먼 지음. 김명남 옮김 16,000원

20. **공부하는 엄마들** 김혜은 홍미영 강은미 지음 12,000원

21. **같이의 가치를 짓다** 김정헌 외 지음 15,000원

22. **자본론을 읽다** 양자오 지음. 김태성 옮김 12,000원

23. **단단한 독서** 에밀 파게 지음. 최성웅 옮김 12,000원

24. **사기를 읽다** 김영수 지음 12,000원

25. **하루 한자공부** 이인호 지음 16,000원

26. **고양이의 서재** 장샤오위안 지음. 이경민 옮김 12,000원

고전

동양고전강의 시리즈

삼국지를 읽다
중국 사학계의 거목 여사면의 문학고전 고쳐 읽기
여사면 지음, 정병윤 옮김

중국 근대사학계의 거목이 대중을 위해 쓴 역사교양서. 이 책은 조조에 대한 새로운 관점을 처음 드러낸 다시 읽기의 고전으로, 자기 자신의 눈으로 문학과 역사를 보아야 한다고 역설하는 노학자의 진중함이 글 곳곳에 깊이 새겨져 있다.

사기를 읽다
중국과 사마천을 공부하는 법
김영수 지음

28년째 『사기』와 그 저자 사마천을 연구해 온 『사기』 전문가의 『사기』 입문서. 강의를 모은 책이라 쉽고 재미있게 읽을 수 있다. 지금까지 중국을 130여 차례 답사하며 역사의 현장을 일일이 확인하고, 그 경험을 바탕으로 연구한 전문가의 강의답게 현장감 넘치는 일화와 생생한 지식이 가득하다. 『사기』에 관심이 있는 독자라면 남녀노소 누구나 어렵지 않게 읽을 수 있는 교양서.

논어를 읽다
공자와 그의 말을 공부하는 법
양자오 지음, 김택규 옮김

『논어』를 역사의 맥락에 놓고 텍스트 자체에 집중해, 최고의 스승 공자와 그의 언행을 새롭게 조명한 책. 타이완의 인문학자 양자오는 『논어』 읽기를 통해 『논어』라는 텍스트의 의미, 공자라는 위대한 인물이 춘추 시대에 구현한 역사 의미와 모순을 살펴보고, 공자라는 인물을 간결하고도 분명한 어조로 조형해 낸다. 주나라의 봉건제로 돌아가기를 꿈꾸면서도 신분제에 어긋나는 가르침을 펼친 인물, 자식보다 제자들을 더 아껴 예를 어겨 가며 사랑을 베풀었던 인물, 무엇보다 사람이 사람다워야 함을 역설했던 큰 인물의 형상이 오롯하게 드러난다.

노자를 읽다
전쟁의 시대에서 끌어낸 생존의 지혜
양자오 지음, 정병윤 옮김

신비에 싸여 다가가기 어렵다고
여겨지는 고전 『노자』를 문자 그대로
읽고 사색함으로써 좀 더 본질에
다가가고자 시도한 책. 양자오는
『노자』를 둘러싼 베일을 거둬 내고
본문의 단어와 문장 자체에 집중한다.
그렇게 하여 『노자』가 나온 시기를
새롭게 점검하고, 거기서 끌어낸
결론을 바탕으로 『노자』가 고대
중국의 주류가 아닌 비주류 문화인
개인주의적 은자 문화에서 나온
책이라고 주장한다. 더불어 『노자』의
간결한 문장은 전쟁을 종결하고
백성을 편하게 하고자 군주에게 직접
던지는 말이며, 이 또한 난무하는
제자백가의 주장 속에서 살아남기
위한 전략이라고 말한다.

장자를 읽다
쓸모없음의 쓸모를 생각하는 법
양자오 지음, 문현선 옮김

장자는 송나라 사람으로 알려져 있다.
송나라는 주나라에서 상나라를
멸망시킨 뒤 후예들을 주나라와
가까운 곳에 모아 놓고 살도록 만든
나라다. 상나라의 문화는 주나라와
확연히 달랐고, 중원 한가운데에서,
이미 멸망한 나라의 후예가 유지하는
문화는 주류 문화의 비웃음과 멸시를
받았다. 그러나 춘추전국 시대로
접어들면서 주나라의 주류 문화는
뿌리부터 흔들렸다. 그런 주류
문화의 가치를 조롱하는 책이며
우리에게도 다른 관점으로 지금을
되돌아볼 수 있는 기회를 준다.
책의 앞머리에서 고대 중국의 주류
문화와 비주류 문화의 간극을
설명하고, 장자의 역사 배경과 사상
배경을 훑고 『장자』의 판본이 어떻게
달라졌는지 살펴본 다음, 『장자』의
「소요유」와 「제물론」을 분석한다.
저자는 허세를 부리는 듯한 우화와
정신없이 쏟아지는 궤변, 신랄한
어조를 뚫고 독자에게 『장자』의
핵심에 접근하는 방법을 알려 준다.
중국의 문화 전통에서 한쪽에 밀려나
잊혔던 하나의 커다란 맥을 이해하고
새롭게 중국 철학과 중국 남방 문화를
일별하는 기회를 얻는 동시에 다시금
'기울어 가는 시대'를 고민하는
기회를 갖게 될 것이다.

맹자를 읽다
언어의 투사 맹자를 공부하는 법
양자오 지음, 김결 옮김

유가의 이념을 설파하는 위대한
성인 맹자를 추앙하고 그 사상을
설명하는 책이 아니다. 양자오는 여태
우리가 간과했던 맹자의 '말솜씨'를
콕 찍어 끌어낸다. 중국 전국 시대에
이미 낡은 것으로 치부되던 유가의
사상을 견지하고, 인간을 믿었던
맹자는 빼어난 말솜씨로 각국의 왕을
설득하여 전쟁을 멈추고 사람이 살 수
있는 나라를 만들고자 노력한다.
웅변의 시대에 홀로 선 투사로서.

묵자를 읽다
생활 밀착형 서민 철학자를 이해하는 법
양자오 지음, 류방승 옮김

봉건 제도가 무너지기 시작한
난세, 중국 춘추 시대. 유가는
이 난세가 봉건 질서의 붕괴에서
비롯되었으므로, 예교禮敎를 다시 세워
세상을 바로잡아야 한다고 외쳤다.
그러나 서민 계급 출신의 묵자는
봉건 사회의 예교 자체가 난세의
근원이라고 주장했다. 거칠 것 없는
웅변가인 묵자는 '겸애'를 무기로
유가 진영에 맹렬한 공격을 퍼부으며,
봉건 제도의 예교를 지지하는
이들의 언행불일치와 모순을 비웃고
비난했다. 그리고 묵자와 그의
제자들은 자신들의 신념을 실천으로
증명하고자 중국 각지를 뛰어다녔고,
난세 속에서 묵가가 지닌 합리성을
확실하게 보여 주었다.
언제나 고전에 대한 개성적인
독법으로 독자에게 고전을 읽는
또 다른 길을 안내하는 타이완의
지식인 양자오는 이 책에서도 묵가의
독특한 논변 방식을 새롭게 조명하고,
그들의 소박한 사상과 실천이
가져오는 참신함이 묵가를 유가와
함께 '뛰어난 학문'으로 이름 나게
하였음을 밝힌다.

자본론을 읽다
마르크스와 자본을 공부하는 이유
양자오 지음, 김태성 옮김

마르크스 경제학과 철학의 탄생,
진행 과정과 결과에 이르기까지
역사의 맥락과 기초 개념을 짚어
가며 『자본론』의 핵심 내용을
간결하고 정확한 시각으로 해설한 책.
타이완에서 자란 교양인이 동서양의
시대 상황과 지적 배경을 살펴 가면서
썼기에 비슷한 역사 경험을 가진
한국인의 피부에 와 닿는 내용이
가득하다.

서양고전강의 시리즈

종의 기원을 읽다
고전을 원전으로 읽기 위한 첫걸음
양자오 지음, 류방승 옮김

고전 원전 독해를 위한 기초체력을
키워 주는 서양고전강의 시리즈
첫 책. 인간과 자연의 관계를
변화시킨 『종의 기원』에 대한 새로운
해설서다. 저자는 섣불리 책을
정의하거나 설명하지 않고 책의
역사적, 지성사적 맥락을 흥미롭게
들려줌으로써 독자들을 고전으로
이끄는 연결고리가 된다.

꿈의 해석을 읽다
프로이트를 읽기 위한 첫걸음
양자오 지음, 문현선 옮김

인간과 인간 자아의 관계를 바꾼
『꿈의 해석』에 관한 교양서. 19세기
말 유럽의 독특한 분위기, 억압과
퇴폐가 어우러지며 낭만주의가
극에 달했던 그 시기를 프로이트를
설명하는 배경으로 삼는다. 또한
프로이트가 주장한 욕망과 광기
등이 이후 전 세계 문화와 예술에
미친 영향을 들여다보며 현재의
우리에게는 어떤 의미인지 점검한다.

성서를 읽다
역사학자가 구약성서를 공부하는 법
박상익 지음

『어느 무교회주의자의 구약성서
읽기』 개정판. 한반도에서 사는
지금의 우리는 서양의 정신과
제도의 영향을 받으며 살아간다.
당연히 서양 문명의 뿌리 중 하나인
헤브라이즘을 모르고는 우리의
상황을 온전히 이해할 수도, 미래를
설계할 수도 없다. 조선 후기부터
천주교의 형태로 헤브라이즘의
영향을 받기 시작한 한반도에
20세기 초에는 개신교 형식의
헤브라이즘이 유입되었고, 광복 후
미국의 압도적인 문화적 헤게모니
속에서 개신교가 폭발적인 성장세를
보였다.
그러나 이런 양적 성장과 비교하면
질적 수준은 향상되지 않았다. 저자
박상익은 서양의 정신적 토대로
역할을 수행한 그리스도교가
한국에 와서 대중의 조롱을
받고 있는 현실을 통탄하면서,
21세기를 헤쳐 나가야 할
한국인에게 서양 정신사의 한 축인
헤브라이즘을 제대로 이해하려는
노력이 필요하며, 이를 위해서는
히브리 종교의 핵심 내용이 담긴
「구약성서」를 제대로 읽어야 한다고
힘주어 말한다.